チャムパ王国とイスラーム

カンボジアにおける離散民のアイデンティティ

大川玲子

平凡社

チャムパ王国とイスラーム——カンボジアにおける離散民のアイデンティティ❖目次

凡例

一　人名は本人に許可を得た場合のみ掲載し、許可を得ていない場合はイニシャルで表記している。またカンボジア人は通称を用いることが多く、自己申告された名で表記している。イニシャル表記の際、例えば「AB（60m/20130401）」とあれば、ABという六〇歳の男性（女性ならf）に二〇一三年四月一日にインタビューしたということを意味する。

二　基本的に本書での「コンポン・チャム州」は、二〇一四年に分割される前の「旧コンポン・チャム州」を指す。現在、「旧コンポン・チャム州」は「コンポン・チャム州」と「トボーン・クモム州」に分割されている。これらについて、必要な場合は本文中で再度述べる。

三　掲載している写真は基本的に筆者が撮影したものであるが、それ以外の場合は出典を明記する。個人が写っている写真については、本人に許可を得た場合のみ使用している。

四　「チャムパ」の表記としては、「チャンパー」や「チャンパ」も用いられるが、本書では「チャムパ」とした。

はじめに

チャムパは現在、地図上では存在しない国である。一七世紀にヨーロッパ人が作ったインドシナの古地図を見ると、今のベトナム南部の海岸沿いに小さく「チャムパ」と記されている（地図0）。だが、一九世紀後半の地図を見ると、もうそこには「チャムパ」は存在せず、「アンナン」つまりベトナムの土地となっている（Suárez 1999: 196, 213, 218, 261 など）。チャムパ（占城）王国は二世紀より歴史に名をとどめ、海上交易で繁栄し、徳川家康に切望された香木の産地でもあったが、一九世紀前半にベトナムによって滅ぼされたのである。

地図０：17世紀後半にフランスのルイ14世に献上された地図。インドシナ半島南部に「Chiampa」の文字がある（Suárez 1999: 213）

　この王国の末裔であるチャム人はディアスポラ（離散）の民となり、周辺諸国に離散して居住してきた。多くはベトナムの隣国カンボジアに住み、その数三〇万人とも言われる。ベトナムに残ったチャム人が一〇万人とされることからも分かるように、数の上では明らかに多い。とはいえ、カンボジアのなかでは三%程度の少数民族である。その他、タイや中国にもチャム人の共同体が存続する。

チャム人が少数派であるのは、その出自つまり民族の違いのみによるのではない。彼らは仏教国のベトナムやカンボジアのなかでムスリムという特殊な存在なのである。チャムパは元々インド文明を受け入れており、世界遺産に登録されている聖地ミーソンはヒンドゥー教の世界観を体現している。だがその後、東南アジアにイスラームが伝えられるにつれてチャム人も改宗していった。ベトナムにはバラモンと呼ばれるヒンドゥー教徒のチャム人とムスリムのチャム人の双方がいるが、カンボジアのチャム人は基本的にムスリムである。カンボジアのチャム人のイスラームにヒンドゥー文化が混淆して重層化しているのは、このような歴史的背景による。

本書に登場するのは、そのカンボジアのチャム人ムスリムである。チャムパが弱体化していった一五—一九世紀にかけて仏教国カンボジアに逃げ込み、極めて小さな共同体として存続してきた。その歴史は、亡国のディアスポラの民であり、かつマイノリティであることから、共同体外からのさまざまな影響を受け、翻弄され続けてきた経験の積み重ねである。ベトナムによるチャムパ滅亡と民族離散、クメール・ルージュ(赤いクメール)による大迫害があり、最近生じたものとしては、共同体全体への影響力はそれほど大きくなかったが、グローバル化によるアル゠カーイダ疑惑などがあった。

筆者は元々、アラビア語文献を用いてイスラームの宗教研究を行い、昨今は英語圏のマイノリティ・ムスリムに関する研究を行ってきた。だが思いもよらぬことながら、所属する大学の在外研究(サバティカル)としてカンボジアのチャム人について調査研究する機会を得たのが、二〇一三年のことであった。調査を進めるにつれ、チャム人共同体の奥行きの深さと変化の激しさを知ることになり、それに驚きつつも、常に強い知的刺激を受け続けることができた。中東が中心点となりがちなイスラーム研究から出発した筆者にとって、「辺境」とも言えるこのチャム人ムスリム共同体がもつ激動の歴史と急激に変わりゆく現在の姿を調査することは、ありがちな言葉ではあるが「ムスリムの多様性」を垣間見る貴重な経験であった。

チャム人研究は、アジアのイスラームを考えるうえで一つの鍵になり得る。この鍵は小さいが、扉を開けてみると、そこには歴史と文化の広大な時空が広がっている。チャム人は東南アジアにイスラームが伝わるなかで、大陸側のインド文明世界と島嶼部のイスラーム世界の結節点と言える役割を果たした。イスラームが島嶼部に伝わる際の大陸側の重要な拠点とされ、また仏教国カンボジアの国王も、一七世紀にごく短い期間ではあるが、チャム人の影響でイスラームに改宗しているほどである。その後、現代に至るまで、自分の王国を失ったカンボジアのチャム人は仏教徒に囲まれながら、ムスリムとして苦難の歴史を生き延びてきた。そして現在も世界のグローバル化のなか、中東など東南アジアの外のイスラームの影響を受け、極めて急速な変化にさらされている。本書では、この小さな共同体に視点を置いてみることで、これまで日本では知られてこなかった東南アジアのムスリムの歴史をひもといてみたい。そこからさらに東南アジア外のイスラームをも遠望することで、ムスリムのネットワークが時代を経るにつれて緊密になりながら、東南アジアのチャム人共同体へと迫ってきた歴史的経緯を知ることができるだろう。国を失ったマイノリティ・ムスリムであるチャム人の歴史を通して、埋もれたアジア史の一端が掘り起こされ、これまでとは異なるイスラームの姿が現れるのである。

序章

1　研究の目的と論点

チャム人のイスラームと宗教文化の「層」

チャム人共同体は他のムスリム共同体と比べ、極めて小さいものであるが、激動の歴史を経て現代に至り、近年急激に変化している。その理由としては、そもそも彼らが仏教国に住むマイノリティ・ムスリムであるため共同体が小さく、外部からの影響を受けやすいということがあげられる。さらに、世界そのものがネットワークの緊密化による情報や移動の量の増大という急速な変化をともなうグローバル化のなかにあって、この共同体がクメール・ルージュによる迫害の後の急激な復興期にあるためと考えられる。本書ではこの変化を動態的に把握するために、彼らの宗教文化であるチャム人のイスラーム文化をいくつかの「層」からなると考えることで分析を進めていく。

これから論じていくように、カンボジアのチャム人共同体には以下のような宗教文化の「層」が形成されていると考えられる。

1　アニミズム・祖先崇拝
2　ヒンドゥー教
3　チャムパ的イスラーム（チャムパが受容したイスラーム）
4　マレー世界イスラーム（東南アジアのマレー世界のイスラーム）
5　復古主義的イスラーム（中東や南アジアからのイスラーム）

本書ではイスラームに焦点をあてるため、なかでも3から5を詳細に検討し、それぞれ論じていく。3から5に進むにつれ、チャムパ性（原初性）が薄まり、彼らの居住地から見てより遠くにあるタイプのイスラームに向かうという特徴が見られる。このように出自を離れたアイデンティティ（自己認識と帰属意識）に向かい続けてきた歴史的経緯は、チャム人たちがその時々の問題を解決するのに最も適したアイデンティティを選択し続けてきたことを意味すると考えられる。よって本書では、宗教文化層とアイデンティティを結びつけることで、チャム人の宗教文化の多層性からアイデンティティの変遷もしくは内的発展を理解し、その過去と現在、そして今後を見通すことを試みていきたい。

その際、チャム人の重層的な「層／アイデンティティ」を形成してきた歴史的枠組みとして「ディアスポラ（離散）」概念を用いることが有効であると考える。チャム人のアイデンティティは、亡国チャムパの末裔であることを基盤とする。これはまさにロビン・コーエン Robin Cohen の言う「被害者ディアスポラ」に相当する（コーエン 2012）。彼らは「ふるさとの地（homeland）」であるベトナムにあったチャムパを滅ぼされたために離散せざるを得ず、カンボジアに移住してそこを「たどりついた地（hostland）」としたのである。しかしそのアイデンティティは「チャムパの末裔」であるということにとどまらなかった。ディアスポラ開始後のチャム人のイスラーム受容の歴史にも諸段階あり、ムスリムとしての重層的アイデンティティを持つに至っている。そしてさらに現在、このアイデンティティが新しい段階に進んでいると考えられるのである。この彼らの宗教文化的アイデンティティの変容を分析することで、ムスリム共同体の一つの在り方を示していきたい。

チャム人のアイデンティティ

我妻洋（1994: 2-3）によれば、アイデンティティは「特定の歴史的文化的伝統と社会的慣習に基づく行動様式とに適応」するものであり、個人のアイデンティティは「特定の集団や民族の成員であるという自覚」を含む。

そして集団アイデンティティとは次のようなものであるとされる。

> 集団の成員に共通する身体的特徴、集団の起源と歴史、国籍、言語、宗教、価値観、地理的環境などの過去の総体と、他の集団との力関係や富、政治的経済的社会的な現在の条件などの要素により構成され、集団によりその中の特定の要素がとくに重要視される。

つまり、過去の共通性と現時点での他集団との相違がアイデンティティを形成し、その相違の判断基準の設定はその時の集団の選択によって定められるということになる。これに基づけばカンボジアのチャム人は、現在のベトナムにあったチャムパの末裔で、チャム語を話すという共通性を持ち、繁栄した祖国がベトナムに滅ぼされ、人々は離散（ディアスポラ）を余儀なくされたという共通の歴史を持つ。その後、カンボジアに逃れて移住したわけであるが、そこではチャムパの末裔とムスリムとしての二つのアイデンティティを保持してきた。これがまず何よりも、カンボジアのマジョリティであるクメール人仏教徒との相違を形成する境界であった。

これまでチャム人のアイデンティティについては主にコッ－タイ・エング Kok-Thay Eng（Eng 2013: 357-366）やモハメド・エフェンディ・ビン・アブドゥル・ハミド Mohamed Effendy Bin Abdul Hamid（Abdul Hamid 2006）が論じており、それらについては終章において、筆者の考えと対比して論じる。筆者はフィールド調査や文献調査を通して、チャム人共同体に生じる宗教文化的事象の理解には、歴史的な宗教文化の「層」とそれが表象する「アイデンティティ」という概念でもって説明するのが適当であると考えるようになった。チャム人ムスリムのなかにもいくつかの異なる集団があり、これは彼らのイスラームの受容時期や伝播経路の違いから、実践と信仰の相違が生じた結果と考えられる。ここが本研究で言う「層」となる。イスラームの実践と信仰の違いは、チャム人共同体に宗教文化の重層性を生み出した。チャム人共同体のなかでもさらにマイノリティでチャムパ王国時代のイスラームを保持する集団イマーム・サン、マレー経由のスンナ派イスラームを実践するマジョリティのチャム人、そして中東や南アジアから入ってきた新しいイスラームを受け入れつつある新しいチャム人である。この重層性はチャム人の宗教文化の歴史の蓄積であり、かつ現在も複数の層が併存しているため、変容しつつあるアイデンティティのゆらぎを如実に表象している。本研究ではこの重層性を彼らのアイデンティティの変遷を示すものだと考え、それぞれの集団がどの「層」に重点を置き、現在どの「層」が影響力を増しているのかを論じ、そこからチャム人共同体の動態的な全体像を明らかにしていきたい。

ディアスポラの民としてのチャム人

もう一つの重要な鍵概念が「ディアスポラ」である。現在カンボジアにチャム人が居住するのは、チャムパがベトナムに滅ぼされたことに起因するディアスポラという歴史的出来事による。このディアスポラという用語はそもそもユダヤ人に生じた歴史的事象に基づく。次のコーエンの記述はユダヤ人のことを指しているが、チャム人にも当てはまるものである。

> この人々はおのれの分散を、集団全体にトラウマを与えた悲劇的な大事件から起こったものと考えていた。こうして、残酷な抑圧者の手により犠牲にされたという核心的な歴史的経験が作られた。(コーエン 2012: 23)

そしてコーエンはディアスポラを「ふるさとの地でトラウマを受けた事件に続く、二カ所あるいはそれ以上のなじみのない行く先への離散という観念」とし、「移住や逃亡を強制」され、また「大衆的蜂起や『民族浄化』の恐怖」にさらされるという特徴があるとしている(コーエン 2012: 25-26)。これらもすべて、ユダヤ人のみならずチャム人にも当てはまる歴史的経験である。

しかし現在「ディアスポラ」の語は「離散」という歴史的現象のみを指す原意に基づきつつ、さらに拡張されて用いられるようになっている。コーエンはディアスポラとアイデンティティとの結びつきの重要性を指摘し、ディアスポラ・アイデンティティを保持することには積極的な利点があり、ディアスポラによってアイデンティティが結集されるとしている(コーエン 2012: 35-36)。この指摘は、本書でディアスポラとアイデンティティを鍵概念として論を進めていくうえで極めて重要である。チャム人のアイデンティティつまり帰属意識は、チャムパの末裔であることに端を発している。しかし現在、ムスリムであるというアイデンティティが強まり、他の集団との境界がチャムパの末裔であることよりも、スンナ派ムスリムであるという点に移行してきている。つまりディアスポラ・アイデンティティは薄まりつつあるのである。とはいえ、彼らのディアスポラの歴史が終わったわけではなく、この状態もまた、「もともとは均質であったが、のちに移動した人々」の「社会性の個別的な形式」(ロウ 2008: 50)という拡大された、移住後の発展に重点を置いた「ディアスポラ」理解に含まれると考えられるのである。

さらにディアスポラ概念と文化的アイデンティティを結びつけて論じる意味は、カルチュラル・スタディーズの理論家として知られるスチュアート・ホール Stuart Hall が「文化的アイデンティティとディアスポラ」という論考で論じている(ホール 2014: 90-93)。彼は「文化的アイデンティティ」には二つの立場があるとする。第一の立場は、「文化的アイデンティティ」を共通する歴史と祖先を持つ「単一の人々」に由来すると定義し、「安定した、不変の、継続的な認識枠組みと意味とを供給」するとみなす。他方、第二の立場についてはこう述べている。

第二の立場は、多くの類似点に加えて、「実際の私たち」——むしろ歴史が介在してきたがゆえに「私たちがなってしまったもの」——を構築する深層の決定的な差異というものがある、ということを認める。［……］文化的アイデンティティとは「あるもの」というだけではなく「なるもの」なのである。それは過去同様未来にも属している。それは場所、時間、歴史、文化を越えてすでに存在しているものではない。文化的アイデンティティはどこからか立ち現れるものであり、歴史を持っている。しかしあらゆる歴史的な物事と同様に、常に変位する。〔……〕この第二の立場からのみ「植民地主義的経験」の外傷的な性格を理解することができる。

このホールの指摘は本書において、ディアスポラの民であるチャム人の宗教文化的アイデンティティを「層」として考えることに通じるものがある。この第一の立場とはチャム人の場合、滅ぼされたチャムパの末裔ということであり、第二の立場はこのアイデンティティが歴史とともにムスリムとして変化し続けてきたということである。亡国の民という「外傷的な性格」はこの第二の立場からこそ理解され得るであろう。本書が第二の立場から移ろいゆくいくつかの「層／アイデンティティ」という概念を用いてチャム人の文化的アイデンティティの宗教的側面を論じる理由はここにあるのである。

2 先行研究と本研究の意義

チャム人に関する研究は、チャムパ滅亡の前と後、つまり最終的なディアスポラの前後で大きく分けることができる。王国滅亡前の研究はベトナムを保護国化したフランスの研究者によって一九世紀末から、チャムパの歴史、建築物や言語、宗教といった文化の領域を対象として盛んになった[1]。ちなみに日本では、東洋学者の田坂興《こう》道《どう》が占城（チャムパ）の回教（イスラーム）について一九四三年に初稿、一九五二年に再稿を著している（田坂 1952）。彼は中国回教を研究しており、チャムパについても関心を持ったようである。

チャム人の王国滅亡後の研究に関しては、ベトナムに残ったチャム人に関する研究[2]に加え、カンボジアに移住したチャム人の研究も展開されているが、これらは当然ながらマイノリティ研究となっている。カンボジアのチャム人研究も、歴史[3]や国際関係・政治[4]に関するものが刊行されている。

チャム人研究がフランスから始められたように、この分野における欧米の研究者による蓄積は少なくなく、本書も非常に参考にしている。しかし近年、アジア出身の研究者も大きな貢献をしている。カンボジアで筆者が研究拠点とした DC-Cam（カンボジア文書センター、Documentation Center of Cambodia。現在 Sleuk Rith Institute に移行中）の研究者であるイーサー・オスマン Ysa Osman、ファリナ・ソー Farina So、そしてコッ-タイ・エングによる研究の具体的データの綿密さはやはり類を見ない。また日本人の研究者も高いレベルの研究成果を数々と公表しており、桃木至朗、重枝豊、遠藤正之、北川香子、中村理恵、吉本康子、新江利彦など数多くの研究者がいる。

本研究はこれらの研究に多くを学びつつ、カンボジアのチャム人の宗教文化であるイスラームについて論じたものである。このテーマを論じた日本語著作としては初めてとなる。また国際的な研究の場においてもチャム人のイスラームは論じられているが、その特徴を総論的に論じることを主目的にしているものが多い。つまり、チャム人の宗教文化研究はようやく各論を論じる段階に入りつつあるのである。本書が扱うクメール・ルージュ期のチャム人に焦点をあてた研究はこれまでにはなく、ビョルン・ブレングスリ Bjørn Blengsli のチャム人のイスラーム教育に関する論考（Blengsli 2009）と並んで、この共同体のイスラーム知識人研究の一角を占めるものとなる。またチャム人呪術師の研究もイマーム・サン共同体に関するイング-ブリット・トランケル Ing-Britt Trankell（Trankell 2003）の論考があるのみで、マジョリティのチャム人のものは本書が初となり、この分野の研究の深まりに貢献できたと考える。

さらに本研究はこれまで論じてきたように、チャム人の宗教文化に関してその重層性に着目し、ディアスポラとアイデンティティという概念を用いて動態的に理解することを試みている。このような議論はチャム人研究においては初めてであり、この論によってチャム人のイスラームのとらえ方に一つの新しい視座を与えられるのではないかと考えている。これは同時に、多様なイスラームの在り方のなかの一つを論じるということでもある。

また東南アジアの政治経済的なプレゼンスの増大により、この地域のイスラーム研究が昨今注目されてきている。東南アジアのイスラーム研究としては、ハワード・M・フェデルスピール Howard M. Federspiel が指摘するように、スルタン制や法体系といった政治分野、知識人や宣教、モスク、宗教学校、宗教文献といった宗教分野、さらには文学などの芸術分野がある。イスラーム以外の文化体系、例えば現地の従来の文化や中東、アジア、西洋からの影響に焦点をあてる研究もなされている。加えて民族やジェンダーといったテーマも重要なものである（Federspiel 2007: 241–255）。またヴィンセント・ホウベン Vincent Houben は東南アジアのイスラームに関して、マジョリティとマイノリティのイスラーム、イスラーム復興運動、民族と国家の間にあるイスラームといった項目から論じている（Houben 2003）。本書はこれらのなかにある多くのテーマをカバーしているが、議論の焦点はチャム人ムスリムへの外部からの影響とマイノリティとしての特質がどのようなものであるか、ということにあてられる。

実際のところ、東南アジア・イスラーム研究の多くはマレーシアやインドネシアという島嶼部のイスラーム大国、つまりムスリムがマジョリティである国を対象としており、これは自然なことではある。しかし東南アジア地域のマイノリティ・ムスリムの研究も次々と公表され、非ムスリム国におけるムスリムの現状が分析されている。[5] 東南アジア全体のイスラームを理解するには、ムスリムがマイノリティである国にも目配りし、それらを含めた全体像を描く必要がある。チャム人は島嶼部から大陸部にやって来た民族であり、両地域の結節点のようなものだと言える。したがってマイノリティのチャム人を研究することで東南アジア・イスラームの全体的な理解にも奥行きを与え得ると考えられるのである。

3　調査概要と本書の構成

調査の概要

本研究は基本的に、二〇一三年度に筆者の勤務先である明治学院大学から与えられたサバティカルの機会を利用して、一年間カンボジアに居住し、フィールド・ワークを行った調査に基づく。この際、DC-Camを研究拠点とし、大きな援助を得た。ここであらためて感謝の意を表したい。[6]この研究所はクメール・ルージュ時代（ポル・ポト時代）の調査研究を主目的としているため、当時大虐殺の対象となったチャム人の研究もなされ、チャム人のスタッフも数名いる。

フィールド・ワークの訪問先はカンボジア以外に、ベトナム、タイ、マレーシア、海南島にも及んだ。研究の手法は、観察参与、聞き取り調査および文献資料調査である。観察参与や聞き取りの際には、チャム人（時にクメール人）の助手を同行した。聞き取りでは事前に質問項目をリスト化した質問票を準備し、これに沿って質問したが、インタビューの流れによっては自由な質疑も展開されており、半構造化された質問に基づく聞き取り調査であった。呪術師の聞き取り調査の在り方については第五章で論じる。資料調査は英語や日本語の研究文献が中心となったが、第六章で扱ったクメール・ルージュ期に埋められた宗教文献はアラビア語の一次資料である。

本書の構成

以下、本書の構成について説明しておきたい。全体としては、まず第一章から四章ではディアスポラの宗教文化としてのチャム人イスラームの歴史と現状を論じ、彼らのアイデンティティと結びつく宗教文化の「層」を提示する。次いで第五、六章は各論となり、二種の宗教文献に焦点をあて、その特質を精査し、「層」の具体的な表象について論じる。そして終章では、「層」とアイデンティティという概念を用いながら、ディアスポラの民チャム人の宗教文化アイデンティティの構造と特質を論じる。

第一章「ディアスポラとイスラーム化」では、ディアスポラとイスラーム化の歴史的経緯を論じる。チャムパが衰えていくなかで、アイデンティティとして寄りかかれるものが、当時東南アジアで本格的に広まり、勢いのあったイスラームであったこと、それがマレー世界を経由しており、チャム人と民族的に近しいことから、このマレー系という枠組みが有効的に機能したことを指摘する。

第二章「多層化するチャム人のイスラーム——『たどりついた地』のアイデンティティ」では、ディアスポラ後のチャム人の宗教生活について、カンボジアを中心に論じる。ここで本書の言う「層」である、「3　チャムパ的イスラーム」、「4　マレー世界イスラーム」について詳細に検討することになる。ディアスポラ後に強化されたアイデンティティはチャムパの末裔としてではなく、むしろムスリムとしてのものであった。この理由は、チャムパはアイデンティティの拠点としての実効性をほぼ失っているが、イスラームは依拠するネットワークとして有効であるためだと考えられる。

第三章「チャム人の現代史——破壊と復興」では、クメール・ルージュによる虐殺によって、それまでの「3　チャムパ的イスラーム」や「4　マレー世界イスラーム」が壊滅的な状況になった経緯をたどり、「5　復古主義的イスラーム」の層が形成されている現状を論じていく。

第四章「カンボジア外のイスラーム——ベトナム、タイ、中国」では、ベトナムをはじめとしてタイ、海南島のチャム人の現状について叙述、分析していく。

第五章「『マレー世界イスラーム』を守りぬく——クメール・ルージュとキタブ・クニン」では、クメール・ルージュ期にチャム人への弾圧から守るために埋めて隠された宗教文献について論じる。これは「4　マレー世界イスラーム」にあたる。ここでは、当時のチャム人知識人が、マレー世界に広まっていたキタブ・クニン（黄色い宗教書）を通してイスラームを学び、マレー・イスラーム圏の辺境にあってそれをアイデンティティとしていたことを明らかにする。

第六章「『復古主義的イスラーム』へ——失われた呪術書」では、チャムパ起源とされる呪術書がチャム人共同体から失われた意味について論じる。ここでは、中東から生じた原点回帰をめざす「5　復古主義的イスラーム」に移行しようとするチャム人のアイデンティティに焦点をあて、3と4の層が薄まり、5に重点が移っていることを明らかにする。

これらをふまえ終章では、チャム人の重層的宗教文化とアイデンティティが深く結びついている意味をあらためて論じる。チャム人は、拠点を失ったディアスポラの民であるがゆえに、歴史の荒波のなかでその時に最も有効なアイデンティティを選択してきたのであり、イスラームこそが彼らが選んだアイデンティティであった。東南アジアのイスラームのなかでのチャム人イスラームの特質を論じつつ、イスラームが彼らの矜持として機能してきたことを指摘する。

第一章

ディアスポラとイスラーム化

1　繁栄する「海のシルクロード」の海洋交易国家

海洋民族の国「林邑《りんゆう》」

チャムパについての記録は、二世紀の中国史料に「林邑」として登場することにさかのぼる。この王国の中心は今のベトナムのフエ周辺にあったとされ、その領域はインドシナ半島東岸の海岸沿いに細長く広がっていた（地図1－1）。林邑の前身は、サーフィン文化にあると考えられている。このサーフィン文化とは、新石器時代の頃、台湾からフィリピンやインドネシア諸島に南下した人々がベトナム中部に至って形成したもので、鉄器や甕棺墓を特徴とする。フィリピンで出土する金属器文化との共通性も指摘されており、チャムパ成立の背景には東南アジアの海洋民族の活動が存在すると考えられる。

チャム人の言語はオーストロネシア（マレー・ポリネシア）語族に属す。実際にチャム語は、マレーシアやカリマンタン（ボルネオ）島、スマトラ島、ジャワ島の言語に近いとされる。つまり彼らは東南アジアの大陸部に国をつくったが、言語的に見てもその出自は島嶼部のマレー世界ということになる。

「マレー世界」という用語の意味範囲は時代や地域によって変化してきた（Milner 2008）。だがハサン・マドマーン Hasan Madmarn も論じているように、基本的には、マレーシア、インドネシア、南タイといったジャウィ語（アラビア語表記の古いマレー語）を用いる東南アジアのムスリム地域を指す（Madmarn 2009: 37-38）。ジャウィ語は、マラッカ（ムラカ）王国が栄えた一五世紀に東南アジア海域にイスラームが広まるにともない、その交易ネットワークを通じて、アラビア語、ペルシア語、タミル語、ジャワ語などの語彙を含みながら、共通語としての地位を確立していった（弘末 2004: 133-135）。対してカンボジアの主要民族であるクメール人やその隣国のベトナム人は、オーストロアジア（モン・クメール）語族に属し、チャム人とは全く異なっている。

またチャム人のカンボジア人やベトナム人との民族的な相違は、その容貌からもうかがえる。筆者が出会ったチャム人の多くは、目が二重で大きいのが特徴で、髪が軽くカールしている者もいた。一重で細い目と直毛の髪をもつことが多いカンボジアのクメール人やベトナム人とは明らかに違っている。実際に筆者がカンボジア人やベトナム人に「チャム人かどうか、見た目で分かるか?」と尋ねてみたところ、まずは服装で見分けるが、それ以外では容貌が違う場合があり、チャム人の肌は褐色で目が大きく一重、髪がカールしていることが多い、という返答を何度も得た。八世紀の中国の百科全書『通典』によれば、林邑人は「彫りの深い目、高い鼻、ちぢれ毛に黒い肌」という容貌の特徴があるとされ(重枝・桃木編 1994: 66)、これは現在の特徴とほぼ一致している。このようなチャム人の容貌は、彼らが東南アジア島嶼部の人たちにより近い出自をもつことを示唆するものだと考えられる。

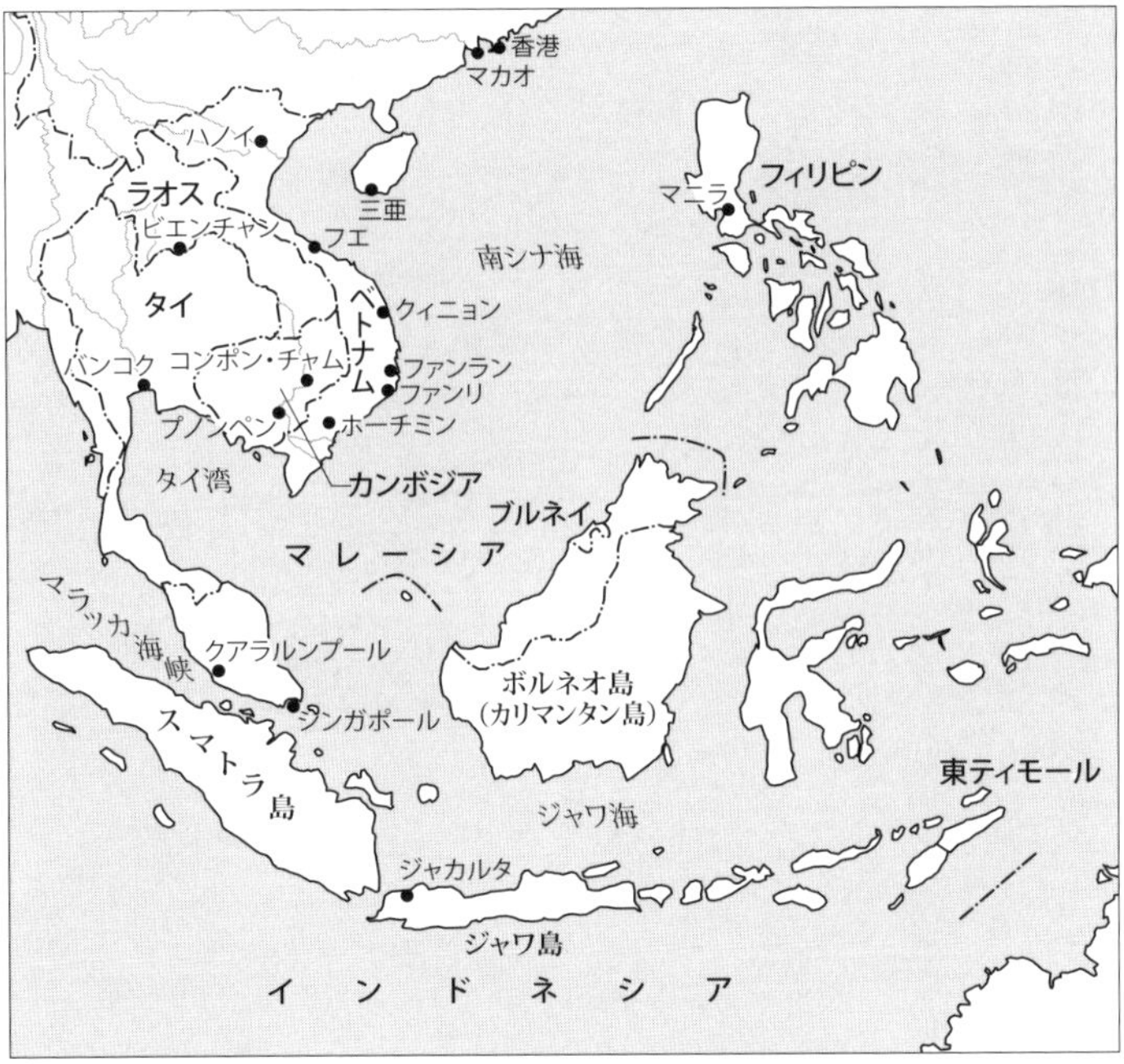

地図1-1:現在のベトナム、カンボジアとその周辺諸国

　その海洋の民チャム人がつくった林邑は、海のシルクロードの要所を占め、海洋交易国家として長きにわたって繁栄した(地図1-2)。八、九世紀に絶頂期を迎え、それ以降は少しずつ衰

地図1－2：インドシナ半島とチャムパ関連地名（桃木・樋口・重枝 1999: 9をもとに作成）。都市名の（　）内は古名

えていったが、一九世紀前半まで存続している。この国は、中国史料では八世紀後半から九世紀前半に「環王」、その後は「占城」と呼ばれている。また七世紀までには「チャムパ」というインド式の名称が用いられるようになった。このようにチャムパは中国とインドという二つの大国の間にはさまれつつ、高い海洋技術に基づく交易によって栄えた。東南アジア各地の海や川沿いに商業拠点をつくり、中国からインドを結ぶ海上の道で商人として活躍した。海上交易の商品としては、沈香《じんこう》、肉桂《にっけい》（シナモン）、黒胡椒、象牙、犀角《さいかく》などが扱われ、インドや中国、アラブの商人がチャムパを訪れた。なかでもチャムパの沈香はその高品質で広く知られ、日本でも求められた。

多層的な信仰形態

中国からの影響もあったようだが、チャムパはインド化された東南アジアの国として知られる。四世紀後半には、東南アジア最古の碑銘とされるヴォーカイン碑銘がサンスクリット語で記されている[1]。その信仰は五世紀以降ヒンドゥー教を受け入れ、ここに仏教的要素も加わり[2]、またそれ以前から存在した土着信仰が残存するという、複数の宗教文化が混淆したものであった。

チャム人の土着信仰は、土地の精霊に対する崇拝で、石や洞窟、泉などを対象としたアニミズムであった。同時に祖先崇拝も盛んであり、崇拝の対象となる国王もいた（Maspero 2002: 3-4; Schweyer 2011: 49-57）。これが本書でいう、チャム人の宗教文化層の「1　アニミズム・祖先崇拝」にあたる。祖先崇拝は現在に至るまで、ベトナムのチャム人やカンボジアのチャム人（イマーム・サン）に見られ、この層が未だに生きていることがうかがえる。

この次の層が「2　ヒンドゥー教」となり、他の東南アジア地域同様に、チャムパもまたインド文明の影響下にあった[3]。チャム人のヒンドゥー教信仰にはヴィシュヌ信仰やブラフマー信仰も見られたが、チャムパを守ると信じられたシヴァ信仰が中心で、その象徴として多くのリンガ（男性器のシンボル）が建てられてきた。リンガは三つの部分からなり、四角い最下部がブラフマー、六角形の中央部がヴィシュヌ、そして丸い最上部がシヴァを指すとされる。このシヴァ－リンガ信仰は土着化し、チャムパ国王たちも自らのリンガを建てて、それに自分の名と「シヴァ」を組み合わせた名称を与えた。例えばバドラヴァルマン王の建てたリンガは「バドラシヴァ」となった。（Maspero 2002: 3-4; Schweyer 2011: 49-57）。

チャムパの栄えたベトナムの中部から南部にかけては、シヴァ、ヴィシュヌ、ブラフマーというヒンドゥー三大神やその配偶者を祀った、レンガ造りで彫刻のほどこされた遺跡が数多く残され、現在調査修復の途中にある。重枝豊はこれらを、（1）ミーソン遺跡群、（2）ダナン周辺のクアンナム遺跡群、（3）クィニョン周辺のビンディン遺跡群、（4）ニャチャン地区のポー・ナガール遺跡群、（5）ファンランやファンティエトのポー・ハイ遺跡群、そして（6）王国末期の一四―一五世紀に建てられた衰亡期の遺跡群、の六つに分類している（重枝・桃木編 1994: 9）[4]。

筆者もこれらの遺跡の一部を訪れたが、今なお祭祀に用いられるものもあれば、人が寄りつかずさびれるばかりのものもある。図1-1は、ニントゥアン省にあるポー・ロメ遺跡の祠堂である。一六―一七世紀頃に造営され、チャム人の宗教建築物としては最後のものとなり、最盛期の遺跡と比べれば、建造技術の低下が見られるという（桃木・樋口・重枝 1999: 215–217）。小高い丘の上に建てられ、薄暗い内部にはシヴァ神を模したポー・ロメ王の像が安置されて祀られており、ここにチャムパ国王とヒンドゥー神への信仰の混淆を見てとることができる。

ミーソン遺跡[5]は、四世紀後半にバドラヴァルマン王がシヴァ神を祀った祠堂を創建したことで始まった。一三世紀末まで増築・修築が継続され、六〇棟を越える遺構が今なお残っている。この遺跡は一九九九年に世界遺産

図1－1：ポー・ロメ遺跡の祠堂

図1－2：ミーソン遺跡内で行われるチャム人の伝統芸能ショー。ヒンドゥー教的な踊りが繰り広げられており、ムスリムとなったチャム人女性ならば身に着けないような肌を出す衣装を着ている

に登録された後、国内外の観光客が集まり、チャム人の伝統芸能ショーも開かれている。筆者が訪問した際には、ヒンドゥー教的な舞踏やカンボジアのチャム人も用いている楽器の演奏がなされていた（図1-2）。

政治体制と中心地の変遷

チャムパの政治体制は、「マンダラ国家」とも呼ばれるように、いくつもの王を戴く国の連合のようなものであった（桃木・樋口・重枝 1999: 55-66; Momoki 2011）。インドラプラ、アマラーヴァティー、ヴィジャヤ、カウターラ、パーンドゥランガといった地域に独立性の高い王権があり、それらがゆるやかに連合していた。チャム人の伝説によれば、北部は「椰子族《やし》」、南部は「檳榔族《びんろう》」が支配していたという。椰子も檳榔もこの地域に根づいた植物であり、特に檳榔は東南アジアで嚙みタバコとして用いられ、この地域の文化に深く根ざしている。

四世紀末、チャムパの中心はベトナム中部のアマラーヴァティー地方（現クアンナム省・クアンガイ省）にあった。今のホイアンを商業の中心の港市とし、今のダナン西方のチャキェウが政治拠点の王都、そして川の上流のミーソンが聖地であった。このようにそれぞれの地方政権が一つの川筋に沿って成立していたため、海上交易に有利であった。その後、北方の越族との摩擦などによってアマラーヴァティーは活力を失い、八世紀中頃からベトナム中南部のパーンドゥランガ（ニントゥアン省ファンラン）やカウターラ（カンホア省ニャチャン）に新しい勢力が生まれる。

さて、七世紀はイスラームがアラビア半島で本格的に始動した時期である。預言者ムハンマドは六三二年に亡くなったが、その後、シリアのダマスカスを首都とするウマイヤ朝（六六一―七五〇年）、イラクのバグダードを首都とするアッバース朝（七五〇―一二五八年）が栄え、八、九世紀にかけて東南アジアにもムスリムのアラブ商人が来航するようになる。そもそもアラブ商人は中国の広州に三〇〇年頃から居住していたほどであり、海上交易による中東と東南アジアとのつながりの歴史は長い。チャムパにもムスリムが到来し始めていたと考えられるが、それが記録として残されているのはまだもう少し後のことになる。この点はまた後にあらためて論じるが、その前に、歴史上珍しく日本がチャムパと関係を持ち得た契機である沈香についてここでふれ、チャムパ繁栄の様相を垣間見ておきたい。

2 チャムパ香木を求めた日本人たち

珍重された沈香

チャムパは日本とも全く関わりがなかったわけではなく、沈香という香木を通して日本の歴史に数回ほど顔を出す。沈香とは香木の代表的なもので、チャムパの山地で最高級のものがとれたため、海上交易の重要な産品となっていた。現在もダナンやフエの町を歩くと、沈香の専門店を頻繁に見かける。後述するが、筆者が中国の海南島で訪れたチャムパの末裔の回族は、沈香を扱う商人である。

沈香は熱帯林に生育するジンチョウゲ科の樹木にまれに樹脂が沈着したものである。よって樹木のなかに沈香を見つけるのは簡単なことではない。香の文化史を研究する松原睦は次のように述べている。

特に、ベトナムに産する沈香の最高品といわれる伽羅《きゃら》は、採取に特殊な技能が必要であり、一五世紀に現地を訪れた明の費信《ひしん》の『星槎勝覧《せいさしょうらん》』には、産地の酋長が伐採を監視し、もし、ひそかに採取したものがあれば、その手を切るという厳しい管理さえ行われていたことが記録されている。（松原 2012: 9）

沈香は多くの高貴な外国人、特に権力者に求められ、海のシルクロードに沿って高価な値段で取引された。なかでもチャムパで産出される沈香は良質とされ、その優良品は金銀に匹敵するほどの値であったという。沈香はチャムパ繁栄の重要な経済的基盤の一つであったのである。

正倉院の沈香「蘭奢待《らんじゃたい》」と戦国武将たち

日本に目を向けると、東大寺正倉院の御物《ぎょぶつ》のなかに「蘭奢待」という沈香がある。これはチャムパからはるばる渡ってきたもので、全長一五六センチメートルほどもある。いつ日本に到来したのかははっきりしないようだが、一一九三年の東大寺の目録に「黄熟香《おうじゅくこう》」とあり、これが通称「蘭奢待」と呼ばれる沈香である。さらに東大寺ではその大仏開眼の際、チャムパ由来の雅楽「林邑楽」が演じられた。これはチャムパから七三六年に渡来した仏僧の仏哲《ぶってつ》が伝えたとされる。このようにシルクロードの終着点ともされる東大寺には、当時の交易路を通してチャムパの文物が到来したのであった。このこともまた、チャムパがその頃の日本の目から見ても価値ある文化を有していたということを示唆すると言えるだろう。

そして時代は下るが、戦国時代にこの蘭奢待が再び日本の歴史に顔を出す。当時、香道は公家のみならず、武将の間でも盛んであった。なかでも蘭奢待はその由来と香りの高さから、権力者にとって最も高貴な権力の象徴となっていた。武士として初めて正倉院を開けて、蘭奢待を切り取ったのは足利義政であったが、その次が織田信長である。正倉院を開けるには天皇の許可が必要であり、蘭奢待を得ることができるのは最高権力者であることの明白な証になった。実際に蘭奢待には、切り取られて深くえぐられた場所に付箋が付けられ、足利義政、織田信長、そして明治天皇が切り取ったことが記されている。

織田信長が一五七三年に将軍足利義昭を追放して足利幕府が終焉を迎えたその翌年、信長は使者を東大寺に派遣し、蘭奢待の拝観を申し入れた。このことからも蘭奢待の重要性がうかがえる。その後、信長自身も奈良に出向き、自分の城に蘭奢待を運ばせ、そこから寺の大仏師が鋸《のこぎり》で一寸四方を二切れ切り取り、一つは天皇に献上され、もう一つを信長が拝領した。蘭奢待が切り取られたのは、足利義政以来約一一〇年ぶりであり、信長が自らを足利将軍の後継者として誇示し、天皇に圧力をかけるという威圧の意図があったという通説がある。ただし金子拓はこれに対して、信長と天皇側との関係は良好なもので、奈良の混乱を収拾する意図を示すために蘭奢待を拝観したとしている（金子 2014: 83-103）。いずれにせよ、蘭奢待を用いて天皇の下での最高実権者であることを示そうとする意図があったのであり、この香木が特別な存在であったことは明らかである。

また徳川家康も天下人となった後の一六〇二年に勅使を奈良の東大寺に遣わし、宝蔵を開け、蘭奢待を拝観させている。この時、蘭奢待を切り取って持ち帰ったのかどうかについてはいくつかの異なる記録が残され、はっきりとは分からないが、徳川美術館には蘭奢待の小片が所蔵されている。蘭奢待を切り取るということは、信長の事例にあったように最高権力者としての誇示であり、議論の焦点となるほどに蘭奢待が特別な地位を占めていたことが、ここでも再度確認できる（松原 2012: 107-109）。

家康自身、香道にずいぶん熱心で大量の香木を収集し、一六〇六年に占城王に沈香、特にその最上級の伽羅を求めて書簡を送ったほどであった（松原 2012: 109-112）。一六〇七年に九州の大名有馬晴信が家康に伽羅獲得を命じられて、朱印船をチャムパに派遣している。江戸時代初期の朱印船貿易のなかでも沈香は重要な交易品の一つであり、多くの日本船が東南アジアに渡航し、チャムパにも寄港していた（桃木・樋口・重枝 1999: 24; 松原 2012: 103-104）。

このように日本とチャムパは歴史上、直接の関わりはほとんどないが、沈香という存在に目を向けると、交易上の関係が見えてくる。これはチャムパの海上交易の影響力の大きさを示してもいる。

3　戦乱とイスラームの到来

諸外国との戦乱

海洋交易で栄えたチャムパであったが、一〇世紀末に転換期を迎えていた。九八〇年にベトナム人はアマラーヴァティーに侵攻し、チャム王を殺害、都を破壊した。これ以降、インド文化圏にあったチャム人と中国化したベトナム人の長い闘争の歴史が続くことになる。一〇〇〇年にチャム人は新しい都ヴィジャヤをアマラーヴァティーより南方に移さざるを得ず、現在のベトナムのビンディン省にあるクィニョンの近くにつくった。さらに中国の混乱のなかで自立したベトナム人が李朝（大越）を成立させ、一〇六九年には李朝にチャムパ北部三州を割譲するなど、領土は狭められていった。

この時期、チャムパはベトナムに加えて、カンボジアで栄えたアンコール王朝との戦いも続けている。一一五〇年以後、カンボジア国内では王位継承をめぐる混乱が続いていたが、一一七七年にジャヤ・インドラヴァルマン四世が水軍を率いてトンレ・サップ湖からアンコール都城を攻略、チャムパ軍が四年ほどこの地を占領した。その後、カンボジアのジャヤヴァルマン七世がチャムパ軍を駆逐し、一一八一年に王位に就いた。一一九〇年チャムパ王ジャヤ・インドラヴァルマン四世が再度攻撃を仕掛けたが、カンボジア王ジャヤヴァルマン七世が討伐軍を数回派遣し、今度はチャムパが一二〇三―一二二〇年の間、カンボジアに併合されることになった（石澤 2005: 180; Maspero 2002: 78-79）。

アンコール・ワット観光に行くと必ず見ることになるのが、アンコール・トムのバイヨン寺院の壁にある浮彫りである。ここには壮大な戦闘場面が描かれており、ジャヤヴァルマン七世が一一九〇年にチャムパ討伐に派遣したクメール軍や、逃げ惑うチャムパ兵たちの姿を見ることができる。また一一七七年のチャムパ水軍とクメー

図1－3：バイヨン寺院壁画に描かれたチャム人兵士。蓮華のような頭巾をかぶっている

ル水軍の水上戦も描かれ、チャムパの船は全長二五メートルあり、漕ぎ手や、水先案内人、槍を持った陸兵など四二名ほどが乗り込んでいる。彼らの服装の特徴は蓮華のような形の頭巾で、水上船でも陸上の白兵戦と同じく、敵の船に乗り込んで槍と楯を使って戦った（石澤 2005: 181-183）（図1－3）。ディアスポラ後もチャム人は海兵としての高い技術をかわれて他国の王朝に雇われており、ここでその実際の姿を見ることができる。

一三世紀半ばになると、チャムパに元軍が来襲する。クビライ汗（在一二六〇―一二九四年）は、ビルマ（現ミャンマー）やジャワなど東南アジアにも出兵し、海のシルクロードを支配しようと考えていた。海洋交易の要所であったチャムパもその攻撃の対象となった。

クビライ汗に仕えたマルコ・ポーロ（一二五四―一三二四年）も一三世紀後半にチャムパを訪れており、『東方見聞録』に次のような記述が見られる。マルコ・ポーロはザイトゥン港、今の中国の泉州を出港し、海南島と考えられる付近を横断した後、「チャンバという富裕な大国に到着」した。この国はクビライに毎年、「象と沈香からなる貢物を献上」していたという。ここでも「沈香」が登場し、チャムパの特産品とされていたことが分かる。チャムパ王がクビライに献上している理由は、元軍の侵攻を受けて降伏し、軍を撤退するよう依願した時に、臣僕となる証として献上物を差し出すことを約束したからであった。また「チャンバ国王」には三二六人の子どもがいること、象や沈香、黒檀が特産品であることが述べられている（ポーロ 2000: 200-204）。

一四世紀になるとモロッコ出身のイブン・バットゥータ（一三〇三―一三六八年）がチャムパと推定されている「タワーリスィーの国」を訪れており、『三大陸周遊記』にこう書き記している。「まことに広大な国で、王はシナの皇帝に劣らぬと自負し、多数のジュンク〔船〕を擁して、シナの人々と戦」い、その容姿は「うるわしく、トルコ族に酷似している」という。またこの国の王女は武勇にも優れ、アラビア語を書くこともできたという。イブン・バットゥータはマルコ・ポーロとは逆の航路で、この後、ザイトゥン（泉州）に向かっている（イブン・バットゥータ 2004: 324-327）。アラビア語を書く王女の存在はイスラームの伝来を示唆すると言えるだろう。

さらに一五世紀前半、明の永楽帝《えいらくてい》（在一四〇二―一四二四年）の命による鄭和《ていわ》の大遠征があり、一四〇五―一四三三年の間、七回にわたってアフリカ東岸まで艦隊が派遣された。鄭和に随行した馬歓《ばかん》もまた、『瀛涯勝覧《えいがいしょうらん》』において「占城国」に言及している。この国の服装や建物について述べ、「伽羅香はこの国のある大きな山から産出するだけで、天下に他に産出する所はないので、その価は甚だ高く、銀でもって換えられる」と沈香の一種である伽羅が希少な特産物であることにもふれている。また人々が「檳榔とキンマは絶えず口にかんでいる」とあり、これは先にもふれたが、東南アジアで見られる噛みタバコのようなもので、今でもカンボジアや海南島のチャム人の年配の者たちの間で見られる習慣である。さらに馬歓はこの国の特異な風俗にふれ、国王が人の生き胆の汁を水に混ぜて入浴することや、「屍頭蛮」という妖怪を紹介している。「屍頭蛮」は一説にはロクロ首のことではないかともされている（小川編 1998: 7-20）。

イスラームの到来

このようにチャムパは、戦争や交易によってさまざまに外の文化と関わってきた。そのなかで、この地のイスラーム化も徐々に進んでいった。チャム人がいつ改宗したのかについては、長きにわたって議論されている。フランスのチャムパ研究が盛んであった一九二七年にカバトン Cabaton が二つの仮説を提示したが、彼自身、明確な答えを示さなかった。それは、アラブやペルシア、インドの商人が一〇—一四世紀の間に伝えたか、もしくはそれより後にマレー系の人々の移住によって伝えられたか、という二つの仮説であった。その後ピエール＝イヴ・マンガン Pierrre-Yves Manguin は新しい史料などをもとに、庶民や王宮での本格的な改宗は一七世紀であろうと主張し、その前史については次のように論じている（Manguin 1985: 1-5）。

遅くとも一〇世紀にはチャムパに中東のムスリム商人の共同体があり、チャム人はこの商人たちを通して、通婚などによって改宗していった。だがムスリムになった者たちの数は限られており、ヒンドゥー教徒による支配が続いた。その後、一〇三九年一一月二一日という日付の記されたアブー・カーミルという人物の墓が発見され、文字はアラビア語のクーフィー体であった。これは一一世紀にはチャムパにムスリム共同体があったことの証拠とされ、八世紀以降、南シナ海に多くのムスリム商人が到来していたことを考えると、ムスリムの居住地ができていたとしても不思議ではない。また一三二〇年代にチャムパにシーア派系居住地があったとも伝えられており、ここからも少なからぬムスリムがこの地を訪れ、居住していたことがうかがえる。一四—一五世紀のチャムパの国教はヒンドゥー教であったが、イスラームは徐々に宮廷の周囲で広まっていった。

海上交易で栄えたチャムパは、それ自身のイスラームへの本格的改宗以前に、東南アジアのイスラーム伝播の重要な拠点としての役割を担っていた。一四—一五世紀にジャワ島で栄えた最後のヒンドゥー教王国であるマジャパヒト王国（一二九三—一四七八年）にイスラームを伝えた人物がチャムパ出身だという伝説がある。これは「チャムパの姫」の伝説と呼ばれ、東南アジア島嶼部へのイスラーム伝来の経緯を示唆している。

それによれば、チャムパの王が中東からの敬虔なムスリムの旅人を受け入れたことをきっかけに、王や民はイスラームに改宗した。ヒンドゥー教のマジャパヒト王国の王がこのチャムパ王のムスリムの娘を妻とした。他方、中東からの旅人はこの娘、つまり「チャムパの姫」の妹と結婚した。その息子は成長すると、マジャパヒト王国に嫁いだ伯母をたよってジャワ島に移り住み、マジャパヒトの王からスラバヤの近くのアンペルという土地を与えられ、そこの人々をムスリムに改宗させた。彼は「スナン・アンペル」と呼ばれ、後にワリ・サンガ（九聖人）の一人とされるようになり、ジャワ島にイスラームを伝来した伝説の人物となった。この物語の時期を特定するのは難しいが、一四―一五世紀頃だろうとマンガンは述べている（Manguin 1985: 4）。この伝説は当時のイスラーム伝来の経路として、チャムパが果たした重要さを示している。

東南アジア全体を見ると、一三世紀にスマトラ島北部の諸王国が最初にイスラームに改宗した。一四世紀末または一五世紀初めにイスラーム系港市国家であるマラッカ王国が成立し、マラッカ海峡の地の利をいかした結果、一五世紀末にはこの地域の商業的・政治的一大勢力となる。イスラームの伝来はさらに東進し、ジャワ島やフィリピンのミンダナオ島などに広まり、イスラーム国のドゥマク王国が一六世紀前半までにジャワ島を制圧している。このようにイスラームは東南アジアの島嶼部には伝播したが、大陸部には広まっていない。その理由として、大陸部では上座部仏教が住民から深く帰依されていたからだとされる。これに対して島嶼部では、ヒンドゥー教は少数の特定の階層の人々のみに信仰されていたため、イスラームが広まりやすかったということであろう。この点から考えても、大陸部に広まったイスラーム地域としてのチャムパとムスリムとなったチャム人は特異な存在であると言える。これは彼らがマレー系の民として海上を活動の中心としてきたため、島嶼部の状況に近しかったことに起因するであろう。

4　離散とイスラーム化

ディアスポラ（離散）の伝説

チャムパがベトナムの南進によって滅んだという歴史的出来事は、今なおベトナムの姫の姦計とチャムパの魔術木をめぐる悲劇の伝説としてチャム人の間で語られている。ディアスポラの民の特質の一つとして共通の「神話」を持つことがあげられるが、コーエンは「ふるさとの地についての集合的記憶や神話。これには、場所、歴史、苦難、達成が含まれる」（コーエン 2012: 54）と述べている。チャムパ滅亡の伝説には達成以外の三要素が含まれ、その悲劇性を強めている。筆者がこの伝説について二〇代のカンボジアのチャム人に尋ねると、子どもの頃に祖母から聞いたことがあるとのことであった。ウィリアム・コリンズ William Collins もカンボジアのコンポン・チャム出身者からこの伝説を聞き取っており（Collins 1996: 26）、カンボジアのチャム人に、チャムパの国王がベトナムの姫にだまされて魔術木を切ってしまった、という筋の悲劇的伝承が伝えられていることが分かる。また後述するようにベトナムのチャム人も類似の伝説を保持しており、離散した民の共通の「神話」としてこれをとらえることが可能となるであろう。

その伝説は概ね次のような内容である。チャムパ王ポー・ロメが美しいベトナムの姫ビア・ウットの虜になり、妻として迎えた。彼女はこの国が、呪力を持ったクレックという王宮にある木に守られていることに気づき、父と密かに策を練り、病気のふりをした。それを心配した王が呪術師たちにどうすればよいのか尋ねたが、呪術師たちはベトナムの姫に買収されており、クレックの木のせいで姫が病気なのだから、それを切る必要があると王に進言した。王は占星術師にこの木を切れるか占わせたところ、占星術師たちは皆、そんなことをすれば国が滅びると反対して王を諫めた。しかし王は木を切って妻の病を治したいと考え、兵士に木を切るように命じた。兵士たちは試みたが切ることができず、王自身が斧を振り下ろすとようやく切れ、木は赤い液を流した。チャムパは木による魔術の守りを失い、ベトナム軍によって攻撃され、王も殺害された。ベトナムの姫は祖国に逃れたが、王のもう一人の妻はチャム人の慣習に従い、国王が火葬されている炎に飛び込んで殉死した(6)。

このように、話の筋はチャムパ王がベトナム側にだまされたというものである。筆者がベトナムのアンザン省チャウ・ドック周辺のチャム人集落で聞き取りをした際、この伝説についても何人かに尋ねてみた。人によって内容に違いがあり興味深いので、ここでその語りを紹介したい。

筆者がAHU(52m/20130704)にインタビューした際、家業は稲作農家だと言ったが、人々が集えるほどの庭のある高床式の立派な家に住んでいた。さらに質問を重ねると、その祖父はメッカで二〇年学び、メッカの女性と結婚し、一九五九—一九七八年の間ベトナム全体のムフティ(イスラーム法を学んだ宗教指導者)を務めていたという名家だと分かった。その彼は伝説について次のように物語ってくれた。

チャムパ王は、ベトナムの王女と結婚したが、ベトナム王はチャムパを滅ぼすことをねらって娘を輿入れさせた。チャムパ王はベトナム女性を大変気に入ったが、彼女は病気のふりをし、王宮の木を切らないと治らないと言った。この木の根っこはニャチャンに今も残っているらしい。だがその木はチャムパを守る力の源泉だった。王は王宮の衛兵に切るように命じるが、木から血が流れるだけで切ることができず、王が自ら手をくだすことでようやく切ることができた。しかし王は力を失い、ベトナム兵はチャムパ王宮を攻めて女王を取り戻し、王宮を燃やした。チャムパの人たちは、海南島、フィリピンのミンダナオ島、マレーシアのマラッカやセランゴールなどに逃れ、王はコンポン・チャムに逃れて、そこで亡くなった。

筆者がAHUにこの伝説をどうやって知ったのかと尋ねると、先祖代々語り伝えられたもので、子どもの頃に母から夕食後に聞いたとの答えであった。彼自身もまた、子どもにも伝えているという。孫には伝えているかと聞くと、まだ一歳なので教えていないが、いずれ教えるとのことであった。

これに対して、YA（68m/20130704）の語りは部分的に異なるものであった。彼は同じくチャウ・ドックにあるモスク内の雑貨屋の店主である。彼はベトナムの姫の伝説について次のように語ってくれた。

ベトナムの姫がチャムパ国王と婚約し、その時、婚資として国土の一部をチャムパ王がベトナムに譲った。そしてチャムパ国王が亡くなったが、チャム人の伝統に従って妻も一緒に埋葬されることになった。そこでベトナム兵が女王を救うために川沿いに船でやって来て女王を奪った。そのためチャムの人々が怒り狂い、女王を取り戻すためにベトナムに戦いを挑んだが、結局チャム人が敗北し、国を失った。

婚資としての領土譲渡は、歴史的には前述したように、一〇六九年に李朝にチャムパ北部三州が割譲されたという事実があり、これが念頭に置かれているのかもしれない。また一四世紀初頭に実際にチャムパとベトナムの間で政略結婚がなされ、ベトナムの皇女がチャムパに嫁ぎ、二州を譲渡させたが、チャムパの内紛で違約があり、ベトナム王が進軍、チャムパ王を廃位し、その弟を即位させたという（小倉 1997: 165-166）。おそらく、これらの出来事がこの物語に反映されているのであろう。

この伝説の最後にある、妻が夫と一緒に埋葬されるという点は、チャムパがヒンドゥー教を信仰していたことに通じると考えられる。先ほども述べたが、チャン・ヴェトキーン Tran Viet Kinh が伝える伝承によれば、ベトナムの姫ではなく別の妻が国王を焼く炎に飛び込み殉死したとされており（チャン 2000: 87）、これはヒンドゥー教の習慣のサティであろう。つまり、チャム側の伝える伝説ではサティを行ったのはベトナム人の妻ではなく、対してベトナム側によればベトナム人の妻にチャム人がサティを強要したということになっている。よってチャムパ敗北をもたらした戦闘の契機は、チャム側によればベトナム人がチャム人をだましたからであり、ベトナム側によれば野蛮な行為をチャム人がベトナム人に強制したためということになる。お互いに自分たちに非はないという筋立てで伝説が伝えられているのである。

さらに筆者がYAに確認したところ、ベトナムの姫がチャムパ国王をだましたという伝承については全く知らないようであった。彼の物語った内容は全体的にベトナム側に落ち度がないように描かれているわけで、筆者がこの伝承をどこで知ったのかを尋ねたところ、「政府によって教えられた。毎年アンザンで政府が開く歴史セミナーがあり、そこでこの話を聞いた。このセミナーにはチャム人だけでなく他のベトナム人も参加する」とのことであった。つまりYAは、先祖代々伝説を伝えられたAHUとは異なり、ベトナム側の歴史認識に基づくチャム人とベトナム人の対立史を記憶していたということになる。ディアスポラの民であるチャム人はベトナム社会でマイノリティとなり、そのマジョリティの世界観を受け入れざるを得ない状況となっているのである。

ベトナム大越の南進

実際の歴史を見ると、チャムパが大きくベトナムに圧迫されるようになったのは一五世紀で、ベトナム（大越）の南進によってその領土の北半分を失っている。ベトナムは陳朝（一二二五—一四〇〇年）の時代に中国化を進め、キン（ヴェト）族の民族意識を高めて国力を増し、一四二八年に黎朝によって全土統一が果たされる。これ以降ベトナムは大規模に南進を行い、一四七一年にチャムパのヴィジャヤとその北部が奪われた。ヴィジャヤが陥落した際、六万人が殺され、王や五〇名の王族を含めた三万人が捕虜となったという。かつてはこの時にチャムパが滅亡したと考える研究者もいたが(7)、実際には南方に中心を移して存続していった。

その後、チャムパの領土は今のニャチャン周辺のカウサラ地方やファンランを含むパーンドゥランガ地方といった南方の領域のみに限定され、パーンドゥランガが中心となった。チャムパの国土は高い山脈と海岸からなり平野部が少なかったため、産業は農業ではなく、山からとれた香木などの海上交易で利益を得る商業が中心であった。そうすると農業をもとに国力を高めたベトナムに比べると、チャムパが衰退したことは歴史の必然であったのかもしれない。

離散の始まりとイスラーム化

ヴィジャヤ陥落による領土の縮小により生じたのが、チャム人の離散（ディアスポラ）とイスラーム化であった。コリンズによればチャム人のカンボジアへの移住には、一四七一年、一六九二年、一七九五―一七九六年、そして一八三〇―一八三五年という四回の波があったという（Collins 1996: 30–42）。これに従えば、ヴィジャヤ陥落時が大きな移住の波の一回目となる。一五世紀のマラッカ王国の栄華を伝える『スジャラ・ムラユ』によれば、ヴィジャヤが陥落した時にチャムパのインデラ・ベルマ・シャー王子がマラッカに逃げのびてマラッカのチャム人の祖に、もう一人のシャー・パレンバン王子がスマトラのアチェに逃げ、アチェ王国の祖となったという（Marrison 1949: 93）[8]。このようにチャム人は周辺のさまざまな場所に逃れたが、今はカンボジアに最も多く居住する。その理由は桃木が指摘するように、マレーシアやインドネシアといった島嶼部に逃れたチャム人は、民族・語族的にそこの人々と近いから、同化していったためであろう。これに対してカンボジアや南部ベトナムでは同化することなく、チャムパの末裔としてのアイデンティティを保持していったのである（桃木・樋口・重枝 1999: 79–80）。

離散は同時にさらなるイスラーム化をもたらした。チャム人は語族的に近いマレー人に接近し、イスラームへの改宗が促されていったのである。東南アジアでは一五世紀後半に強大化したマレー系のマラッカ王国がイスラームに改宗しており、一六世紀に入るとマラッカ王国からの航路に沿って島嶼部にイスラームが広まっていった。『スジャラ・ムラユ』によれば、ヴィジャヤ陥落後、マラッカに逃げたチャムパのインデラ・ベルマ・シャー王子は、その妻や従者たちとともに国王のスルタン・マンスール・シャー（一四七七年没）にあたたかく迎え入れられ、イスラームに改宗したという（Marrison 1949: 93）。

この王子のみならず多くのチャム人が、当時イスラームの中心地であったマラッカ王国に逃れて移住している。一五一一年にはポルトガル人がマラッカを占領、陥落時の国王がジョホール王国を建国して、ポルトガルと戦った。チャムパ王はジョホール王に対して一五九四年に援軍を送っている。またチャムパでの権力闘争によって亡命した者たちが、ジョホールのマレー系の提督に仕えてもいたようである（リード 2002: 254–255）。ここからもチャムパがマレー半島のムスリムと緊密な関係にあったことがうかがえる。

マンガンによれば、一六世紀末に東南アジアにやって来たスペイン人やポルトガル人たちの記録のなかに、チャムパにはムスリムが多くいて、国王はこの教えを好意的に受け入れており、多くのモスクが建てられているといったことが記されているという。一七世紀にもチャム人がムスリムとなっているという西洋人の記録があるが、彼らはイスラームの教義のことはほとんど理解していなかったという。またある宣教師によれば、一七世紀半ばにチャムパに移住してきたマレー人によってイスラームが王や宮廷に伝えられ、人々が改宗するようになった。王や半数のチャム人は形式上ムスリムになったが、イスラームの信仰内容については分かっていない。他の者たちは天を崇拝し、呪術を信じている、という。これらの状況からマンガンはチャムパ王のヒンドゥー教からイスラームへの改宗は、一七世紀前半から後半（一六〇七―一六七六年）にかけて生じたのではないかと考えている（Manguin 1985: 8–10）。アンソニー・リード Anthony Reid も一六世紀後半にイスラームが急速に勢力を伸ばし、改宗者が後を絶たず、一七世紀後半には人口の大部分がムスリムとなったとしている（リード 2002: 254）。このようにチャム人は、イスラームの教義を受け入れたというよりもむしろ、マレー人の文化を受け入れるという意識で改宗していったのではないかと考えられる。ベトナムの侵攻によって衰えつつあったチャムパの人々は、マレー人とより近づくことに意義を感じていたと推測されるのである。

カンボジアに逃れたチャム人と先住マレー人

カンボジアに逃れたチャム人に目を向けてみると、その移住や活動に関して遠藤正之は次のように論じている。一〇世紀以降、チャムパとカンボジアのアンコール朝が戦争などを通して交流を繰り返したため、メコン川流域を中心にチャム人のネットワークが生まれ、それをもとにチャム人の大量移住が可能になった。彼らは一五世紀からカンボジアに大量に移住し、一六世紀末までにメコン川沿いのトボーン・クモムを拠点として一大勢力を形成した。その頃にはカンボジア宮廷に仕えるチャム人もおり、水軍を中心とする軍事力ゆえにカンボジア王の信任を得たり、また王と対立して反乱を起こして王を殺害したりすることもあった。チャム人は伝統的にメコン川東地域やベトナム中部高原の高地諸民族と関係が密接で、交易や森林生産物の集荷に従事することもあった（遠藤 2002: 65）。

このカンボジアに逃れたチャム人たちもまた、すでにカンボジアに居住していたマレー系の人々とともに行動し、そのなかでさらにイスラーム化が進んでいった。例えば一六〇〇年までに、当時の首都であったロンヴェクにはマレー人居住地区があった（Kiernan 2008: 253）。この先住者たちを通して新参のチャム人はイスラームに改宗していった。これまで見てきたように、チャム人の移民たちがチャムパで得たイスラームの知識は正確なものではなく、カンボジアへの移住後にマレー系住民たちからより正確なイスラームの教義を学んでいった（Collins 2009: 22）。このようにチャム人は逃亡先で、同じオーストロネシア語族のマレー系の人々に多くを負い、ムスリムとしてのチャム人というアイデンティティを確立させていったのである。

ここでいうカンボジアに先住していたマレー系の人々は、現在「チュヴィエ」と呼ばれる人々を指すと考えられる（チュヴィエという集団については次章で論じる）。ただエングが指摘するように、一九世紀後半から二〇世紀初頭にかけて、フランスの研究者たちはカンボジアのムスリムを「マレー人」とまとめて呼んできたため、それがチャム人なのかマレー系チュヴィエなのか、はっきりとしない（Eng 2013: 18–19）。よって本書では、依拠する研究者の表記に従っている。

チャム人とマレー人は政治的にも共同行動をとることが多く、両者が協力して、カンボジアに一代限りではあるがムスリムの国王を誕生させたことがある。一五九九年、カンボジア王宮で影響力を持っていたスペイン人をチャム人とマレー人が協力して放逐し、親スペインだったカンボジア王を暗殺した。チャム人とマレー人の後押しで一六四二年にラーマディパティ一世が即位し、イスラームに改宗してチャム人またはマレー人のムスリム女性と結婚し、スルタン・イブラヒムと名のった。キャロル・ケルステン Carool Kersten によれば、カンボジアの年代記にラーマディパティ一世の改宗が次のように描かれている。

チャム人とマレー人が王のもとに贈り物と、浴びると呪力が生じる水を持ってやってきた。王がそれを浴びると、マレーの宗教指導者はひれ伏して、ムハンマドの宗教に改宗するよう語りかけた。この呪文の影響で、王はチャム人とマレー人の宗教を受け入れることに同意した。(Kersten 2006: 13)

これに似た逸話が他にも存在する。カンボジアの王がマレー系ムスリムの乙女に魅了され、その村のチャム人やチュヴィエの者たちがクリス(短剣)とまじないの水を用いて王を籠絡したため、王はイスラームに改宗したという。北川香子が指摘するように、チャム人は「スナエ」という「恋愛の呪術」を使うとされる(北川 2008: 6; 2009b: 28–32)。またマレー文化で広く用いられるクリスも呪文を唱えることで呪力が生じると信じられている呪物である。このようにカンボジア人からは、チャム人・マレー人のイスラームは強い呪力を持つ宗教と認識されていたようで、これは、チャムパ敗北時の魔術木の伝説から現代のチャム人呪術師(本書第六章)に至るまで見られる、彼らに付与された特性である。ここで紹介した逸話からはチャム人の呪術性がイスラームと混淆して認識され、王にまで影響を及ぼすほどのものだとされていたことが確認できる。

こうしてムスリム国王が誕生した後、チャム人とマレー人は王から特権を与えられ、一六五八年までその治世を支えた。チャム人はカンボジア中にモスクを建て、ウドンの宮廷で人々に改宗をうながし、宮廷の式典で長衣とマレー世界の儀式で用いられる短剣クリスを用いさせた（Kersten 2006）。

これに対する当時のカンボジア仏教界の衰退状況については、北川によれば次のように伝えられているという。

王が「プレア・プット・サースナー（仏教）も、プレア・ヴィヒア（寺院）も、プレア・アーラム Aram（僧院）も、プレア・チェディィ Cetiy（仏塔）も、プレア・カムピー（経典）やサトラー・バーレイ Satra Balei（パーリ語経典）も忘れてしまった」ので、仏教は著しく衰退し、僧侶や民はひどく苛立った。一方チャーム・チュヴィエたちはこの機会に、「モハーマットたちの側のヴィヒア」を何か所も建てた。（北川 2008: 6-7）

この最後にある「モハーマットたちの側のヴィヒア」とは、ムハンマドの宗教つまりイスラームの寺院のことで、モスクを意味している。イスラームは「サース・モハーマット（ムハンマドの宗教）」と呼ばれていた。さらにこの王はオランダ東インド会社に対して「聖戦」を挑み、一六四三―一六四四年のメコン川の戦いにおいて、オランダ軍は一五六名、クメール人は一〇〇〇名ほどが戦死したという（Kiernan 2008: 253）。

この後、ムスリム国王は一代でついえたが、チャム人はこの国の宮廷において、マレー人との近さゆえに重宝され続けた。一七世紀後半にはマレー語が東南アジアの海洋諸国の国際語になっており、カンボジアの国王さえ、ポルトガルやオランダとの書簡でマレー語を用いていたという。チャム人はカンボジアの宮廷で外交や諸外国との経済的関係を取り結ぶ際に通訳を務め、また、反乱が起こった際には国王の衛兵として仕えた。コリンズはカンボジアのチャム人がこの国で果たしてきた興味深い役割について、「外部の内部者 outsiders-insiders」と呼んで説明している。チャム人は民族・文化・宗教的にマジョリティのクメール人とは異なっているが、クメール国王を反逆者から守る役割を果たした。コリンズは「私が想像するにこの忠誠は、彼らの亡命を認め庇護したクメールの歴代の王に対して、敬意と感謝の念を示すためのものであったのであろう」と述べている(Collins 2009: 27-28)。

またチャム人はカンボジアにおいてのみマレー人から多くを学んだわけではなく、チャムパ本土でも同様の動きがあった。これまでにも言及してきたポー・ロメ王は王位につく数年前にマレー半島のケランタンに滞在し、マレー呪術とイスラームといったマレー文化を学んでいたとされる。このケランタンには、現在もカンボジアのチャム人ムスリムたちがイスラームを学ぶために留学している。ケランタンは「メッカへの入口」として知られているほど、東南アジアのムスリムにとって重要な都市であった。ダニー・ウォン・ツ・ケン Danry Wong Tze -Ken が指摘するように、チャム人がケランタンにおいてイスラームなどマレー文化を学んだことは、彼らがマレー世界とのつながりを再強化する意味合いを持っていたと言えるだろう(Wong Tze-Ken 2004)。

このようにチャム人はカンボジアの内外で、同じオーストロネシア語族に属すマレー人から多くを学んだ。そのなかの最も重要なものとしてイスラームがあげられる。同時にポー・ロメ王がマレー呪術を学んだという逸話は興味深いもので、チャム人と呪術の関係の深さがここにも表れていると言えるだろう。

さらなる移住と王国のベトナム属国化

それからおよそ二世紀後、カンボジアへのチャム人の移住の第二の波が一六九二年に起こった。これはパーンドゥランガ地方に残ったチャムパ王権がベトナムの属国になったことに起因する。この年、チャムパ国王は、四〇年前にベトナムに奪われたカウサラ地方を取り戻そうと試みた。しかしチャム人は敗れ、阮氏広南国の支配者はパーンドゥランガ地方の属国化を進めたため、多くのチャム人は二世紀前に祖先が行ったように、ベトナムの支配下にいるよりも移住することを選んだのであった(Collins 2009: 27)。この時、王族を含む五〇〇〇人ものチャム人がカンボジアに逃亡し、プノンペンの北方に定住したという（Kiernan 2008: 254）。

一六九七年には、パーンドゥランガ地方が「順城鎮」という阮氏広南国の特殊な属国となり、今のニントゥアン・ビントゥアン両省の旧領民のみを支配するという状況に追い込まれた（桃木 2001: 66-67）。この制度下では、チャムパ領域に居住するベトナム人はベトナム政権に従い、チャム人はパーンドゥランガのチャム王家に従った（Nakamura 2000: 63）。またこの時にチャム人の最後の港がベトナムに占領されたため、その後、チャム人商人の活動が制限されるようになる（Kiernan 2008: 254）。このようにチャム人は独立した海洋王国として存立することが不可能となり、多くは国外に逃亡し、残った者たちはパーンドゥランガ地方にベトナム領内の自治区のようにして過ごすことになったのである。

前述したようにマンガンによれば、一六世紀末にはチャムパにはムスリムが多くおり、国王も好意的に受け入れ、多くのモスクが建てられていた。一六―一七世紀頃、ムスリム商人が東南アジアでの海洋交易で活躍のピークを迎えると、一七世紀半ばにはチャムパに移住してきたマレー人によってイスラームが王や宮廷に伝えられ、改宗が進められた。そして一七世紀前半から後半（一六〇七―一六七六年）にかけて、ヒンドゥー教からイスラームに王が改宗したのではないかとされる（Manguin 1985: 8-10）。これに基づくならば、チャム人の一四七一年の最初の移住の頃には、ムスリムとなっていた者は多くはなかったであろう。しかしその後、マレー人との関わりのなかで改宗者は増加し、一七世紀末の第二期の移住の頃までには、国王までもが改宗していた可能性があるということである。国を追われたチャム人たちは国内外でマレー人を頼りにしたわけであるが、その際、イスラームという紐帯が重要な役割を果たしていたのである。そしてチャムパの衰亡が近づくにつれ、このイスラームを支えとしてマレー人と共存するチャム人の姿が歴史上多く登場するようになっていくのであるが、それを次節で見ていきたい。

5　ムスリムの抵抗運動とチャムパの滅亡

繰り返されるムスリム反乱とカンボジア移住

カンボジアにチャム人が逃れる三度目の大きな波（一七九五―一七九六年）は、パーンドゥランガ地方に残ったチャム人がベトナムの内戦である西山党の乱に巻き込まれたために起こった。これが最大規模の移住で、一八一三年にカンボジア最古のモスクが首都の北方に建てられている（Kiernan 2008: 254）。チャム人のなかには一七九六年に、後に阮朝越南を創始する阮福暎に対する抵抗運動を始める者たちもいたが、その指導者はトゥーン・パウというマレー人で、その支持者たちはチャム人、カンボジア人、そしてマレー人から構成されていた。トゥーン・パウは、自分はチャム人がベトナム人に抵抗できるよう神から遣わされたのだと主張した。二年間にわたる激しい戦いの後、抵抗軍は阮軍に敗れた（Wong Tze-Ken 2004）。「トゥーン」はマレー語の敬称であり、「先生」の意味も持つ「トゥアン」と同じものだと考えられ、マレー文化との共通性がうかがえる。今もカンボジアのチャム人は宗教教師を「トゥーン」と呼んでいる。

この時に生じた移住者たちの指導者のなかにトゥーン・サエト・アスミトという人物がおり、彼もまたマレー系だとされている。カンボジア国王アン・エン（在一七七九―一七九六年）はパーンドゥランガからのチャム人・マレー人の移住者を歓迎し、トゥーン・サエト・アスミトはトボーン・クモムの地区長に任じられた。王が歓迎した理由は、当時のカンボジアがタイやベトナムという両隣国から攻められており、これに対しての第三の存在としてチャムパからの移住者を必要としたからであった（Collins 2009: 30）。

実際に次のカンボジア国王アン・チャン（在一八〇六―一八三四年）は、自国の利益のためにチャム人・マレー人たちを利用している。王はタイに対抗するためベトナムに助けを求めて、トゥーン・サエト・アスミトを含む使節を派遣した。ベトナムはこのことに気づき、トゥーン・サエト・アスミトの首と交換にカンボジアを助けることを提案したため、カンボジア王は彼を処刑した。これによってカンボジアのムスリム・コミュニティは分裂し、トゥーン・サエト・アスミトの四人の息子のうち一人はウドンのカンボジア支配者たちに仕えたが、他の者たちはトボーン・クモムに退いた。その数年後、アン・ドゥオン王期(在一八四五―一八五九年)に、大勢のマレー系の者たちがクメール人に抵抗してチャウ・ドックに移住し、トボーン・クモムよりも大きなチャム人共同体をつくろうとしたと伝えられる(Collins 2009: 30)。このようにチャムパより移住した者たちは、移住先の政治的状況にも翻弄されてきたのである。

チャムパの滅亡

そして最後となる四度目のカンボジア移住は、チャムパの最後の抵抗と滅亡の時期(一八三〇―一八三五年)に生じた。一八〇二年にフエで阮朝(―一九四五年)が成立、国号が越南となり、現在のベトナム全土をほぼ統一する一大勢力となった。一八三二年に阮朝越南の第二代明命帝(在一八二〇―一八四一年)はさらなる領土支配の強化、ベトナム化を目指した(図1-4)。このベトナム化はチャム人にとって過酷なものであった。ベトナム中部にあるチャムパの古都ファンランのチャム人は宗教儀礼や服装などにも制限を加えられ、ヒンドゥー教のチャム人(チャム・バラモン)は牛を、ムスリムのチャム人(チャム・バニ)は豚を食べるよう命じられた。このような迫害に耐え切れなくなったチャム人のなかに、一八三〇年代初期にカンボジアに逃亡した者たちがいた(Collins 2009: 31)。

さらに明命帝が、それまで自治を許していたベトナム南部各地やチャム人の順城鎮に朝廷直轄化を命じたため、南部に大反乱が起こった。カティプ・スマトというムスリム聖者がその指導者で、この「カティプ」とはアラビア語の「ハティーブ(説教者)」に由来する。カンボジア出身のスマトはメッカで何年もイスラームについて学び、

図１－４：明命帝陵。フエ郊外の広大な敷地内にある

一八三三年にカンボジアに戻った。その後、宣教のためにベトナムにやって来て、ファンランのチャム人ムスリムに熱狂的に歓迎されたという。彼については足跡を残さずに歩いたなどの伝承があり、呪術が使える聖者だと考えられていた（Collins 2009: 31）。

この後さらにジャ・タク・ヴァというカティフに率いられた反乱が起こっている。この人物はベトナムのムスリム系チャム人であるチャム・バニの出で、一八三四年にパーンドゥランガやカウサラ地方の山岳地域にチャム王国を再興させようとした。しかし明命帝が自らこれに介入し、ジャ・タク・ヴァや彼が王とした人物も殺害された。そして一八三五年にベトナムによってこの地域は完全に支配されることになり、チャムパは滅亡したのであった。自身もチャム人である研究者ポ・ダルマ Po Dharma はこの反乱が「ジハード」であり、「自由のための闘争」だと述べている（Collins 2009: 32; Dharma n.d.: 9-10）。このようにチャムパの最後は、ムスリムとなったチャム人たちが起こした反乱によって幕を閉じたのである。

カンボジアのチャム人

カンボジアに逃れたチャム人たちはと言えば、彼らが受け入れ国の状況に翻弄される状況は変わらなかった。一八五八年にはマレー系のチュヴィエのトゥーン・リーが謀反を起こし、ベトナムのチャウ・ドックに妻子を連れて逃げた。その後、トゥーン・リーの同志であったチャム人三人が共謀し、トボーン・クモムのクメール人高官を追い出したが、アン・ドゥオン国王に平定された（北川 2008: 10–12）。

その後、ノロドム国王（在一八六〇―一九〇四年）の治世になると、王が王位を狙った弟に勝利したことに貢献したチャム人・マレー人たちは、その報酬として地位や財を与えられた。ノロドム国王は一八六六年に首都をウドンから現在のプノンペンに移し、その際、宮廷に仕えていた多くのチャム人も同行し、彼らはトンレ・サップ川を挟んで王宮の向かいにあるチュロイ・チュンワー地区に住むようになった（Collins 2009: 33-34）。この地区は筆者が何度も聞き取り調査のために訪れた場所である。

その後、チャム人ムスリムはカンボジアの各地に定住していく。例えば北川は、一九一四年というカンボジアのフランス保護国期に、ムスリム集落の宗教指導者の任命権をめぐる争いが生じたため、カンボジアの司法制度による裁定を求めてチャム人が訴えた文書を分析している（北川 2009a）。ここから二〇世紀初頭に、カンボジアの社会制度のなかでムスリムとして生きる道を見出していったチャム人の状況の一側面を知ることができる。

ベン・キーナン Ben Kiernan も言うように、概ねチャム人はカンボジアで他の民族・宗教の人々と共存していくことができていた。一九四〇年のことだが、チャム人がクメール人やベトナム人、中国人と結婚することは珍しくなく、一割くらいはそうであったと言われている。その場合、結婚相手がイスラームに改宗していった（Kiernan 2008: 256）。しかしこのような共存関係も、クメール・ルージュの登場で全く異なった状況となるが、それは次章で述べることとしたい。

6　小結——ディアスポラとアイデンティティ

フェデルスピールが指摘するように、東南アジアの「ムスリム地域は政治的に統合されたことはなく、二〇世紀には八つの異なる民族国家となった」が、明らかに特異なのが、大陸部で唯一「ムスリム地域」を形成しているチャム人の存在である（Federspiel 2007: 3-4）（地図1-3）。元々「1　アニミズム・祖先崇拝」と「2　ヒンドゥー教」という宗教文化の層を持っていながら、あえてイスラームに改宗していった意味はこれまで考察してきたように、マレー系という民族的出自とディアスポラという歴史的経験に根差す彼らのアイデンティティの模索にあったのではないかと考えられる。

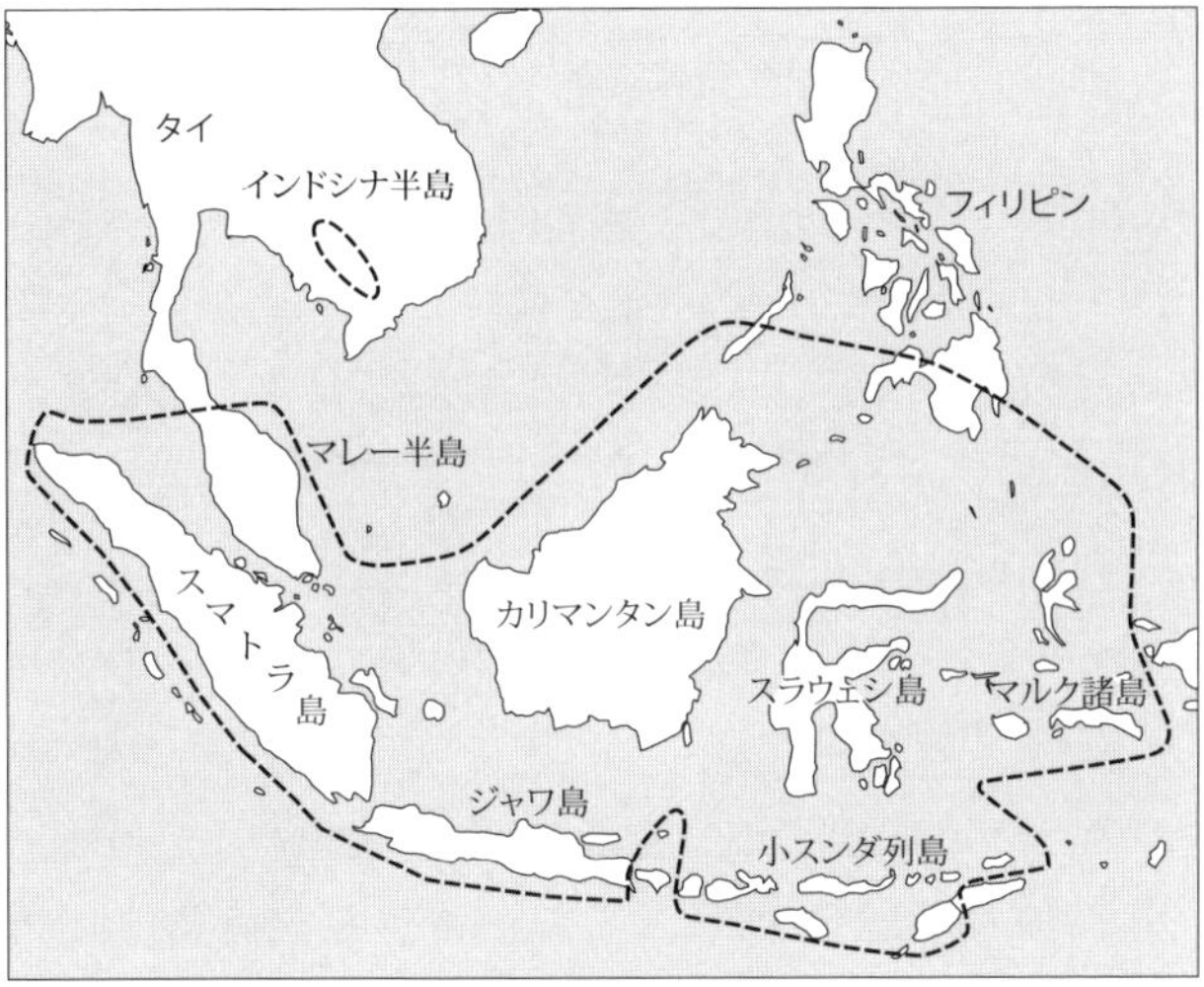

地図1-3：東南アジアのムスリム地域。大陸部ではチャム人居住地域のみムスリム地域とされる（Federspiel 2007: 4をもとに作成）

このことは、シャハブ・セトゥデー＝ネジャド Shahab Setudeh-Nejad の次のような指摘を考慮することで理解しやすくなってくるだろう。

一五世紀以降、チャム人は山岳地帯やパーンドゥランガにおいて孤立した状態で大越［ベトナム］に抵抗してきたが、その抵抗の象徴、そしてベトナム文化とは異なる「チャム人アイデンティティ」の表明としてムスリムになることを選択したと言える。そしてこの「イスラームという要因」は明らかに、カンボジアでチャム人ムスリムがうまく生き残っていくことに貢献している。(Setudeh-Nejad 2002: 453)

オーストロネシア語族に属すチャム人は、元来島嶼部の民であった。ベトナムの南進により離散し、島嶼部に戻った者たちもいたが、大陸にとどまるか、さらに内陸に逃れざるを得なかった者たちもいた。後者の者たちが海洋民族のチャム人であるというアイデンティティを苦難の歴史のなかで保つ手段が、マレー人を媒介としてイスラームに依拠するということであった。それが本書でいう「4　マレー世界イスラーム」の層を形成したのであるが、その様相を次章で見ていきたい。

第二章

多層化するチャム人のイスラーム

「たどりついた地」のアイデンティティ

1　カンボジアのチャム人の生活様式——「マレー世界イスラーム」

人口と居住地域

そもそもカンボジアは仏教国で、上座部仏教徒が九〇%を占める。カンボジアにはチャム人のほか、ベトナム系、中国系、山岳諸民族が少数民族として居住する。少数民族としてはチャム人が最大人口であり、なかでもチャム人はムスリムであるため独特の存在となっている。チャム人の人口に関して正確な数字は得られていない。報道などでは四〇―六〇万人と言われ、カンボジアの宗教大臣によれば二〇〇九年の時点で四六万人を数えるという(Eng 2013: 31-36)。カンボジアの二〇〇八年の総人口は約一三五〇万人(東京都とほぼ同じ)であり、チャム人はカンボジア人口全体の三―四%程度を占めているようである。カンボジア全体について言えることではあるが、クメール・ルージュ期に人口が激減しており、なかでもチャム人は減少率が激しかった。よってクメール・ルージュ期以前には、チャム人がカンボジア人口のなかで占める割合はもっと高かったと推測されている(Kiernan 2008: 254)。

表2-1にカンボジア宗教省の二〇〇七年のデータを示すが、カンボジア全体でのチャム人は約三二万人で、モスクは二三二、スラオ(小礼拝所)は三二一であったという。表にはさらに、首都プノンペンとコンポン・チャム州(旧)、コンポン・チュナン州のデータもあげられているが、これはチャム人が多く住む州であるためである。

居住地域について言えば、地図2-1にあるように、カンボジアのチャム人はメコン川沿いとトンレ・サップ湖周辺に住むことが多く、その海洋民族としての出自やベトナムからの流入経路と関係すると考えられる。「コンポン」という言葉は、マレー語で「村落」を意味する「カンポン」に由来すると考えられ、コリンズも指摘するように、カンボジアではチャム人とマレー人が共住した川沿いの港村として使われ（Collins 2009: 24）、それが町や州の名前となったのである。筆者も何度もクメール人から「コンポン・チャム」というのは「チャム人の港」という意味だと説明を受けたことがある。

ただし本書において、「コンポン・チャム州」の名称については特に注意が必要である。本書で「コンポン・チャム州」と呼ぶ場合は基本的に、二〇一四年に分割される前の「旧コンポン・チャム州」を指す。現在、「旧コンポン・チャム州」は「コンポン・チャム州」と「トボーン・クモム州」に分割されている。

表2－1：カンボジアにおけるチャム人人口と礼拝施設数
（カンボジア宗教省、2007年）

地域	チャム人人口	モスクの数	スラオの数
カンボジア全体	**320,167**	**232**	**321**
プノンペン	22,951	3	8
コンポン・チャム州（旧）	137,582	88	210
コンポン・チュナン州	30,209	42	10

（American Institutes for Research 2008: 11より）

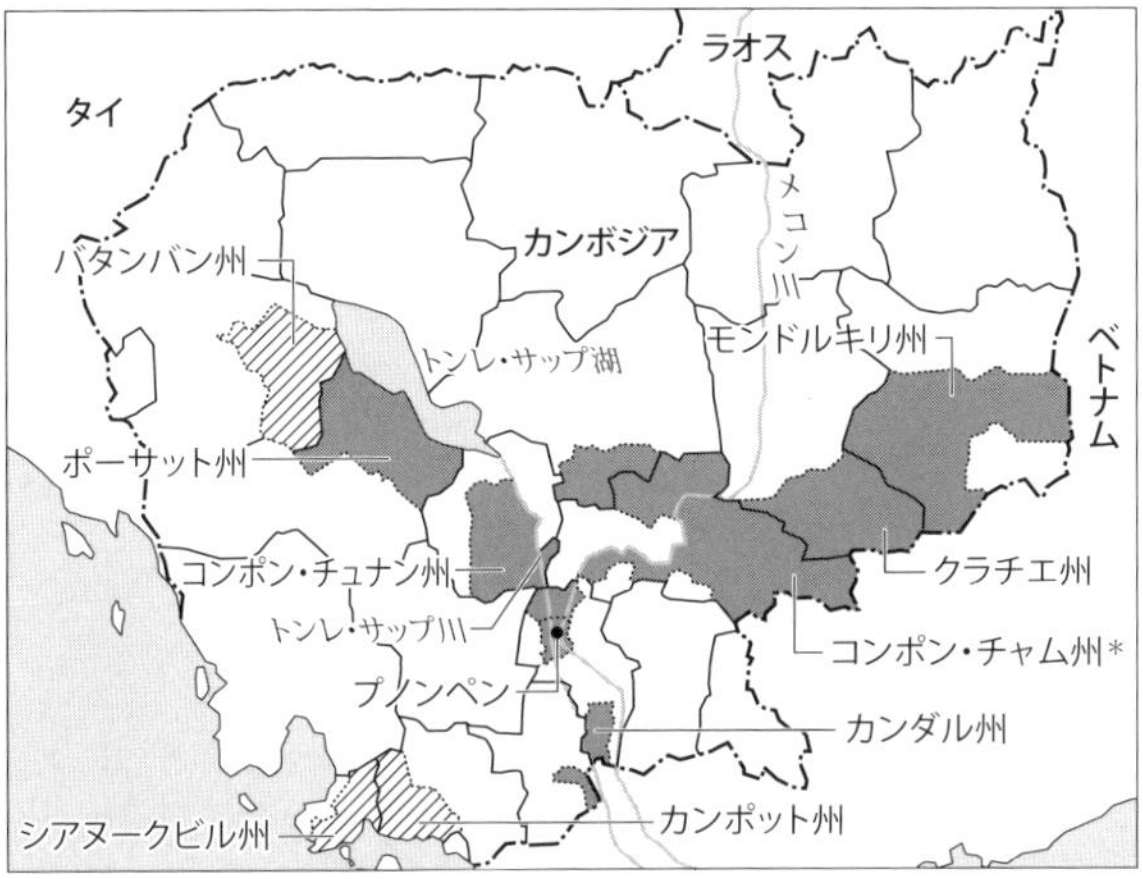

地図2－1：カンボジアのチャム人居住地域。黒色がチャム人、斜線がチュヴィエの多い地域となっている。いずれも川や湖、海沿いである（Eng 2013をもとに作成。＊はコンポン・チャム分割前の地図）

この分割の理由について人々は、与党のカンボジア人民党（CPP）による選挙対策であろうと語っていた。当時、野党のカンボジア救国党に辛勝した総選挙を終えて、与党は政権維持に危機感を持っていた。そのため与党は州を分割してまで得られる議席を増やそうとしたという噂が生じたのである。この背景には、チャム人が強く与党を支持し、特に「旧コンポン・チャム州」はその人口の半分近くがチャム人で占められていたほど多かったということがある（Eng 2013: 36）。フン・セン首相は、義理の父親がチャム人とされ（Ysa 2010: 26）、クメール・ルージュ期の後、迫害されたチャム人に対して手厚く対応してきたこともあり、(1) チャム人は長らく与党支持を続けてきたのであった。いずれにせよ、本書ではコンポン・チャム州分割前の時点での調査をもとにしているということもあり、特に断りがなければ、「コンポン・チャム州」は旧名称として用いることとする。

職業

カンボジア人の生活レベルは昨今改善されてきたが、世界的に見るとまだ高いものではない。そしてチャム人の生活レベルは、そのなかでもさらに低いと言われる。概してマジョリティである仏教徒のクメール人が土地を持って農業に従事しているのに対して、チャム人は土地を持たず、漁業や商業にたずさわることが多いとされてきた。しかし、現在は三八％が農業、二一％が商売に従事しているというデータもある（American Institutes for Research 2008: 64）。クメール系カンボジア人でかつてDC-Camに所属していたエングは「チャム人は通常、漁師か肉屋として知られる」として、チャム人がムスリムであることから、豚ではなく牛をあつかうと述べている（Eng 2013: 40-41）。キーナンも仏教徒は生き物の殺生を好まなかったため、ムスリムのチャム人に牛を売り、屠殺させていたとしている（Kiernan 1988: 7; 2008: 255）。

管見の限りでは、零細漁業にたずさわる者や、親の代は漁業に従事していたという者が少なくなかった。筆者が聞き取り調査をした呪術師（クルー）のなかにも家の裏の沼で網を用いて魚をとり、また家で網をつくろう仕事をして、日銭を稼いでいる者たちがいた。

またチャム人は商売上手と考えられていたようである。エリザベス・ベッカー Elizabeth Becker は、かつてクメール人がチャム人に対して「差別的な固定概念」を持っていたとして、それを次のように描いている。「チャム人男性は、地方に行ってはクメール人の村で衣類を売り歩き、自分に都合の良い値段で取引するので、巧妙な嘘をつく泥棒商人だとみなされていた」（Becker 1998: 251）と。このクメール人の持つチャム人観は、クメール・ルージュが彼らを裕福だと妬み嫌った理由とも通底している。ただし現在はチャム人が就く職業も多様化してきている。与党系の政治家（Eng 2013: 280-286）もいれば、若者のなかには国際ＮＧＯや大使館で働く者もいる。

服装

チャム人は、マレー系ムスリムの影響を受けて今に至ることもあり、そのムスリムとしての生活は概して東南アジア的である。特に目をひくのが服装で、男性のなかには「スロン」と呼ばれるチェック模様の腰巻スカートをはく者がいる。これはモスクや家で礼拝をする時の他、家でくつろぐ普段着としても着用している（図２－１）。

図２－１：クルアーン（コーラン）を読むスロン姿のチャム人男性。高床式の床下でハンモックに揺られている

スロンはインドネシアやマレーシアのムスリム男性が身に着ける伝統的な「サロン」と呼ばれる腰巻と同じものであり、文化の共通性がうかがえる。

女性に関して言えば、一般的に体を隠すことに対してこだわりがさほどないように見うけられる。年配女性のなかにはカンボジアの伝統的なクロマーというチェック柄の布を巻きつけている者がいるが、中東などのムスリム女性のように髪を隠すという意識は見られない。年齢が下がると、マレーシアなどで見られるようなスカーフ（ヒジャーブ）をかぶり、長いワンピースを身に着ける者もいる。他方、非ムスリムのクメール人たちと全く変わらない服装の者も少なくない。ただし後で論じる南アジア起源のイスラーム宣教組織ダクワ

（タブリーギー・ジャマーアート）に属す人々は東南アジア的ではなく、中東の湾岸諸国で見られるようなムスリムの服装をしており、男性は足首まである白い長衣、女性は目以外を頭から足首まですっぽりと隠す黒い長衣を身に着けている。

このようにチャム人女性の服装は多種多様であるが、やはりその根底には非中東的な宗教感覚が横たわっているように思われる。職場や大学といったクメール人の多い場ではスカーフをはずし、チャム人と会う場では着けるという者も少なくなかった。断食明けの祭の際だけきちんとスカーフをかぶるという者もいる。またダクワの女性のなかには外出の際、目以外の顔まで黒い布で覆ってはいるが、暑さに耐えられなくなると、公の場であっても、付けはずしができる口元の布だけを取り、その布で顔をあおいでいる者さえいた。このようなふるまいは筆者の知る範囲では中東などでは決して見られないものである。中東のムスリム女性にとっては、身を隠すのは親族がいない家の外であり、一度身を隠して家の外に出たならば、それをはずすことはあり得ないのである。このようにチャム人女性にとって身を隠すという所作はまだ外来のものであると言えるだろう。

仏教徒との関係

チャム人とクメール人仏教徒との関係には、二面性がある。本書の第六章であつかうことになるが、呪術を用いると恐れて彼らを忌避するクメール人がいるのに対して、この呪術を必要として彼らを頼るクメール人もいる。またチャム人の村には決して近づかないというクメール人もいれば、婚姻関係を結ぶ者もいる。前述したように一九四〇年の村落地域では、チャム人以外と結婚するチャム人が一〇％ほどいた（Kiernan 2008: 256）。またイーサーは、現在のチャム人とクメール人の結婚を五〇〇組以上調査しており、改宗などの問題を乗り越えながら、結婚に至るケースが少なくないことがうかがえる（Ysa 2010）。概して、チャム人ムスリムとクメール人仏教徒には、他の東南アジア諸国で見られるような表立った対立はなく、時に緊張をはらみながらも基本的には共存している状況だと言える。

また興味深いことに、かつては庶民レベルで宗教思想上の混淆もあったのではないかと推測される。例えばバヴィア・ワグナー Bhavia Wagner が聞き取りをしたハリマというチャム人女性（Wagner 2008: 69-77）は、プノンペンのトンレ・サップ川沿いで一五歳の頃から漁をして暮らし、苦労を重ねて生きてきた。今は孫たちとチュラン・チャムレに暮らしている。夫を病気で亡くし、クメール・ルージュ期には息子たちが殺された。一八歳の息子がクメール・ルージュの兵士として連行され、戦闘のなかで亡くなった時、彼女は遺体を引き取り、チャム式に弔おうとした。しかしクメール・ルージュが他の戦死した兵士たちと一緒に仏式で弔ったため、ショックで倒れて寝込んでしまう。その後、チャム式の葬儀を許され安堵し、こう思ったという。

私はチャム人の葬儀ですべきことすべてを行いました。ですが食べ物が少ししかなく、多くの人を呼ぶことはできませんでした。私の息子は生まれ変わるだろうと信じています。（Wagner 2008: 73）

また他の息子が妻との不和で不幸になった時には、子どもたちにさまざまな問題があることについて、「これは私の前世からの罪のせいだと思う。だからこの世でたくさんの不運につきまとわれるのだ」ととらえている（Wagner 2008: 76）。これらの発想には、明らかに仏教思想の特徴である前世や因果応報の観念が見てとれる。

さらにハリマは自分たちがチャム人ムスリムであることを、クメール語の言葉の用法を通して理解しようとしている。

「チャム」はクメール語で「思い起こす」という意味なので、私は「チャム」とはアッラーの言ったことすべてを思い起こすという意味だと信じている。私はアッラーを信じている。私を救ってくれるかどうかは分

からないけれど。（Wagner 2008: 77）

彼女は「私たちの信仰は仏教とある程度似ているが、習慣が異なっている」（Wagner 2008: 73）とも述べており、イスラームと仏教は思想的にはあまり変わらないが、儀礼は異なり、それを厳守しなくてはならないと考えている。

このように、この高齢のチャム人女性のなかでは、輪廻転生や業といった仏教的概念がイスラームの教えと混在している。これはカンボジアの仏教徒からの影響である可能性もある。もしくはチャムパ時代からの名残なのかもしれない。タン・フォン Thanh Phan によれば、ベトナム在住のチャム・バラモンと呼ばれるヒンドゥー教徒のチャム人は、死は新しい世に生まれ変わるためのものであると信じているという（Phan 2011: 339）。カンボジアのチャム人ムスリムの祖先は、このチャム・バラモンである。すると混淆の理由はヒンドゥー教や仏教の影響を強く受けていたチャムパ時代からの思想的残滓であったのかもしれない。

この点について、プノンペンのモスクの指導者であるリー・マトノ（65m/20130503）にインタビューすると、次のような輪廻転生を否定する回答が返ってきた。

人間は転生したりはしない。この世があって、死後に来世に行き、天国と地獄に分かれるだけ。仏教的な考えとは異なる。カルマ〔業〕に基づく輪廻もない。良きムスリムとして現世を生きれば、天国に行ける。

彼自身は外国に留学をしていないが、カンボジア国内のスラオ（小礼拝所）でイスラームの教義を学び、ハケム（村レベルの宗教指導者、後述）となって人々を指導する立場となっている。ハリマとリーは恐らくほぼ同世代だと考えられるが、イスラームの教義の理解が、知識人層と庶民層で大きく異なっていた可能性がうかがえる。

2　三つの集団とアイデンティティ

「チャム人」内の三集団

これまで「チャム人」と呼んできた人々はマイノリティでありながら、さらにそのなかに三つの集団が含まれている。その最大（約七五％）を占める人々が最も一般的に「チャム人」と呼ばれる集団で、本書で「チャム人」という場合はこの集団を意味し、「4　マレー世界イスラーム」の層に基づくアイデンティティを持つ。彼らは自分たちの共同体内ではチャム語を話し、その外ではクメール語を用いている。チャム時代の土着的なイスラームではなく、スンナ派化されたイスラームを実践する。イスラームを学ぶための言語として、かつてはジャウィ語（アラビア文字で書かれる古いマレー語）[2]を、最近ではアラビア語を学習することが多い。チャム人はイスラーム法上、スンナ派の四大法学派の一つであるシャーフィイー派に属すが、この派は中東よりもマレーシアやインドネシアといった東南アジアで広まっている。実際にマレーシアに対する親近感は強いようである（大橋編 1998: 32）。この「スンナ派化されたチャム人」に属す人々は、カンボジア全土に居住している。

もう一つ、「イマーム・サン」（または「ジャーヘド」）と呼ばれる集団がある（約五％）。聖者イマーム・サンを崇め、チャムパ時代の土着的なイスラームの実践を保持する独自の生活様式を持つ。そのアイデンティティは「3　チャムパ的イスラーム」層に存在する。マジョリティの「チャム人」同様に、共同体内ではチャム語、その外ではクメール語を話すが、マレー語やアラビア語の浸透率は低いようである。礼拝は金曜日のみしか行わず、特別な模様のお菓子や飾りを用いる行事（図2－2）やチャムパに由来する霊に集団で憑依される行事などが行われている。また、マジョリティのチャム人から、自分たちよりもよほど呪術性の高い集団だと考えられている。この共同体の中心地は古都ウドン近郊の「オルセー」と呼ばれる地区で、ここに一九世紀半ばにイマーム・サン

図2－2：ター・サン・モスクにて、イマーム・サンの祝祭の様子。雪の結晶のような形のお菓子が作られ、飾られる。ベトナムのチャム・バニも同じ形のお菓子を作っているようである

がカンボジア王より土地を与えられ、モスクを建てたとされる。この集団を見ることで、チャム人がスンナ派化する以前の、チャムパの伝統を色濃く残していた時代のイスラームを知ることができる。よってこの集団についても項をあらためて、詳しく後で論じたい。

さらにもう一つの集団は「チュヴィエ」と呼ばれる人々である（約二〇％）。その出自はチャムパではなく、ジャワ島などのインドネシアもしくはマレー半島だと考えられている。主にマレーシアに面する海岸地域に居住しており、ベトナムからメコン川を経由してやって来たチャムパの末裔とは異なっている。彼らはクメール語を用い、チャム語を話さないが、ムスリムであることから一般的な広い意味での「チャム人」に含まれている。

「チュヴィエ」は、ジャワ島やスマトラ島、マラッカ海峡域を指す「ジャワ」から来た人々として、一〇―一二世紀頃までに用語として成立し、多くの「チュヴィエ」がカンボジアで活動していた（遠藤 2013: 228-229）。また一四世紀頃から商人としてカンボジアに多くのチュヴィエがやって来ていたとも言われる（De Féo 2007: 2）。一九―二〇世紀初頭にカンボジア王室が編纂した『カンボジア王朝年代記』でも、彼らは「チャーム・チュヴィエ」としてともに行動する存在として語られている（北川 2008）。チャムパの末裔のチャム人の多くは、この同じマレー系のチュヴィエの影響でイスラーム化していったと考えられている。その意味で当然、「マレー世界イスラーム」の層に属す。

チャムパの末裔ではないという意味では、チュヴィエは厳密にはチャム人ではないはずであるが、マジョリティのチャム人はむしろチュヴィエではなくイマーム・サンの人々との違いを強く感じているようである。それはイスラームの実践・生活面や思想上での相違の大きさに起因するのであろう。このことは、マジョリティのチャム人のスンナ派化つまりマレー世界化を意味し、同時にチャムパ性の希薄化を示唆していると考えられる。

このようにカンボジアにおいて「チャム人」という呼称は、厳密に「チャムパの末裔」にのみ用いられているわけではなく、筆者の経験からしても、ほぼ「ムスリム」といった意味で用いられている。またチャム人自身に聞いたことであるが、「チャム人」という呼称はクメール人の間では軽蔑の意味を込めて用いられることも少なくないという。

「クメール・イスラーム」

この「チャム人」という呼称に対して、公的にはカンボジアのムスリムは「クメール・イスラーム」と呼ばれる。カンボジアが一九五三年に独立した後、前国王シアヌーク（当時は王子）はこの呼び名を造語し、チャム人やチュヴィエをクメール・アイデンティティのもとに統合しようとした。シアヌークは一九六〇年代に、チャム人に限らず国内の少数民族や政治集団に「クメール某」という名称を付け、それらのクメール化を進めたのであった。その一つが「クメール・ルージュ」であり、「カンボジアの赤い共産主義者」という意味になる（De Féo 2007: 2; Eng 2013: 127）。「クメール・イスラーム」に関して言えば、本来的には「イスラーム」は宗教名であり、「クメール・ムスリム」となるはずである。しかしここでは「イスラーム」を信徒の呼称として用いているようである。したがって「クメール・ムスリム」と呼ばれる場合もしばしば見られる。キーナンは「［チャム人は］カンボジアの独立後、新しいが不正確な『イスラーム・クメール』という呼び名を与えられた。彼らの民族的出自は再び否定されたわけである。皮肉なことに、チャム人は歴史の犠牲となったのである」（Kiernan 2008: 257）と述べ、この呼称がチャム人の存在を正面から認めないものだという見解を示している。

しかし現在、チャム人は対外的には「クメール・イスラーム」と呼ばれることを望むことが多いようである。アメリカ調査研究所 American Institutes for Research によるカンボジアのチャム人に対する大規模なインタビュー調査によれば、その自己認識は「クメール・イスラーム」とする者が八三％、「チャム」が一六・五％、「クメール」が〇・五％という結果になっている（American Institutes for Research 2008: 27）。

ただし実際にチャム人が「クメール・イスラーム」という呼称を抵抗なく受け入れているのかどうかには疑問が残る。一九九〇年代に日本に難民として暮らしていたチャム人が「クメール・イスラームだなんて、そんな名前、だれも口にしませんよ。しかたなく使わされているだけですから」と述べている（樋口 1995: 79）。アグネス・デ・フェオ Agnès De Féo もまた、本当に自分のことをカンボジア人だと思っているチャム人は少なく、実際にはチャムパからの避難民と考え、「クメール・ムスリム」という呼称はほとんど用いられない、としている（De Féo 2007: 4）。

筆者も聞き取りの際に、「あなたは自分のことを、チャム人、クメール・イスラーム、カンボジアのムスリム、その他、どのようにとらえていますか」と尋ねたが、大半は自らが「チャムパから来たチャム人」だと名乗っていた。だが、裕福な家の者や公的な役職に就いている者のなかには「クメール・イスラーム」と答える者もあった。「クメール・イスラーム」という呼称は、カンボジアのクメール人共同体との距離の近さを感じさせるため、チャム人共同体の外に向けて用いられやすいと考えられる。しかし共同体内ではやはりチャムパの末裔である「チャム人」がまだ馴染みがあるのかもしれない。さらに言えば、前述したようにクメール人が「チャム人」と呼ぶ時に見下す意識がともないがちであるとすると、この点からもやはり共同体外では「チャム人」と呼ばれるよりも、同じ「クメール人」のなかのイスラーム教徒として認識される方が好ましいと感じるチャム人が多いとしても全く不思議ではないだろう。この呼称のゆらぎは、チャム人のアイデンティティに関連する重要な点であると考えられるため、後に再び論じたい。

3　モスクと宗教指導者たち

祈りの場所

チャム人は一日五回礼拝するとされるが、当然ながら可能な範囲でということになり、これは他国に住む多くのムスリムたちと同じである。カンボジアのモスクはかつて、木造の独特な建築様式のものが多かったようだが、今は中東などでよく見られる中央にドームを持つ鉄筋造りのものが多い。モスクにも大きいものと小さいものがあり、大モスク（ジャーミウ）は特別な祝祭や金曜日などの集団礼拝でも用いられる。モスク以外には近所の小さな礼拝所であるスラオもある（図2-3）。普段はここで礼拝をしても、小さいため金曜日の集団礼拝には用いられず、その時は少し離れた大モスクに行くのである。ただし女性は金曜日でも自宅で礼拝をすることが多く、これは中東などでも見られる光景である。

ただモスクについて筆者が少し驚いたのが、小さなモスクには導師であるイマームが常駐せず、近所にある家にいることであった。小モスクの建物は礼拝と礼拝の間は鍵が締められ、中には入れない。中東などでは、どのような時もモスクにはイマームがおり、人々は聖典クルアーン（コーラン）を読誦する、新聞や本を読む、うたた寝をする、静かに話をするなど、それぞれ思い思いのことをしている。カンボジアのモスクはそれとは異なり、礼拝など用がある時に開けられる。また大モスクに行けばいつでも入れるが、礼拝時間帯以外は誰もいないことが少なくない。

大モスクとしては、プノンペン中心部には国際ドバイ・モスク（図2-4）とマスジド・ジャーミウ・サアド・

ビン・アビー・ワッカースの二つが建てられている。これらは断食明けの祭や巡礼明けの犠牲祭には多くの人々を収容できるほどの大きいモスクで、中東でいう「ジャーミウ」にあたるだろう。国際ドバイ・モスクはかつてバン・カッ・モスクと呼ばれていた。バン・カッ湖のほとりに建っていたためであるが、湖が再開発のために埋め立てられ、このモスクも解体された。そして二〇一四年にアラブ首長国連邦のドバイの商人の援助によって、立派なモスクに再建されたのであった。このモスクもかつてはマレーシアで見られるようなドームを持つ建築様式であったが、現在はオスマン・トルコ様式風になっている。本書で論じている文脈で言えば、「4　マレー世界イスラーム」から「5　復古主義的イスラーム」にモスクの建築様式が移行したと言えるが、その背景には、カンボジアのチャム人共同体が依拠するイスラームの在り方の変化が見てとれる。

図2－3：コンポン・チャムの町なかにあるチャム人集落のスラオ。メコン川沿いにある、ごく一般的な高床式の民家だが、以前のものが老朽化したので、クメール・ルージュ時代の後に建て替えられたという

図2－4：完成直前の国際ドバイ・モスク

バン・カッ湖再開発は政府と韓国企業によるもので、その際、周辺にあったチャム人集落も強制的に立ち退きを命じられ、人々はプノンペン郊外のチュロイ・チュンワーやチュラン・チャムレに移住した。だがモスクの土地は王室から与えられたものであったため、政府に取り上げられずにすんだという。今なお、このモスクの入口付近には門前町のような道があり、アラビア文字の看板やハラール・フード（ムスリムの食事禁忌にふれない食事）のレストランが並び、ヒジャーブ（スカーフ）姿の女性も見られ、まるでムスリム街と言える雰囲気になっている。

モスクのイマームであるムハンマド・イブン・ハッサン（?m/20130422）はコンポン・チャム出身で、クメール・ルージュ時代に体を壊し、あまり会話をしなくなったというが、清廉だとして評価の高い人物である。一九六三―一九六八年にエジプトにあるイスラーム教育の最高学府であるアズハル大学に留学していたとのことであった。一九七五年には九人のチャム人が六年間のアズハル大学を修了しており（Kiernan 2008: 255-256）、当時も少ないながらアラブへの留学生がいたのであった。イマームは筆者のインタビューに、エジプト方言の影響が見られるアラビア語で達者に答えてくれた。

もう一つの大モスク、マスジド・ジャーミウ・サアド・ビン・アビー・ワッカースは国際ドバイ・モスクほどには大きくはないが、内庭に食堂もあり、断食を行うラマダーン月には多くの人が集う。イマームのムハンマド・サイド（67m/20130711）は、コンポン・チャム州のトボーン・クモム出身である。イスラームについての教育はカンボジアで受けたが、アラビア語やマレー語が分かるという。

このモスクは一九六〇年に建設され、多少改修しているが昔のままである。最初は牛乳会社のビジネスのためにやって来たアラブ人たちの資金で建てられた。その後、彼らはクメール・ルージュ期になると帰国したが、残った者もいたという。実際にクメール・ルージュ期にアラブ人などの外国人も殺害されている（Kiernan 2008: 2）。またアラブ人のなかにはカンボジアで結婚した者もいたらしく、筆者はその孫だと名乗る男性とこのモスクで会っている。ここからクメール・ルージュ期以前にも商売などのために中東からムスリムが来ていたことがうかがえる。

これらの大きなモスク（ジャーミウ）に対して、スラオほど小さくはないが地元に密着したモスクも数多くある。そこには学校が併設されることが多く、子どもたちが公共の学校が終わった後、アラビア語やクルアーンを学んでいる。

例えばマスジド・アッ＝ラフマはプノンペンの王宮の川向うにあるチュロイ・チュンワーというチャム人の多く住む集落にある。正面に椰子の木が植えられ、建築的にも美しいモスクであるが、そのハケムによれば一九九二年にマレーシアとカンボジアのチャム人からの寄付によって再建された（図２－５）。それ以前は樋口英夫が

図２－５：現在のマスジド・アッ＝ラフマ（筆者撮影）

図２－６：再建前の木造のマスジド・アッ＝ラフマ（樋口 1995）

撮影した写真（図2－6）にあるように木造のもので、細かい木彫りの装飾がなされており、筆者が訪問した際には一九二八年頃に建てられたのではないかと言う者もいた。筆者は建て替えの理由について、クメール・ルージュ時代に破壊されたためではないかと推測して尋ねてみたところ、ハケムもモスクにいた者たちも、単に木造のモスクが老朽化したからであり、新しいモスクになって嬉しいと語っていた。

つまり、カンボジアのイスラームの独自性を示す木造のモスクから、中東などで見られる今のモスクに彼ら自身の意志で建て替えたのであり、これはチャム人がどのようなイスラームに依拠してそれを実践していきたいと考えているのかを表象している。前述の国際ドバイ・モスクと同様に、チャム人のイスラームの層つまりアイデンティティが、従来の東南アジア的イスラーム（「4　マレー世界イスラーム」の層）を脱皮し、中東的イスラーム（「5　復古主義的イスラーム」の層）に移行しつつあることが見てとれるのである。

宗教指導者たち

これまで宗教指導者の名称がいくつか出てきたが、それらも含め、ここで整理しておきたい。「ムファティ」は国の最高権力者つまりカンボジア首相から任命され、国全体のムスリムを監督する。アラビア語では、「ファトワー」というイスラーム法に基づいた見解を出す資格のある法学者のことを言う。カンボジアでは現在、ソス・カムリーがその地位にあり、プノンペン北方のチュラン・チャムレにあるカンボジア・イスラーム宗務最高評議会（The Highest Council for Islamic Religious Affairs Cambodia）の長や、宗教学校であるカンボジア・イスラミック・センター（CIC、後述）の校長を務める。ソス・カムリーは「オクニャー」というカンボジアの称号も宗教省から与えられている。後で詳しく論じるが、イマーム・サンの長カイ・タムもオクニャーとムファティの称号を得ており、ソス・カムリーはスンナ派チャムの長ということになる。

これまでも何度か言及した「ハケム」は、村レベルでのムスリム共同体の指導者のことである。ムファティが任命し、すべての村に一人のハケムと二人の副ハケムがいる。この用語は、アラビア語の「ハーキム（法官）」または「ハキーム（賢者）」に由来すると考えられるが、カンボジアでの用法とは少し異なっている。北川は「ハキーム」と表記しているが、プノンペン周辺のモスクでは「ハクム」と発音していたという（北川 2009a: 206）。コンポン・トム州出身でプノンペン在住の筆者の助手Dの発音は「ハーケム」と聞こえた。ハケムは普段は農業や漁業に従事するが、モスクでの結婚契約式に同席し、また離婚や遺産相続といった家族の問題に関してイスラームに基づいて判断を下す。

「イマーム」もアラビア語起源の「指導者・導師」を意味する言葉で、アラビア語ではモスクでの礼拝の導師とシーア派の歴代指導者がこの名で呼ばれる。カンボジアでは三種類あり、第一が村のハケムが「モスクのイマーム」を務める場合で、これはアラビア語の用法と同じである。もう一つがハケムたちを統括する村の上位にある「地区のイマーム」である。三つ目が、さらに上位の「州のイマーム」で、「地区のイマーム」を監督する。これらのイマームすべてはムフティの監督下にある。「モスクのイマーム」が問題を解決できなければ、「地区のイマーム」が対応し、それでも無理であれば「州のイマーム」が対応することになる（Ysa 2002: 128）。

「トゥーン」はイスラームについて深く学んだ宗教教師のことを指し、学校や家で教える。ハケムに監督され、財政的には村人の寄付を受けている。筆者の助手は「トゥーン」はアラビア語ではなくチャム語だと言っていた。エングもこれをチャム語だとし、インドネシア語に類似の言葉があると指摘している（Eng 2013: 5）。前にもふれたが、マレー語でも「トゥアン」が人を呼ぶときの敬称になり、チャム語と近い言語であるマレー語との近似性がうかがえることから、オーストロネシア（マレー・ポリネシア）語族の用語であると考えられる。

ここで筆者が聞き取りをしたハケムの激動の半生を通して、そのアイデンティティについて考えてみたい。リー・マトノはチュロイ・チュンワーのマスジド・アッ＝ラフマがある村のハケムである（図2‐7）。プノンペンで生まれ、インタビューした二〇一三年五月三日の時点で六五歳であった。自分のアイデンティティについて尋ねると、「クメール・イスラーム」との返事であった。教育は村のスラオの学校で受けており、アラビア語は学んでいない。「アラブとマレーどちらに親近感があるか」と尋ねると、次のような回答であった。

マレーシアに一番親近感があり、インドネシアにもある。マレーシアの人々はローカルな人々の間に入って活動している。だがアラブ諸国は縁遠い感覚しかなく、アラブ人は政府や上層部との関係にとどまっている。

仏教徒のクメール人についてどう思うかと質問すると、仏教徒は「カフィール」(アラビア語で「カーフィル」で「異教徒」のこと)なのでいずれは地獄に行くことになる、というイスラームの教義通りの答えであった。仏教徒とチャム人ムスリムの結婚について意見を問うと、異教徒とは相手が改宗しない限り結婚できず、ムスリムが相手の宗教に改宗することはあり得ないという、これも教義通りの回答であった。彼の息子二人も改宗女性と結婚しているとのことであった。

クメール・ルージュ時代について話を向けると、表情が固くなり、次第に涙目になりながらも、延々と話し続けてくれた。筆者が、ムスリムであることで特に辛い目にあったかと尋ねると、次のような答えが返ってきた。

他の人と同様にひどい目にあった。結婚二カ月後にプルサットに避難し、夫婦別々に生活することになった。当時けいくつも

図2-7：ハケムのリーとその夫人。自宅にて

のグループに分けられた。一年半ほどして妻と再会した。当時は礼拝もできず、もしすれば周囲に知られ、密告された。妻の弟〔当時一六歳〕は礼拝をして、体中を棒で打たれて殺された。自分のみ生き残り、他の者たちは皆殺された。自分は運が良かった。身元の確認をされ、知識人は殺され、食事もお粥が少しあるだけだった。

また筆者が、「なぜそのような目にあったと思うか？　アッラーからの試練だと思ったか？」と尋ねたところ、「クメール・ルージュについてはクルアーンには書かれていないが、この世のことはすべてアッラーの意志。自分だけ生き残ったのもアッラーの意志だ。自分は少し良いことをしていたので、生き残れたのではないかと思う」との返答であった。そして次のように現状についての見解を自ら付け加えた。

ポル・ポトの時代に比べれば今はとても良い。フン・セン首相はクルアーン読誦コンテストをずっと続けるように言ってくれている。学生には補助金も出され、入場無料になっている。〔もうすぐ総選挙があるがと筆者が問うと〕フン・セン首相の継続を望む。多くのチャム人はそう考えているはずだ。

ここで言及されているクルアーン読誦コンテストは二〇一三年五月に実施され、筆者も出席し、このハケムにも会っている。フン・セン首相が閉会式でスピーチをしてチャム人への支援を約束していた。

このハケムはクメール・ルージュ期を生き抜いた世代の知識人の一典型だと言える。若い世代のチャム人のなかにはアラビア語を学ぶ者が増えてきているが、このハケムの時代にはアラビア語に接する機会は極めて少なく、マレーシア経由のイスラームを学んでいた。国内で教育を受けたこともあり、今なお東南アジアのムスリムに親近感を持っている。前述の国際ドバイ・モスクのイマームであるムハンマド・イブン・ハッサンも同世代であるが、彼がエジプトのアズハル大学に留学していたことは、極めて稀だったということでもある。

そしてリーは、クメール・ルージュ期には特にチャム人であることから過酷な経験をしているため、この時代に決着をつけ、今のチャム人の安全な生活をもたらしたと考えられているフン・セン首相を強く支持している。ハケムという公的な役職にあり、現政権への親和性も強いことから、アイデンティティとして「チャム人」よりも「クメール・イスラーム」という政府の公的な呼称を選んでいるのではないかと推測される。

ハケムはムフティに任命されるとすでに述べたが、ムフティやそれが長を務めるカンボジア・イスラーム宗務最高評議会は、政府与党であるカンボジア人民党と強いつながりを持っている。それはムフティのソス・カムリーがムフティの四年の任期を終えても退任せず、フン・セン首相に交渉してこの職位を終身制に変えたと言われていることからもうかがえる。かつて公共交通省の高官であったチャム人のアフマド・ヤフヤーはソス・カムリーについて「彼は宗教のために働いていない。CPPのために働いている」と述べ、チャム人共同体の代表者ではないと考えている。(3) このアフマド・ヤフヤーについては後述するが、クウェートなど富裕アラブ諸国と太いパイプを持つチャム人活動家である。政府に依存する必要がなく、中東的なサラフィー・イスラーム、つまり「5 復古主義的イスラーム」の層に属す人物である。したがって、この状況について、新しいイスラームの層に属すヤフヤーが、マジョリティのチャム人の属す古い世代の「4 マレー世界イスラーム」を批判している、と言い換えることもできるだろう。

4　五行と二大祝祭

五行

よく知られているようにムスリムには五つの義務的な宗教行為があり、「五行」（アラビア語では「五柱」）と呼ばれている。それは、信仰告白（シャハーダ）、礼拝（サラート）、喜捨（ザカート）、断食（サウム）、メッカへの巡礼（ハッジ）である。ムスリムの二大祝祭（マウリド）は、断食明けの祭と巡礼明けの祭となる。チャム人はこの五行や二大祝祭を中東のスンナ派のムスリムたちとほぼ同じように行っている（Eng 2013: 43-48）。

信仰告白とは「アッラー以外に神はなし、ムハンマドはアッラーの使徒である」と唱えることである。子どもが生まれた際に、親がこの言葉を唱えることで、子どもがムスリムとなるとされ、改宗者もこの言葉を唱えることでムスリムとなる。チャム人女性のなかにも新生児がチャム文化とイスラームのなかに入ることができるように、新生児の耳元でこの言葉を唱える者がいるという（So 2011: 43）。

礼拝も一日五回、メッカの方角に向かって行う。最近、プノンペンの空港や大型ショッピング・モールにも礼拝室が設けられ、ムスリムへの対応が進んできている。人々は中東などのムスリムと同様に、家や職場、学校、スラオで礼拝を行うこともあれば、可能な限り、特に金曜日の集団礼拝や祝祭の時にはモスクに行って礼拝を行う。

イスラームにとって喜捨は重要な宗教行為であるが、カンボジアではザカートという制度的喜捨ではなく、サダカという自由喜捨が行われている。例えばモスクには喜捨用の箱が置いてあり、そこに現金の寄付をするし、また祝祭の際に牛などを寄付する。ただしエングも言うようにチャム人は貧しいため、喜捨行為を受ける側に立つことが多いのが現状であろう（Eng 2013: 46）。

断食と断食明けの祭

チャム人もラマダーン月の日中、つまり夜明けから日没まで断食を行うが、これも中東などのムスリムたちと同じである。クメール人のなかには筆者に「チャム人は本当に断食をやっているのだろうか」といぶかしがって尋ねる者もいたが、筆者が知る範囲では、中東と変わらない状況で続けているようにうかがえた。中東でも途中で断念する者もいるし、体調に問題がある場合や、旅行中の場合は断食をせず、できるようになった時にその日数分補填して断食すればよいとされている。実際に、筆者の知るチャム人には胃腸に問題があって断食しない者もいた。また筆者がベトナムのチャム人調査に行った時はラマダーン月で、この時、カンボジアのチャム人の助手たちは相談して断食を中断していた。しかし概ね、健康に問題がない成人は断食を遂行しており、それは断食明けの食事や祭に集う人々がかもしだす達成感からも感じられた。

ラマダーン月二日目であった二〇一三年七月一一日の夕刻、マスジド・ジャーミウ・サアド・ビン・ノビー・ワッカースには大勢のチャム人が集まっていた。筆者はそこにいた人々にいろいろと尋ねてみた。断食を始めてまだ二日目であったため、体が慣れておらずお腹が空いたのではないかと尋ねると、空いているが我慢できる、貧しい人の気持ちが分かるのでよい、との返答であった。この答えも中東のムスリムからよく耳にするもので、断食をすることでムスリムの間の平等を感じるという見解である。また「ザカート・アル゠フィトリ」という断食月が終わる時に支払う「喜捨」のことを語る者もいた。これが貧しい人にお金を配り与える行為だと説明する際、「貧しい人」のことを「ミスキーン」や「ファキール」といったアラビア語を用いて表現していた。また国際ドバイ・モスクではなくこちらに来ている理由を問うと、自分の家に近いためという答えが多かった。この日、彼らは朝四時二〇分頃から食を断っており、六時半頃の日没と同時に断食明けの食事（イフタール）をとることができるため、その直前は空腹のなかでいそいそと食事を待つ雰囲気となる。これも中東のムスリムたちと同じであった。

図2－8：断食明けの食事を待つモスクの人々。そわそわした雰囲気がただよう

このモスクの脇の廊下には板とカーテンで覆われている女性のみのエリアがある。この時は二人の女性がいて、一人は政治経済系の大学の学生、もう一人は大学で宗教を教えている者の妻であった。二人ともラマダーン月に一度はモスクに来ることにしているとのことで、断食明けの食事の後は男性とは異なって礼拝をすることなく、すぐにモスクを出ていった。

断食明けの食事は、バナナやデイツ（なつめやし）、ランブータンといった果物、魚と鶏肉の煮物、そして牛肉やオクラのカレー、お米といったものであった（図2－8）。空腹なのでまず果物から食べるという点は中東のムスリムと同じであった。

断食は一カ月間続き、そのクライマックスは断食明けの祭である。二〇一三年八月八日、コンポン・チュナン州のチュラク・ロミエト村のモスクには、朝早くから多くの人が集まっていた。この村はイマーム・サンの人たちの地区に近いがスンナ派に属しており、村人にイマーム・サンについて尋ねると、「彼らは金曜日しか礼拝をしない人たちで、セクトが違うから」というそっけない説明が返ってきた。

チュラク・ロミエト村モスクは一九九八年建立で、マレーシア人や在米チャム人を中心にカンボジアのチャム人も寄付したという。二階席があり、ここは女性のみのエリアとなる。モスクの奥に学校があり、この村の人々はここでアラビア語やジャウィ語を子どもの頃に学ぶ。

断食明けの礼拝は朝七時二〇分頃に始まった。その後、クルアーンを読誦し、イマームの説教がある。七時四五分頃、イマームが祈禱句を唱え終わると一連の式は終わりとなる。人々は立ち上がり、笑顔で握手をし合って挨拶を始めた。この後、人々は親戚や友人の家を訪ね、「自分のした過ちを許してください」と言ってまわる。またこの日に墓参りをするが、女性は墓地に入れず、柵の外から見ていることになる。その際、人々は地面にゴザのようなものを敷いてお祈りをし、水や箒でお墓を掃除する。

巡礼と犠牲祭

ムスリムはその預言者ムハンマドが生まれ育った聖地メッカに巡礼することを望んでいる。しかし健康や経済上の理由によりそれができないことも認められており、可能な者のみへの義務とされる。筆者が会ったチャム人のハッジュ（巡礼経験者）たちは皆、比較的裕福な家に住んでおり、中東のムスリム同様に、いやそれ以上に、経済的に余裕がある場合にのみ巡礼がなされていることがうかがえた。

多くのチャム人にとって巡礼に行くことは簡単ではないが、巡礼月に行われる大巡礼（ハッジ）が終わる時に行われる犠牲祭が毎年、自宅や近所のモスクでとり行われる。筆者は二〇一三年一〇月一五日の犠牲祭の日、プノンペン北方にあるチュラン・チャムレの知人宅を訪れた。この日、チャム人の家ではビーフ・カレーを食べることが多いようである。ココナッツ味の甘めのカレーで、フランスパン（バゲット）と食べる（カンボジアはフランスの植民地だったため、この種のパンが広まっている）。このカレーは、カピというエビのペースト、ココナッツ・クリーム、ココナッツ・ミルク、ピーナツ、ショウガ、コリアンダー、レモングラス、赤トウガラシ、ニンニク、スターアニスなど、多くの香辛料で作られているようである。その味は「マッサマン・カレー」と言われるタイのカレーに似ている。タイ南部のムスリム地域に由来する料理で、チャム人もこの地域と交流が深いことから、何らかの関係があるのではないかと推測される。

筆者がチュラン・チャムレにある九キロ・モスクを訪れると、牛が屠られているところであった。牛は値が高く、一頭四〇〇ドルもするため、おおよそ一〇の家族でシェアするという。モスクにはマレーシアからのボランティア組織が来ており、彼らはチャム人のために牛を寄付し、一緒に屠っていた。若い学生風の者が多かった。マレーシアは近年経済的に発展しており、カンボジアとベトナムのチャム人のためにさまざまなボランティアを行っている。これもイスラームの「喜捨」の精神に基づくものである。

このようにマジョリティのチャム人のイスラーム実践は、スンナ派の中東や東南アジアのイスラーム国のムスリムたちと基本的に変わらないものである。

5 イマーム・サン――カンボジアの「チャムパ的イスラーム」

チャムパ的イスラームの残滓

イマーム・サンと呼ばれる人々の宗教生活はこれまで述べてきたようなマジョリティの「チャム人」と比べると、チャムパの伝統を色濃く残すものになっている。この共同体の長カイ・タム（74m/20130922）に、筆者がベトナムで撮ったチャム・ムスリム（チャム・バニ）の人たちの写真（図4-2、4-3、一三四頁）を見せたところ、モスク内の飾りや聖典の巻物を見て、同じだと言っていた。ベトナムのチャム人を研究する中村理恵も、カンボジアのイマーム・サンの村を訪問して礼拝の様子などを見聞し、ベトナムのチャム人との類似性を認めている（Nakamura 2000: 63）。コリンズが指摘するように、イマーム・サンの実践するイスラームが、かつてはカンボジアのチャム人全体に広まっていたのであろう（Collins 1996: 75）。マジョリティのチャム人は、マレー系のスンナ派イスラームの影響を受けて、これまで述べたように中東のムスリムと同じような状況に変わってきたのである。よってイマーム・サン共同体は、チャムパの末裔としてのチャム人ムスリムがかつてどのようなイスラームを実践していたのかを知る一助となる。ただし、この共同体のなかから、スンナ派的イスラームを実践すべきだと考える人たちが出始めて分裂が始まっており、今後、伝統的な様式がそのまま継続されるかどうかは不明である（Eng 2013: 54-57）。

イマーム・サンの人々は「ジャーヘド」と呼ばれることもあり、これはアラビア語で「禁欲的な、敬虔な」を意味する「ザーヒド」という言葉に由来するとされる（Collins 1996: 64）。さらにマジョリティのチャム人やチュヴィエからは「金曜日の人々」と呼ばれることもあり、これは金曜日の集団礼拝でしか礼拝をしないことに由来する。ただしイマーム・サンの人々の考えとしては、自分たちは「すでにアッラーに近いため、毎日祈る必要はない」ということであるらしい（Eng 2013: 54）。このようにスンナ化したチャム人から見ると、イマーム・サンはチャムパの伝統に拘泥し、本当のムスリムではない、という認識になる。

イマーム・サンの人々はコンポン・チュナン州の古都ウドンの近くにある、オルセー村を中心として居住している。ここはプノンペンから四〇キロほど北方になる。すでに少しふれたが、イマーム・サンの長はカイ・タムという人物で、三万八〇〇〇人ほどの信徒を率いている（Eng 2013: 53）。普段はその敬称「オクニャー・クヌー」と呼ばれ、ムフティかつハケムである。マジョリティのチャム人のムフティ、ソス・カムリーからも表敬訪問され、またシアヌーク前国王の葬儀に参列を要請されるなど、プノンペンのムスリムや王家とも良好な関係を保持しているようである。一九九九年に長となったが、これはかつて国王がイマーム・サンから九名の指導者を選び、その時は八番目だったが、他の人が亡くなったため、彼が長となったという。自らのアイデンティティ認識についてはこう語ってくれた（二〇一三年五月二四日）。

「クメール・イスラーム」かつ「チャム人」でシャーフィイー〔法学〕派に属しており、他の〔マジョリティの〕チャム人と同じだが実践が異なる部分がある。つまりアラブやマレーとも同じイスラームだが、実践が異なる部分があるということである。

このようにイマーム・サンの長は、チャムパ由来のイスラームではなく、マジョリティのチャム人同様に、スンナ派の「正統」イスラームであることを強調している。しかし「実践が異なる」と述べているように、彼らの実際の儀礼にはスンナ派にはないものが多く残されていることも認めている。

そもそも「イマーム・サン」とはこの共同体が崇敬している呪術に長けた聖者の名前である。彼を崇拝する者たちの集団もまた「イマーム・サン」と呼ばれ、彼ら自身そう自称している。アドルスという小さな山の上にター・サンという名のモスクがあり、共同体にとって最も重要な場所となっている。「ター」とはクメール語で「老人、長老」を意味し、「サン」はムスリム名の「ハッサン」の「サン」から来ている。つまり、聖者イマーム・サンのことであるが、アラビア語由来の「イマーム（指導者）」ではなく、クメール語の「ター」を用いている点にローカル化の様相が見てとれる。ここは、イマーム・サンがカンボジア王から与えられた土地に建てられたモスクである。

カイ・タムは筆者に、イマーム・サンについて次のように語ってくれた（同日）。この聖者は、チャムパがベトナムに征服された後、カンボジアに逃れてやって来た。呪術に長けていたためカンボジアのアン・ドゥオン王に認められ、古都ウドンに土地を与えられた、という。

イマーム・サンはチャム人の祖先である。彼は特別な呪力を持った偉大な人だった。チャム人だけでなく、クメール人からも尊敬されてきた。彼はチャムパの出身である。チャムパが征服された後、ベトナム人に殺されないようカンボジアに移住した。安全に住める場所を探し、コンポン・チュナン州に住むことにした。ある日、アン・ドゥオン王が在位していた頃、王は猟に出かけた。王は鍋と少量の米だけを持って木の下に座っている男に出会った。これがイマーム・サンであった。王と従者たちはこのような森のなかでどうやって一人だけでこの男が生きていられるのかと驚いた。彼らは、この男には特別な力があり、恐怖を感じることなくどこででも生きていけるということを知った。そして王はこの男に、王宮のあるウドン山に来ないかと誘い、王は一つの山の頂上を与えることを約束した。王は象に乗ってこの場を去ろうとし、この男に自分の象に一緒に乗るように言った。しかし男はそこには乗れないと言って断った。王や従者は移動し、山上の王宮に到着すると、そこにはすでに先ほどの男がいた。彼らは驚愕し、なぜ自分たちより先に王宮に着くことができたのかといぶかしんだ。

この時から、人々は彼の呪術を目にするようになった。これが、人々が彼を敬愛する理由である。さらに王は彼のために山頂にモスクを建て、彼はそこに長い間暮らした。悲しむべきことに、彼はその後、年老いて亡くなった。彼はコンポン・チュナン州に埋葬された。そこに住むチャム人は、今も彼の墓を守っている。つまるところ、その能力と高名さによって今に至るまで彼はチャム人や王たちから崇敬されてきたのである。イマーム・サンを信じる者たちは、毎年その誕生日を祝っている。

筆者はカイ・タムに案内してもらい、モスクからほど近い場所にあるイマーム・サンの墓地を訪れた（同日）。図2－9にあるように丸い柱のようなものが墓標となっている。これは図2－10にあるマジョリティのチャム人の墓とはずいぶん異なっている。対して、図2－11はベトナムのチャム・イスラム（スンナ派ムスリムになったベトナム・チャム人）の墓で、カンボジアのマジョリティのチャム人のものと似ている。筆者のカンボジア系チャム人の助手もイマーム・サンの墓のようなものは見たことがないと言っていた。

イマーム・サンの墓は、ベトナム時代の様式で「クッ（ト）」と呼ばれる墓標の名残ではないかと推測される。今なお、ニントゥアン・ビントゥアン両省に住むヒンドゥー教徒であるチャム・バニが似た様式のものを用いて

図2－9：イマーム・サン（左）とその家族の墓。王室の援助によって整備されつつある。ポー・ロメ王の墓に類似している

図2－10：カンボジアのマジョリティのチャム人の墓地。断食明けの祭の際に人々が詣でていた

図2－12：ベトナムのポー・ロメ遺跡にあるポー・ロメ王の墓

図2－11：ベトナムのチャウ・ドックにあるチャム・イスラムの墓。カンボジアのチャム人の墓に類似している

いる。フォンによれば、チャム・バニの文化のなかにヒンドゥー教以前にあった祖先崇拝が復活して生じた形態の墓標だという(Phan 2011; フォン 1994: 108)。さらにチャムパ時代のポー・ロメ遺跡にも、ポー・ロメ王の葬儀に際して捧げられた「クッ(ト)」が残っている(図2-12、cf. 桃木・樋口・重枝 1999: 215)。これらからも、イマーム・サンやその信奉者たちの共同体が、ベトナムのチャムパの古い伝統を色濃く引き継いでいることがうかがえる。

イマーム・サンは一八三五年のチャムパの終焉の頃、つまりコリンズのいう第四波の最後の移住の後、アン・ドゥオン王(在一八四五—一八五九年)の時期にやって来たとされている。この時期には第一章で述べたように、ベトナムから逃れてきたチャム人がカンボジア国王と関わりを持っている。国王の利益のために翻弄された者もおり、前述したように、謀反を起こしたトゥーン・リーの同志たちは、アン・ドゥオン王に平定されている。だがイマーム・サンはカンボジア国王と良好な関係を結ぶことができた人物だったと言えるだろう。

礼拝と聖なる書

イマーム・サン共同体の宗教上の独自性は、礼拝と聖なる書にも表れている。すでに述べたように彼らは週に一度、金曜日の集団礼拝しかせず、事情が許せばではあるが一日五回の礼拝が義務付けられているスンノ派のムスリムとは明白に異なっている。人々は金曜日の礼拝で「ギッド」と呼ばれる聖なる書を用い、礼拝後には男女一緒に会食を行う。筆者が見学させてもらったのは金曜礼拝であったが、木曜日にも集会と会食があり、そこでもギッドを用いるということであった。

モスクの特徴の一つは太鼓(スコー)があることである。太鼓は、スンナ派の、つまりマジョリティのチャム人のモスクにはないが、ベトナムのチャム人のモスクにはあったことは後でふれる。筆者のチャム人助手によれば、この太鼓は、かつてはマジョリティのチャム人も用いていたが、預言者ムハンマドのスンナ(慣行)に反す

図2－13：イマーム・サンのキブラを示す装飾

図2－14：イマーム・サン集落のカオ・ソル・オルセー・モスクにて。食事の皿には笠のようなカバーがかけられ、奥には太鼓が見られる

るということで取りやめられたという。これもまた、マジョリティのチャム人共同体における、歌舞音曲を否定する厳格な「5　復古主義的イスラーム」への移行現象の一つと言えるだろう。

　また礼拝にもイマーム・サンは独自の様式を持っている。一部の男性のみがモスク内部で礼拝や朗誦を行い、他の男性や女性たちは中庭で会食の準備や談笑にいそしんでいる。これに対して、カンボジアに限らずスンナ派ムスリムの場合は、集団礼拝は全員で一斉に行われる。ただし女性は別室もしくは男性の後ろに集まって礼拝を行うのが通例である。また礼拝そのものであるが、これに参加したマジョリティのチャム人の助手によれば、手順は同じだが、礼拝後の朗誦の意味が全く分からなかったという。これはコリンズも言うように、古いチャム語であるためだろう（Collins 1996: 59）。

　さらにモスク内部にはどこの地域においてもメッカの方角であるキブラを示す装飾がほどこされている。中東などでは壁に掘り込まれた壁龕《へきがん》のような装飾（ミフラーブ）であることが多い。イマーム・サンは木枠のようなものを用いている（図２－13）。マジョリティのチャム人もベトナムのチャム・バニも木枠を用いており、共通性がうかがえる（図４－２、一三四頁）。

金曜日礼拝後の会食の様式も興味深い（図２－14）。この食事は大きな盆に小さな丸皿をいくつも並べるというセッティングで、ベトナムのチャム・バラモンのカテの祭[4]の様子を彷彿とさせるものであった。筆者がベトナムのチャム・バニにこの写真を見せてみると、同じものだということであった。食事内容は、蒸しパンやサフラン・ライス、パーム・シュガーで味付けした細切りのココナッツであった。これに対してマジョリティのチャム人は金曜日の集団礼拝の後にモスクで食べるということはせず、必要ならば家に招いて食事をするという。中東などのムスリムもモスクで会食するという習慣はない。

図２－15：イマーム・サンの「ギッド」。カイ・タムが所蔵する最後の１冊。基本的にアラビア語であるが、一部チャム語が混ざっている

そして聖なる書の「ギッド」であるが、これはアラビア語で書かれたクルアーンや祈禱句とチャム語の見出しなどが混在するテキストである。図２－15の書物は、チャムパ時代からのテキストを手で書き写したものである。クメール・ルージュ期以前に作成され、この時代にはビニール袋に入れて土に埋めて隠されていた。元は四〇部ほどあったが今は散逸して、これだけしか残っていないという。カイ・タムは印刷したいがその費用がないと述べていた[5]。ちなみにカンボジアのチャム人はチャム語のことを「カッ・カーッ（Kak khak）」と呼ぶが、ベトナムのチャム人は主に近代以降に使用されるようになったチャム文字を「アカル・トラー（Akhar thrah）」と呼んでいるようである。この二つの用語の間

に音声上の類似性があるように見うけられなくもない（以下、本書では、チャム語のことを「カッカ語」とも表記する）。

ベトナムのチャム・バニが用いている伝統的な諸文書の調査研究を開始している吉本康子によれば、「パタル」という文書があり、これは「チャム社会の宗教職能者によってチャム・バニのイスラーム的宗教知識の原典とみなされている」。ここにはクルアーンがアラビア語で書かれ、それにチャム語で説明が加えられ、またドゥアー（祈禱句）が書かれているという（吉本 2014: 106）。このように共通性がうかがえるイマーム・サンのギッドとチャム・バニのパタルとの関係は、今後の研究上の課題となるであろう。

マレー性の否定

このようにチャムパ的イスラームを色濃く残すイマーム・サン共同体であるが、その裏返しとして、そのイスラームはマジョリティのチャム人と比較して、マレー的要素が薄い。歴史的に見てチャム人のイスラームは、最初期にはアラブ人などから伝えられ、後にそれがチャムパ文化と混淆し、さらにマレー人からのイスラームによってスンナ化したという経緯を経ている。イマーム・サンのイスラームはチャムパ文化との混淆の段階を保持しており、その後の段階のマレー的イスラームとは相容れず、よって原初のアラブとの繋がりを重視する傾向が見られる。

それはイマーム・サンの師匠についての伝承によっても示唆される。ユー・ソス（?m/20130524）はター・サン・モスクにいることが多い人物で、カッカ語に通じ、チャムパに根差すチャム文化についての書籍を著している。彼によれば、イマーム・サンにはアブドゥル・アウフという師がいたという。イマーム・サンは人々の目から自分を見えなくし、未来を占い、また人を呪い殺す力を持っていた。カンボジア王はこれに強い関心を寄せ、イマーム・サンの呪力を試そうとして、彼に王自身を一度殺して生き返らせるように命じた。だが、イマーム・サンは自分ではなく師のアブドゥル・アウフの方がそれをするには適任だと答えた。そこで師が呼び寄せられ、その呪術が行われた。王は一度魂を失ったが、すぐに師が生き返らせた。王は感銘を受け、二人に敬意を表し、ウドン山頂にモスクを建てることを約束したのであった。

コリンズもター・サン・モスクの関係者から類似の話を聞き取っている。それによれば、師のアブドゥル・アウフはクライシュ族のアラブ人であったが、サウディ・アラビア人ではなかったという。アッラーが彼に夢を見させて示唆したため、彼はカンボジアのイマーム・サンとイマーム・セマディンの二人に教えるために船でやって来た。彼はプノンペン北部で、この世や神秘の世界について七年にわたって教えた。二人は「死なずに死ぬ」方法を知りたがり、師はカンボジアのアン・ドゥオン王の前でそれを実践した。王は感銘を受け、ウドンのアドルス山の頂上にモスクを建てる許可を与えた。イマーム・サンの死後、このモスクは管理され、彼の魂は今なおここに戻ってくるという（Collins 1996: 66–67）。

この伝承にあるように、イマーム・サンはアラブ人直伝の呪力を身に着けていたと考えられている。クライシュ族とは、預言者ムハンマドが属していたメッカの高貴な家系である。これはイマーム・サンの人々がマレー世界のイスラームではなく、さらにその外のアラブからのイスラームを継承していると自認していることを意味している。したがって、これがマレー人のイスラームの影響を受ける以前のチャム人ムスリムの宗教意識ではないかと推測されるのである。

このことは、イマーム・サン共同体にはマレー系イスラームを否定的にとらえる傾向があるというコリンズの指摘に通じる。彼がイマーム・サンでフィールド・ワークを行った際、ジャウィ語やシャリーア（イスラーム法）を否定した者が何人かいたという。ジャウィ語を学ぶことは、チャム人アイデンティティを台無しにすることだと考える者さえいた。またイマーム・サンは「真理の徒」だが、マジョリティのチャム人は「シャリーアの徒」だとして批判する者もいた。だがこのような者は、マレーの影響を否定しつつ、「クメール国王はチャム人にとって父であり母である」と述べ、カンボジア王国への依存を示したという（Collins 1996: 66-70）。

ジャウィ語とはすでにふれたようにアラビア文字で表記されている古いマレー語である。かつてマジョリティのチャム人はこれをイスラームの重要な言語として学んでおり、チャム人がチャムパからカンボジアに逃れ、マレー系ムスリムの影響でスンナ派化してきたことを示す重要な現象の一つである。また「シャリーア」とはイスラーム法のことであり、ここでは特にマレー経由のスンナ派化されたシャーフィイー派法学を実践するチャム人ということになる。

以上から、チャムパという出自に根差し、アラブ直伝でマレー化される以前のイスラームを実践し、クメール王家からの強い援助を得ている、というアイデンティティを根底に持ってカンボジアで生きてきたのが、このイマーム・サン共同体だと言えるだろう(6)。そうすると、これに対してマジョリティのチャム人は、チャムパという出自を薄めつつ、マレー化されたイスラームに基づき、今はアラブ諸国の援助によってさらにスンナ派化しているムスリムということになるであろう。ここでも「チャムパ的イスラーム」の層から「マレー世界イスラーム」の層に移行した場合と、そうしなかった場合の二つの潮流の明確な相違を見てとることができる。

二つのマウルド（祝祭）

イマーム・サンとマジョリティのチャム人の違いは、礼拝のみにとどまらない。カンボジアのチャム人も「マウルド」と呼ばれる「誕生祭」を行う。これはアラビア語で同じ意味で用いられる「マウリド」に由来する言葉で、マジョリティのチャム人はカンボジア外のムスリム同様に、預言者ムハンマドの誕生日を祝う。しかしイマーム・サンの人々は預言者ムハンマドの誕生と聖者イマーム・サンの「マウルド」とを二度祝うのである。筆者が参列した際、イマーム・サンの「マウルド」は二〇一三年九月二二日に山上のター・サン・モスクで、預言者ムハンマドの誕生祭は二〇一四年一月一三日に村のなかのカオ・ソル・オルセー・モスクで行われた。この日付は委員会によって決められており、農作業の都合で年によって変わるという（Eng 2013: 53）。

聖者イマーム・サンのマウルドは図２－２（六四頁）のように華やかである。雪の結晶のような舵や竜などをかたどった小麦粉と砂糖でできたお菓子を作り、木のように飾り付け、家からモスクまで持参する。またキンマの葉と檳榔の実も用意されていた。後述するが、ベトナムのチャム人ムスリム（チャム・バニ）はこれを断食明けの時に捧げるために用意しており、ここでも祝祭に用いる物の共通性が見られる。

さらにこのお菓子や噛みタバコは、ベトナムのチャム人ヒンドゥー教徒（チャム・バラモン）によっても、カテという祖先を崇める祝祭の時に用いられている。樋口によれば、キンマの葉と檳榔の実が祭壇の中心にあり、キンマの葉は天使のため、檳榔の実は先祖のためのもので、儀式には欠かせないという。またロンヤーというお菓子も必ずあり、これは「練った小麦粉を紐状にしてサンゴのような不規則な形に揚げた菓子」で、「天使のシンボル」とされる（樋口 1995: 267-268）[7]。ここからイマーム・サンの祝祭は、チャムパのヒンドゥー文化に根差す伝統を色濃く残していることがうかがえる。

聖者イマーム・サンのマウルドにおいて、この木のような飾りはモスクに一度入れられ、少し置いてから出される。この時モスクには、男性しか入れない。その後、モスクで男性たちがチャム語で唱和を始めたため、マジョリティのチャム人の助手に内容を尋ねたところ、意味は全く分からないとのことであった。また古都ウドンはカンボジア仏教の重要拠点でもあり、僧侶が表敬のためにカイ・タムを訪ねており、国王からこの場所を与えられたイマーム・サン共同体がカンボジアのなかで認められ、定着していることがうかがえた。小さいお祭であったが、和やかな雰囲気のものであった。彼らはこうして一九世紀半ばにカンボジアに聖者イマーム・サンが移住できたことを忘れないようにし、この国への感謝を表明しているのであろう。

ただこの聖者イマーム・サンのマウルドの意味についてはゆらぎがあるようである。コリンズは人々がこの聖者の生誕をアドルス山のター・サン・モスクで祝っていたところに同席し、古老から聖者がカンボジアにやって来た経緯を聞き取っている（Collins 1996: 65-67）。エングはイマーム・サンの人々が年に二つのマウルドを祝うとし、預言者ムハンマドの誕生と聖者イマーム・サンの死去（誕生ではなく）がその対象であったとしている（Eng 2013: 53）。

カイ・タムは筆者に、二つのマウルドについてこう説明してくれた（二〇一三年九月二二日）。

お祭は年に二回、だいたい二月と九月頃にある。今回の九月の方が小さいが、地方からイマーム・サンの人たちが集まる。これはチャムパの民がベトナムから逃れてカンボジアにやって来て、カンボジアのアン・ドゥオン王から居住を認められたことを記念する日である。もちろんイマーム・サンのことも祝う。二月の祭はムハンマド生誕祭で、この村の人だけで祝う。

この説明だと、ター・サン・モスクで行われる祝祭マウルドはイマーム・サンという個人崇拝の要素が薄められて、「出エジプト」のような歴史的出来事に重点があるように聞こえる。しかし、前述のようにカイ・タムが筆者にイマーム・サンについて語った文脈では、その誕生を祝うと述べていた。ここに再掲しておく。

つまるところ、その能力と高名さによって今に至るまで彼はチャム人や王たちから崇敬されてきたのである。イマーム・サンを信じる者たちは、毎年その誕生日を祝っている。

エングが指摘するように、現在イマーム・サン共同体内部は分裂の危機にある。マジョリティのチャム人が行うようなイスラームこそが真のイスラームだと考え、イマーム・サンの伝統を捨てようという動きが出てきているためである。そこでスンナ派化を求める者たちは、新しいモスクを建て、マウルドも別に行っている（Eng

2013: 55–57）。筆者は分離派に属す人物に、この祭はイマーム・サンの誕生を祝うのか、死去を記念しているのか、と尋ねたことがあるが、答えはどちらでもない、というものであった。従来のイマーム・サン崇拝を根拠とするター・サン・モスクでの「マウルド」は分裂派の批判をあびやすいチャムパ色の強いものである。そこでカイ・タムは、この祝祭の根拠を個人ではなく歴史的出来事に置いて筆者に語ったのではないかと考えられるのである。

もう一つの「マウルド」である預言者生誕祭は二〇一三年一月一三日に行われた。場所は山上のター・サン・モスクではなく、村のなかのカオ・ソル・オルセー・モスクであった。ター・サン・モスクの祝祭と同様に、お菓子や花びらが飾られた木のような飾りが、それぞれの家からモスクに集まってくる。この時、太鼓を鳴らしながら人々が練り歩くので、壮観である。この行列もまたカテの祭を彷彿とさせる。[8] 女性は、独身の場合は緑の長衣、既婚の場合は黒い長衣を着る。モスクでは、新生児の髪を少し切って命名式が行われていた。ただカイ・タムが述べたように、こちらのマウルドの方が集まる人も少なく、規模も小さい。するとやはりイマーム・サン共同体にとっては、聖者イマーム・サンの方が預言者ムハンマドよりも重視されているのではないかと推測され、彼らのチャムパ性の根深さがうかがえるのである。

精霊崇拝

聖者イマーム・サンに由来するマウルドに加えて、イマーム・サン共同体にはさらにチャムパの古層の伝統を色濃く残す宗教儀礼がある。それはチャイと呼ばれる精霊崇拝に基づく信仰である。トランケルによれば、チャイとは「チャムパ王族の精霊たち」のことである。この精霊に憑依された女性霊媒師が歌を朗誦することで、チャム人の国のかつての栄光を称える儀式が行われる。この際、病気の者の治療も同時に行われる（Trankell 2003: 33）。

イマーム・サンの定住は一九世紀半ばの出来事であるが、そもそもウドン周辺にチャムパからチャム人が逃れてやって来たのは一七世紀末頃とされる。これはコリンズのいう第二波の移住の時期で、パーンドゥランガから五〇〇〇もの家族が逃れて来たが、これらはチャムパの王族や貴族たちであった。他方、平民たちは、コンポン・チャムやプノンペンあたりに定住した（Trankell 2003: 33）。よって、イマーム・サンがこの地にやって来た時にはすでにチャム人が居住しており、彼はそのカリスマ性でもって先住のチャム人に崇められるようになった。そして今、この共同体のシンボルとして名を冠されているということになるであろう。

精霊チャイはチャムパの王族のものだと信じられており、このチャイ儀礼こそが、この共同体の基層にあるチャムパの伝統であると考えられる。例えば、第一章で述べたように、チャムパはベトナムの姫の奸計によって敗北したという伝説がある。チャイ信仰はこの伝説に基づくもので、ベトナム王女の奸計によって敗北させられたチャム王は体から頭を切られて殺され、危険な精霊の一人になったとする。そしてさまざまな精霊が現在のイマーム・サン共同体の人々に家系を通して伝えられていると考えられている。つまり彼らは皆、チャムパの精霊を担っているのである。そしてこの共同体ではこの精霊たちが人々の病気の原因になると信じられており、病気になった者は病院に行くこともあるが、霊媒師に依頼し、悪しき精霊を退治してもらう。この時、霊媒師たちが二五―三〇人ほど集められ、チャムパ王家を再現する歌と踊りが捧げられる（Trankell 2003: 34-38）。

筆者がこのチャイ儀礼を見学したのは二〇一四年二月のことであった。カオ・ソル・オルセー・モスクからさらに少し離れた集落にある水田のなかで、朝の六時半頃から始まった。まず目に入ったのが、色鮮やかな儀礼用の傘や楽器、民族衣装を身につけた人々である。縦笛や両面太鼓、長い竹の打楽器などで、樋口が見た「チャムパの伝統楽器」と同じであった。樋口もマジョリティのチャム人からチャム人には「楽器も音楽もない」という言葉を聞いていたため、イマーム・サンがこのようなベトナムのチャムパの末裔と共通の儀礼を行うことを不思議に思っている。そして、マジョリティのチャム人が「新しいイスラームを選択」したからだろうと推測している（樋口 1995: 57-60）。ここでもイマーム・サンがベトナムのチャム・バニと共通する宗教文化層「チャムパ的イスラーム」を保ち、対してマジョリティのチャム人は新しい層「マレー世界イスラーム」を持っていることが示されている。

この楽器演奏の向こうでは水牛が屠られていた。牛ではなく水牛を屠っているのは、水牛は精霊とつながっていると考えられているためだという。この水牛の肉は、半分はチャイに、半分は人に与えられる。このように朝、水牛を屠り、その夜からチャイ憑依の儀式が行われる（筆者は日程の都合で、夜の儀礼は見ることができなかった）。

筆者が参加者に、どのくらいの頻度でこの儀式を行うのか、年に一回程度なのか、と尋ねたところ、年に一回だけではなく、病気が治った感謝を示すために適宜行うという答えであった。樋口もこう述べている。

今回は私のために形だけやってくれているのだが、本当にやるときは、病気が治ったときや商売がうまくいったときなど、幸運に導いてくれた精霊への感謝としてこの踊りが行われる。あくまでも「感謝」のための踊りであって、「直して欲しい」「儲かるようにして欲しい」などと祈願するためのものではない。そうした場合には、村にいる祈禱師が呼ばれる。（樋口 1995: 64）

また、参加者は次のような話をしてくれた。

以前、ある少年が重い病気になり、プノンペンのカルメット病院に行ったが、治らないと言われた。そこで呪術師に祈禱してもらうと治った。そのお礼をするためにこの儀礼を行い、チャイに感謝の意を伝えた。

この話のすぐ後、青年がバイクに乗って去ろうとしていたのを見て、この参加者は筆者に彼がその少年だ、と教えてくれた。

また筆者は参加者に、人はどうやってチャイ憑きになるのか、それは家系によるのかと尋ねてみた。回答は、家系ではなく個人的なもので、病気になって回復する際にチャイの声を聞くようになり、それからそのチャイに憑かれるようになるというものであった。実際にトランケルも同じことを述べている。かつては王族か貴族の家系の女性が憑依されていたが、今は一般人でも、酷い病など死に直面するような経験を経て憑依されるようになっているという（Trankell 2003: 39–40）。

このようにイマーム・サン共同体は、今なおチャムパの伝統である精霊信仰を基底にすえて独自のチャムパ由来のイスラームを実践しつつ、スンナ派イスラームの影響にもさらされている。彼らは現在、カンボジアやアメリカ大使館の援助を受けているが、さらにアラブ諸国などのスンナ派イスラーム国の援助を受けるためには、チャムパ的伝統を捨て、スンナ派化していかなければならない。イマーム・サンの人々は、チャムパの伝統とムスリムとしての実践の間で、今後苦慮していくであろう。ただイマーム・サンの人々の独特な宗教文化は歴史的な文化の重層性を示す貴重なものであり、失われる前に記録することが急がれる。

6 小結――チャムパの末裔からマレー的スンナ派イスラームへ

カンボジアのチャム人ムスリムの間では、チャムパの末裔であることを強調するイマーム・サン共同体よりも、スンナ派イスラームに属す人々が大きな勢力となっている。ここには、チャムパ経由のイスラームと異なり、より「正しい」イスラームに従うことで、「正しい」ムスリムとして生きていることの充足感を強めたい意識があるだろう。つまり大多数のカンボジアのチャム人ムスリムは、ムスリムとしてのアイデンティティをチャムパの末裔としてのそれよりも優先させているということである。

この背景には、イマーム・サン共同体がチャムパ王国の王族や貴族の子孫であったため、従来の文化を保持しようとする強い意識があったと考えられる。これに対してマジョリティのチャム人には、それほど「チャムパ的イスラーム」に拘泥する必要はなかったということであろう。そして「マレー世界イスラーム」を受け入れていったのであった。その結果、現在のカンボジアのチャム人ムスリム共同体は、「チャムパ的イスラーム」と「マレー世界イスラーム」を併存させつつも、全体として前者から後者に移行するという状況になっているのである。

第三章

チャム人の現代史

破壊と復興

1　クメール・ルージュ期の大虐殺——破壊されるアイデンティティ

エスニック・クレンジング（民族浄化）

クメール・ルージュ（ポル・ポト）期にチャム人は、カンボジアのマジョリティであるクメール人ではないことから虐殺の対象となった。クメール・ルージュとは一九七五—一九七九年にかけてカンボジアを支配した共産党政権である。指導者ポル・ポト（一九二五—一九九八年）はフランス留学時代に極左思想にふれたとされる。クメール・ルージュは極めて過激な平等思想を実行に移し、オンカーと呼ばれるクメール・ルージュの「組織」に従わない者は処刑の対象となった。この間、二〇〇万人とも言われる人々が飢えや処刑で亡くなり、また国外に逃れて難民となっている。クメール・ルージュ政権下では家族制度は認められず、家族は解体され、年齢や性で分けられた集団での生活を強制された。さらに知識人の存在も否定され、特に迫害の対象となった。かつ宗教を認めず、仏教やイスラームも弾圧された。少数民族は文化的独自性を否定されてクメール化を強制され、特にチャム人は大量虐殺という民族浄化の対象となった。

自身もチャム人であり、クメール・ルージュ期のチャム人に関する研究を続けてきたイーサーは次のように当時の状況を描いている。

一例であるが、一九七八年後半、クメール・ルージュはチャム人とクメール人双方から「犯罪人」とされた者すべてを集め、コンポン・チャム州のクラウ・チュマール地区のプム・トゥリア村にある家に収容した。すべての収容者は、「チャム人かクメール人か？」と尋ねられた。チャム人と答えた者たちはある方向に、クメール人と答えた者たちは別の方向に送られた。クメール人収容者はすべて解放され、一〇〇名のチャム人収容者のうち六名を除いては皆、行方不明となった。〔……〕六名が生き残ったのは、自分たちはクメール人だと偽った答えをしたからであった。クメール・ルージュ期に強制移住させられたチャム人の数を見ると、彼らがこの国の至る所で殺害されていることが分かる。コンポン・チャム州の大半のチャム人はコンポン・チャム州やコンポン・トム州のマラリア地域に移住させられている。〔……〕カンボジアのすべての州は、少なくともいくらかの（または多くの）チャム人避難者を受けいれている。この政権の間に死亡した四〇万から五〇万人のチャム人の遺体が国中に散らばり、至る所にチャム人の集団墓地が残されている。プノンペンのS－21収容所〔現トゥール・スレン博物館〕の一万四〇〇〇人の収容者のうち四二人がチャム人で、四〇人が他の国からのムスリムであった。（Ysa 2002: 6-7）

この時代の女性の状況を研究対象としたソーもまた、類似の内容を異なる視点から描き出している。

クメール・ルージュはチャム語を話す者だけをターゲットにしたのではなかった。チャム語やマレー語などのアクセントがある者もまた脅され、時に殺された。一九七五年にいくつかの抵抗運動が生じたコンポン・チャム州では、その後、殺害がエスカレートし、チャム人か、チャム人だと思われた者はすぐさま殺されるようになった。チャム人ムスリムではなかったが、彼らと一緒の村に住んでいた者たちもまた、クメール・ルージュの抵抗者探索の対象になる危険にさらされた。コンポン・チャム州のプム・ココ村に元々住んでいたモウイ・スレアン・カウは、本調査中に次のような経験を思い出してくれた。

彼らは私の掛布団をはぎ取って、私の顔を見た。私のアクセントから私がチャム人かどうか判断できたのだ。私の村のムスリムたちは殺された。彼らはチャム人を絶滅させたかったのだ。なぜかは分からない。何百人も、子どもたちさえ殺された。〔……〕彼らは私たちを一度に殺そうとした。でも私たちは運が良かった。

私たちが死体で一杯になった穴の前にいた時、使いがやって来て、私たちの命は間一髪で助かった。使いは殺すのを待つように知らせる紙切れを持っていたのだった。（So 2011: 63-64）

チャム人虐殺がどれほどであったのかという数値に関しては諸説ある。例えばイーサーによれば、クメール・ルージュ期前の一九七五年のチャム人人口は、カンボジア全体の一〇％（約七〇万人）であったが、同期後の一九七九年には二〇万人になっていたという。この場合、チャム人の生存率は、一般のクメール人の生存率の半分ほどになる（Ysa 2002: 2）。ただし当時の人口について調べるのは容易ではなく、キーナンは別の数字を算出している。それによれば、約二五万人いたチャム人がクメール・ルージュ期の虐殺によって、一七・三万人まで減ったとされ（Kiernan 1988: 30）、この場合生存率は約七割となる。

またモスクの数は一一三から五へ（Ysa 2002: 119）、ハケムは一一三人から二〇人に、巡礼経験者（ハッジュ）は一〇〇〇人以上いたが三〇人ほどに激減したとされる（Kiernan 2008: 271）。クメール・ルージュは特にチャム人知識人を迫害の対象としていた。当時大ムフティとしてカンボジアのムスリムの長を務め、イマームかつハッジュであったレス・ロシュは「一九七五年一〇月八日、プレイ・ヴェン州で沸騰した湯のなかに投げ込まれ、鉄の棒で頭を串刺しにされた」（Kiernan 2008: 271）。

クメール・ルージュはチャムパからの歴史をふまえた上で、チャム人の迫害を行っていた。彼らはそもそもカンボジアでのチャム人の存在を認めず、「ベトナムに抹殺されて残存していない」と主張した。またチャム人はチャムパ時代から反乱を起こしてきたため信用できず、これからもまた反乱を起こすだろうという認識を持っていた。チャム人にはフルロＦＵＬＲＯ（被制圧民族闘争統一戦線 Front unifie pour la lutte des races opprimes）というチャムパ復興を目指す政治組織があり、ポル・ポトはこれゆえにチャム人を憎んでいたとも言われる（Kiernan 1988: 9; 2008: 257, 265-266, 280）。

一九七五年五月、「宗教を抹消すること。彼らは皆、反動主義者である」と述べて、ポル・ポトが実質上の宗教抹消を命じた（Kiernan 2008: 269; Eng 2013: 155）[1]。翌年一月にクメール・ルージュ憲法が施行されたが、そこでは「カンボジア人は信条や宗教を信じる権利を持ち、また信条や宗教を信じない権利も持つ。ただし民主カンプチア〔クメール・ルージュ政権下のカンボジア〕やカンボジア人を破壊する反動的な宗教は決して認められない」とされている（Eng 2013: 151-152）。エングも指摘するようにこの内容は、一度「反動的」と判定されれば抹消されることが許されるという非民主的なものである。

そもそも一九七〇年代初頭、チャム人共同体は共産主義のクメール・ルージュ支持者と親米のロン・ノル支持者で二分されていた（Eng 2013: 132）。だがクメール・ルージュがクメール化を強制するようになり、一九七三年頃からチャム人への迫害が始まったため、クメール・ルージュ支持者は減っていく。チャム人は、クメール人と「平等」であるために豚を食べ、それを飼育し、女性も長い髪を切るよう強制された。かつ、モスクやクルアーンなどの宗教書も破棄・焚書とされた。一九七五年にクメール・ルージュ政権が成立した後はそれがさらに激化し、チャム人は反乱を起こしたが失敗し、鎮圧・殺害された。次章であつかうテーマはこの時期に関係するものであるため、反乱についてはそちらで述べることにする。

一九七四年にプノンペンのイスラーム協会から刊行された『クメール・ムスリムの殉教 *The Martyrdom of Khmers Muslims*』という冊子がある。この冊子はカンボジアのチャム人がクメール・ルージュなどの共産党員の迫害によって悲惨な状態にあることを世界に伝えるためにつくられたようである。そこでは彼らがベトナムに滅ぼされたチャムパの子孫であり、かつムスリムであることが記されている。破壊されたモスクや殺された遺体の写真とともに、礼拝行為などを禁じられ民族存続の危機に瀕していることや、難民キャンプの様子などが切々と報告されている（The Directorate of Islamic Association of the Khmer Republic and the Association of Islamic Youth, eds., 1974）。この冊子を読むだけでも当時の危機的な状況がうかがえるが、さらにクメール・ルージュが政権をとった後は、このような冊子をつくって世に訴えることさえできなくなったことを考えると、チャム人の悲痛な叫びが世に届かなかったことが残念でならない。

DC-Camのチャム研究者たち

筆者が研究拠点としたDC-Cam（Sleuk Rith Institute）はクメール・ルージュ時代の文書を保管し、研究することを主目的として創設されている。当然ながらクメール人が対象となることがほとんどであるが、チャム人の調査研究をするスタッフも少なからず所属している。その一人がイーサーであったが、筆者がDC-Camで調査をしている時にはすでにECCC（Extraordinary Chambers in the Courts of Cambodia、カンボジア特別法廷）に移っていた。彼はクメール・ルージュ期のチャム人に関する文献『オウコウバ——民主カンプチア政権下におけるチャム人ムスリムの正義 *Oukoubah: Genocide Justice for the Cham Muslims under Democratic Kampuchea*』（Ysa 2002）や『チャム人反乱——村の生存者の物語 *The Cham Rebellion: Survivors' Stories from the Villages*』（Ysa 2006）に加えて、チャム人の仏教徒との婚姻をあつかった『亀裂を進む——カンボジアにおけるムスリム‐仏教徒間の婚姻 *Navigating the Rift: Muslim-Buddhist Intermarriage in Cambodia*』（Ysa 2010）などを著している。

『オウコウバ』は異常な拷問などで知られるS‐21収容所に残された資料から一三名のムスリムのプロフィールを明らかにし、それらを通してクメール・ルージュの残虐行為を解明した労作である。また『チャム人反乱』は、クメール・ルージュに対して「ジハード」つまり反乱を起こしたチャム人の歴史を丹念に調査したものである。この文献が契機となって、筆者はチャム人の保有していたイスラーム文献をイーサーから借り受け、分析することになった。それはクメール・ルージュの焚書から守るために、チャム人知識人が地中に埋めて隠したアラビア語の文献群で、第五章で論じることになる。イーサーは旧コンポン・チャム州のスヴァイ・クレアン村出身で、今はプノンペンに住むが、村で私塾「希望の泉学校（The Spring of Hope School）」を開いており、若いチャム人たちの教育にも貢献している。

また同じくDC-Camに属すソーは、『カンボジアのヒジャーブ――クメール・ルージュ期以降のチャム人ムスリム女性の記憶 *The Hijab of Cambodia: Memories of Cham Muslim Women after the Khmer Rouge*』（So 2011）のなかで、膨大な聞き取り資料から、クメール・ルージュ時代の女性の苦難を描き出している。例えば産婆でありクルアーン教師であったスマン・ザイナブから、クメール・ルージュがチャム人を強制移住させた際、彼らをアラブ諸国に送って石油と交換しようとしているという噂が流れたことについて聞き取っている。チャム人のなかにはこれを聞いて浮かれた者もいれば、疑った者もいた。しかしスマン・ザイナブは、これはおかしいと思って信じず、強制移住が差し迫っていたため、服や日用品、米、そしてクルアーンと自分の産婆用具をまとめたという（So 2011: 25）。ここから、クメール・ルージュに翻弄されるなかでも、自身の信仰と職業を守り続けようとする女性の姿が浮かび上がってくるだろう。

さらに当時はDC-Camの副所長であったコッ・タイ・エング Kok-Thay Eng は、博士論文の「クメール・ルージュからハムバリへ――グローバル時代のチャム人アイデンティティ *From the Khmer Rouge to Hambali: Cham Identities in a Global Age*」（Eng 2013）において、チャム人の歴史的背景から現在の生活様式、さらには政治的状況に関して、多くのインタビューとDC-Cam所蔵の資料から、丁寧に調査分析している（カンボジア語に翻訳されて二〇一五年に出版されている）。これは現時点で最も包括的にチャム人について調査した文献であり、本書も多くを負っている。特にタイトルにあるように現代史に焦点があてられている。クメール・ルージュがチャム人に行ったことが民族殺害（Race Killing）やジェノサイドであるという事実を証明し、またアル＝カーイダのメンバーとされたハムバリをめぐるカンボジア国内の騒動を分析して、チャム人は過激な行動はしていないと結論付けている。

DC-Cam では若い研究者たちがクメール・ルージュ期の調査研究、そしてＥＣＣＣの追跡調査を日々行っているが、クメール人だけではなくチャム人も研究対象としていることには意味がある。現在なおクメール・ルージュ幹部を対象としたＥＣＣＣが継続されているが、遅々として進んでいないのが現状である。そのなかで、チャム人に対する非道な行為も重要な争点として裁きの対象となっている。[2] クメール・ルージュが行ったことが「ジェノサイド」であることを証明するためには、チャム人が「民族浄化（エスニック・クレンジング）」の対象となったことが重要な根拠の一つとなる。この点からもカンボジア現代史の認識に、チャム人の歴史理解が不可欠と考えられるのである。

ムスリム指導者たちからの聞き取り

筆者もチャム人への聞き取り調査のなかで、クメール・ルージュ期について質問せざるを得ないことが多かった。外部の人間が当事者に気軽に聞けることではないため非常に躊躇した。だが、DC-Cam スタッフのファティリ・サ Fatily Sa が、自分自身の聞き取り調査の経験から、「尋ねる必要がある場合はそうした方がよい。本人は辛いだろうが、その情報を埋もれさせない方がよい」と語ってくれたので、聞き取りを進めることができたという経緯がある。

実際に聞き取りをした人たちのなかには、涙を浮かべ、また流しながら当時を振り返ってくれた方もいた。すでに述べたことであるが、国際ドバイ・モスクのイマーム、ムハンマド・イブン・ハッサンは、クメール・ルージュ期以前、一九六三—一九六八年にエジプトのカイロにある、ムスリムの最高学府アズハル大学に留学していた。筆者とアラビア語で会話をした際、発音がエジプト方言ではあったが、流暢な標準アラビア語（フスハー）を話していた。クメール・ルージュ期のことは語らない人だと事前に聞いていたが、筆者には「当時の政治的問題や戦争のせいで、それ以降エジプトには行っていない」、「当時はアラビア語を話せるチャム人はほとんどいなかったが、最近は随分増えている」などと語ってくれ、その時やはり涙がこぼれていた（二〇一三年四月二二日）。前述したように知識人へのクメール・ルージュの迫害はさらに厳しく、海外留学経験者二六人のうち生き残ったのは二名のみというデータもあり（Ysa 2002: 119）、彼も大変な辛酸をなめたと想像されるのである。

またチュロイ・チュンワーというチャム人が多く住む地区にあるダール・エッ＝サラーム・モスクのイマーム、ラップ・モハッマド（77m/20130422）もまた、孫娘を隣に座らせながら、涙とともにこう語ってくれた。クメール・ルージュ期の時代は食料もなく飢餓状態だったため、地方に避難してまた戻ってきたが、父や親戚、子どもも殺されてしまっていた。戻ってきた時の村は全く以前の面影がなく、モスクも家も壊され、木が生い茂っているばかりだった、という。実際のところ、このチュロイ・チュンワーには、一九四〇年には三〇〇のチャム人家族が居住し、避難前の一九七五年には九〇〇の家族がいた。しかしクメール・ルージュ期が終わった一九七九―一九八〇年には七〇の家族しか戻って来なかったという（Kiernan 2008: 285）。また避難先ではチャム人やムスリムとしてではなく、単に「新しい人々」つまり移住者としてしか生きることができなかった（Eng 2013 147）。つまり彼らのアイデンティティが認められることはなく、礼拝をすると処罰の対象となるため、心のなかや人の目がないところでこっそりやっていたという者も多かった。

これはムスリムのチャム人だけではなくカンボジア人全体に言えることであるが、クメール・ルージュ期は未だに人々のトラウマとなっている。クメール・ルージュ時代に殺された家族のいない家庭はなく、未だに行方の分からない場合も多い。クメール・ルージュ幹部たちの思考や行動もＥＣＣＣを通しても不明瞭なことが多く、幹部たちの高齢化が進むなかで、実態の解明が急がれている。

チャム人のアイデンティティにとってのクメール・ルージュ時代は、ベトナムによるチャムパ消滅に次ぐ、アイデンティティの危機の時であった。チャム人ムスリムであることを否定され、クメール人としてふるまうことを強制された。チャム語ではなくクメール語を話し、名前はクメール的な「革命名」に変更し、クメール人の服装をせざるを得なかった。そうしなければ抹殺されたため、なかにはムスリムであることを隠すという、自己否定でもって身を守る者さえいた。モスクなどの施設も破壊され、宗教文書も焚書にされ、未来につなぐものさえ失われてしまった。「これらすべてによって、チャム・ムスリムのアイデンティティはほぼ破壊されてしまった」（So 2011: 64）のである。こうして瀕死の状態となったチャム人のアイデンティティは、クメール・ルージュ政権崩壊後、次の新しい段階つまり「層」を形成し始める。これが本書で「復古主義的イスラーム」と呼ぶものである。それはある意味で、クメール・ルージュによって古いアイデンティティの「層」が破壊されたからこそ、急速に形成されたのかもしれない。それを次に見ていきたい。

2　急激な復興と「復古主義的イスラーム」

イスラーム諸国からの援助

クメール・ルージュ期とその後の内戦の後、カンボジア全体が復興の途についたなかで、チャム人共同体もまた現在に至るまで急速に発展してきた。これにはチャム人がムスリムであるために、イスラーム諸国から援助を得られたことが大きく影響している。伝統的に関係の深いマレーシア[3]に加え、アラブの富裕国であるクウェート、サウディ・アラビア、アラブ首長国連邦（UAE）といった湾岸諸国（GCC諸国）、また東南アジアの富裕イスラーム国であるブルネイなどが活発に援助を行ってきている。[4]オズボーン Osborne がサウディ・アラビア外交筋から得た情報によれば、同国政府は毎月一〇万ドルを下らない額を援助しているという（Osborne 2004: 6）。

これらの国々の援助の内容は多岐にわたる。モスクやイスラーム学校の建設、イスラームNGO活動への支援、巡礼者への援助、さらに自国への留学生のための奨学金支給などである。前述したように、国際ドバイ・モスクの建造はアラブ首長国連邦のドバイ首長国の援助によるものである。クメール・ルージュ期には、それ以前に一一三あったモスクが破壊されて五まで激減したとされることはすでに述べた。だがクメール・ルージュ期後の一九九〇年代初期には二〇以下しかなかったようであるが、二〇〇七年には二八〇にまで急増している（Osborne 2004: 5; De Féo 2007: 4, 7）。クメール・ルージュによって壊滅状態にあったチャム人自らが建設できたはずはなく、国外のイスラーム教徒の援助に多くを負っている。

チャム人のＮＧＯ活動もまた諸外国からの援助で成り立っている。例えばカンボジア・イスラーム協会（Cambodian Islamic Association）はクメール・ルージュ期直後の一九七九年にマト・リーによって創設された。この協会は一九八〇年代半ばからジェッダのイスラーム開発銀行やドバイの援助を受け、巡礼者を出すことができるようになっている（Osborne 2004: 5; Eng 2013: 267）。他にクウェートの援助によって一九九〇年代半ばに創設されたＮＧＯのイスラーム伝統復興協会（ＲＩＨＳ、Revival of Islamic Heritage Society）など、他にもいくつも組織が存在する。ＲＩＨＳは孤児院や寄宿学校の建設、モスクの備品提供など全国的に支援を展開している（De Féo 2007: 4）。

また海外留学生も増加している。教育省政務次官のノス・スレは次のように語ってくれた。サウディ・アラビアの奨学金によって、メッカやメディナへ毎年二〇名ほど留学している。クウェートも奨学金を出しており、理工系の大学の教育レベルも高いので人気がある。マレーシアもまた、チャム人は兄弟のように思っている国なので、留学先として人気がある。他にインドネシアやタイ〔の南部のムスリム地域〕にも行っていて、カタールからの奨学金でタイ南部のプリンス・オブ・ソンクラー大学に五名、ヤラー大学に六六名が学んでいる。(5) またイスラーム開発銀行〔ＩＤＢ、Islamic Development Bank〕がカンボジア・ムスリム発展財団〔Cambodian Muslim Development Foundation〕を援助し、奨学金を出している（二〇一三年四月二四日）。また筆者の助手を務めてくれたチャム人の一人も奨学金を得てクウェートに留学し、アラブ社会に慣れるまでは苦労したと話してくれた。

ただしこれらの富裕湾岸アラブ諸国からの援助は、チャム人にとっては「異物」である。なぜならば湾岸アラブ諸国のイスラームはいわゆる「サラフィー主義」と呼ばれる「復古主義的イスラーム」であるため、チャム人がこれまで受容してきた「マレー世界イスラーム」と比べると格段に厳格であるからである。筆者がチャム人たちに援助を受けるならばどこの国が良いかと尋ねたところ、どこも同じようなもので、自分たちは困窮しているので援助してくれるならばどこでも構わない、との回答を何度も得た。子どもが多い家庭では、育てる余裕がないことも多いため、子どもをアラブ国が運営する無料のイスラーム寄宿学校に入れることもある。つまりチャム人たちはその貧しさゆえに、好むと好まざるとにかかわらず、湾岸アラブ的イスラームを受け入れざるを得ないのであり、これがカンボジアのチャム人ムスリムのなかで新しい「層」が形成されつつある原因となっている。

復古主義的イスラームの流入

筆者は「復古主義的イスラーム」をカンボジアのチャム人にとっては「異物」であると表現したが、デ・フェオもまたこれを「変節的な現代的潮流」と呼んでいる（De Féo 2007: 9）。彼も指摘するように、チャム人共同体は新しい潮流を受け入れつつあり、これには二つの流れが存在する。一つがサウディ・アラビアやドバイ、クウェートといった湾岸アラブ諸国を源とするものである。これらの国はチャム人の間では区別されず、「クウェート」や「サラフィー」と総称されている。もう一つが、「ダクワ」と呼ばれるインドに発したイスラーム宣教組織によるもので、これに関しては後に論じる。

これら二つの「外からの」イスラームは復古主義を基調とするイスラームの思想潮流に属す。「イスラーム主義」とは、否定的な意味合いが強い「イスラーム原理主義」の代わりに昨今用いられるようになっている用語である。大塚和夫が論じるように、「イスラーム主義」とは近代以降、西洋の影響をさまざまに受けるなかで、イスラームを政治的イデオロギーとしてとらえ、これに基づく改革運動を起こす思想行動を意味する。最終的にはイスラームに基づく共同体（国家）建設が目標とされ、アル＝カーイダや「イスラーム国（ＩＳ）」といった「テロ組織」もこれらの潮流に属す。これに対して「イスラーム復興」は例えば服装やモスクに熱心に通うなど、社会的・文化的な領域でイスラーム的現象が顕在化することを意味する（大塚 2004: 10-15）。これらの潮流は中東では特に一九七〇年代より顕在化し、東南アジアにも影響を与えてきた。

本書ではこれらの動きを全体として「復古主義的イスラーム」という言葉で表現している。基本的にカンボジアのチャム人に生じている新しいイスラームの動きは社会的・文化的枠組みのなかにあり、後者の「イスラーム復興」にあたる。ただ、これから述べるように、前者の政治的「イスラーム主義」の影響も全くないわけではない。したがって本書では、復興期にあり混沌としたカンボジアのイスラームを論じるにあたって、これらをあえて二分して論じることはせず、「復古的」つまり「原初的」な希求性を持つイスラームとして「復古主義的イスラーム」と総称しておく。

先にもふれたが、カンボジアでアラブ湾岸諸国は「クウェート」と総称される他に「サラフィー」とも呼ばれ、この「サラフィー」もまたイスラーム主義と深く関係する用語である。「サラフィー主義」とはアラビア語の「サラフ」つまり預言者ムハンマドの頃の「イスラーム初期の世代」を意味する言葉に由来する。これは、サラフを模範としてその原則や精神に回帰することを目指す思想潮流を意味し、イスラームの近代化にともなうイスラーム復興運動という大きな流れを生んできた。そのため、厳格にイスラーム法や聖典クルアーンの文言を適用するという傾向を持ち、例えば男女の別離といった「原理主義的」と言われる現象を生じさせている。よって「サラフィー」という用語は思想潮流であり、現在の湾岸アラブ諸国を指すものではないが、カンボジアのチャム人の文脈ではそのようになっている。本書では、国の名称である「クウェート」ではなく、「サラフィー」の用語で湾岸アラブ諸国を総称していく。

「ダクワ」もまたイスラーム主義の潮流に属すが、こちらは国家ではなく組織である。一九二七年に北インドでイスラーム法学者マウラーナー・ムハンマド・イリヤース（一八八五―一九四四）によって創始された。「世俗化が進む当時のムスリム社会を憂えた彼は、堕落したムスリムの精神を回復、向上させることで事態の打開を目指した。その際に彼が強調したのが、預言者ムハンマドの送った生活様式を理想として、そこに立ち返ることであった」（小河 2012: 315）。こちらも「サラフィー」同様に、イスラーム初期の世代に回帰し、その当時のイスラームを実践することを目指しており、両者の方向性は共通している。

これらの潮流がカンボジアに入ってきたのは一九八〇年代の終わり頃であった。一九八八年にはカンボジア・イスラーム協会が「サラフィー」であるアラブ首長国連邦のドバイによる本格的援助を受け、モスク建設や巡礼者派遣が始まった。また一九八九年には「ダクワ」がスレイマン・イブラヒムによってカンボジアにもたらされた。一九八〇年代はクメール・ルージュ期後の混乱期であり、マレーシアが最初にチャム人に援助の手を差し伸べた後、他のイスラーム諸国の援助や影響が入ってきたのが八〇年代末だったということになる。

その後これら二つの潮流は、カンボジアのチャム人に対する影響力を高めようと、お互いを批判するに至る。「サラフィー」側は「ダクワ」は「ビッダー」であるとし、また「ダクワ」側は「サラフィー」は「ワッハーブ」だとする。「ビッダー」とはアラビア語の「ビドア」のことで「革新」といった意味であるが、通常「誤った新しいものを導入すること」という否定的な意味で用いられる。また「ワッハーブ」はサウディ・アラビアで実践されている極度に厳格なイスラームの潮流のことで、ここではカンボジアのチャム人にとってはあまりに異質だという批判的な意味合いが込められている。これら二つの流れに属す組織がカンボジア全体に入って援助活動を展開し、モスク建設などでつばぜり合いを続け、村内で人々の分断が引き起こされるまでに至っている（De Féo 2007: 9–10; Eng 2013: 239）。

このように「サラフィー」と「ダクワ」は共通する要素を多く持ちながらも、もしくは持っているからこそ、チャム人の支持層を増やそうと対立している。従来の「マレー世界イスラーム」の立場から見ると、これらの二つの潮流は、マレー世界の外からやって来た、厳格な宗教実践を求める新しいイスラームである。どちらも預言者ムハンマドやイスラーム共同体の初期の世代に立ち返るという復古主義を基本としている。本書で「復古主義的イスラーム」と呼ぶこの外来の新しいイスラーム潮流こそが、チャム人の宗教文化の第五層、つまり最新の宗教文化的アイデンティティとなりつつあるのである。

アル＝カーイダ疑惑とイスラーム学校

このような背景のなか、サウディ・アラビアの援助によって開校されたイスラーム寄宿学校が、政府からアル＝カーイダとの関わりを疑われ、閉校となるという事件が起こった。この出来事は、マレー系のイスラームから影響を受け続けてきたチャム人を受容していたカンボジア社会のなかに、新しい種のイスラームが入りつつあることへの反応を示す一つの例だと言える。カンボジアにとっても、新しいイスラームは「異物」であったのである。

出来事は次のような流れであった。サウディ・アラビア系の厳格なイスラームを追求する援助団体であるウンム・アル＝クラ国際協会が一九九〇年代後半にカンボジアに入り、一九九八年にプノンペン郊外にウンム・アル＝クラというイスラーム寄宿学校を設立した。この団体はクウェート系のＲＩＨＳと並んで活発に学校設立活動を行っていた。二〇〇三年五月にプノンペンで、二人のタイ人と一人のエジプト人が、ジェマ・イスラミア（ＪＩ）との関係を疑われて逮捕された。ジェマ・イスラミアは東南アジアにイスラーム国を建国することを目指すイスラーム主義組織で、アル＝カーイダなどの武装過激派組織とのつながりも指摘されている。次いで同年八月に、二〇〇二年一〇月のバリ島でのジェマ・イスラミアによるとされる爆弾テロの容疑者で、この組織の軍事部門の指導者であったハムバリ（リドアーン・イサムッディーン）がタイのアユタヤで逮捕された。

二〇〇四年二月のアメリカＦＢＩの報告書によれば、ハムバリは二〇〇二年九月から二〇〇三年二月までプノンペンに潜伏していたという。彼は、バン・コッ・モスク（国際ドバイ・モスクの前身）のそばのゲスト・ハウスで過ごしており、プノンペンの米国大使館を爆破することがジェマ・イスラミアの目的であったと述べたという。これを契機に、ウンム・アル＝クラの二八人の外国人イスラーム教師とその家族が過激派との関わりを疑われ、カンボジアから追放となった。学校は閉鎖となったが、現在この学校の施設を用いて、カンボジア・イスラミック・センターが開校されている。この新しい寄宿学校は政府が任命したムフティのソス・カムリーを長とするカンボジア・イスラーム宗務最高評議会のもとで運営され、イスラーム教育と世俗教育を併存させている（Osborne 2004: 3; Blengsli 2009: 172; Eng 2013: 5-6, 298）。

繰り返すことになるが、このような「サラフィー」による学校はカンボジアやそのチャム人にとって「異物」である。ウンム・アル＝クラやＲＩＨＳ系列の学校ではそれぞれの出身母体国のイスラームにのっとって、厳格な教義を教えていたとされる。しかしそもそもチャム人たちはマレーシアの影響を受けたイスラーム教育の伝統をもっている。かつてチャム人は村落レベルでクルアーンの読誦学校をつくって教育を続けてきた。しかし、高度なイスラーム学の教育施設は不十分であったため、二〇世紀初頭にようやくマレーシアのポンドック（イスラーム学校）を模して学校がつくられ、ここで初めてキタブ・クニンが用いられるようになった（Hefner ed. 2009: 34-35）。キタブ・クニンとは東南アジアに特有のイスラーム宗教書のことで、これは第五章で詳しく論じる。その後もマレー世界イスラームの影響が続き、少し上の世代まで、ジャウィ語というマレー語をアラビア文字で書いた古い言語がイスラーム教育のための主要言語として学ばれてきたことはすでに述べた通りである。

しかしクメール・ルージュ期にこれらの教育システムは壊滅的な状態となった。その後の復興期になると、マレーシア以外に「サラフィー」や「ダクワ」もチャム人援助に加わったのである。当然ながら「サラフィー」がつくったイスラーム学校ではアラビア語を主要言語として学ぶことになり、明らかにマレー世界イスラームとは異なる状況となっている。ロバート・ヘフナー Robert Hefner が指摘するように、チャム人の従来の宗教指導者層、つまりムフティやその周辺ということであろうが、彼らはこの外来のイスラーム潮流の急激な拡張を押しとどめるよう、政府に依頼しているようである（Hefner ed. 2009: 36）。サウディ・アラビア系組織からチャム人組織に運営が移行されたウンム・アル＝クラ学校の閉校もこの文脈で考えることができるであろう。

ただこのウンム・アル＝クラ学校に関わっていたチャム人が政府と縁遠い関係にあるわけではない。教育省政務次官ノス・スレはこの学校で三年ほど英語教師を務めていた。彼はコンポン・トム州出身のチャム人で、インタビュー当時（二〇一三年四月二四日）、三六歳という若さで、その四年前にこの職務に就任したということであった。筆者が若さを指摘すると、ムスリム青年のボランティア団体で活動していたため、この職に就くことになったのであろうとの返答であった。彼の誠実で視野の広い人柄を知ると、要職に就いたこともうなずけるが、この国がクメール・ルージュ期の虐殺のために四〇歳以上の人口が極端に少ないこともその背景にあるであろう。彼は政府与党やフン・セン首相については次のように述べ、チャム人として信頼と感謝の念を示していた。

政府はマイノリティのために自由と平等を守ってくれている。チャム人だけでなく他の民族・宗教的マイノリティに対してもそうである。フン・セン首相は元々ムスリムに囲まれた地域［コンポン・チャム州］で生まれたので、ムスリムのことをよく知っているし、ポル・ポト時代にも保護してくれた人物である。

ウンム・アル＝クラ学校での教歴も全く包み隠さず、次のように述べていた。

基本的には仏教徒とムスリムの間で問題はない。ただ9・11の後、カンダル州のウンム・アル＝クラ学校がテロリストに関係したとの噂によって閉校されたが、政府が調査して問題ないと発表し、再開された。自分はここで三年英語を教えていた。英語は当時できなかったがチャンスをもらって採用してもらい、教えながらら自分で勉強して、英語もできるようになった。この学校はエジプト人の校長やオマーンやイエメンからの教師もいて、アラビア語や宗教について午前中に学び、午後は一般教科を勉強した。生徒はアラビア語が堪能になり、その後、アラブ諸国に留学する者も多かった。

このような元英語教師の話からは、かつてのこの学校をタブー視するような雰囲気は全く感じられなかった。それはこれから述べる、筆者の学校訪問においても同じことであった。これはメディアや調査報告書が伝えるチャム人の過激派化の可能性の深刻さとはかけ離れたもののように感じられた。(6)

イスラーム寄宿学校訪問

ウンム・アル＝クラ学校の敷地を引き継いだカンボジア・イスラミック・センター（CIC、Cambodia Islamic Center）は、プノンペンから車で北上して一時間ほどの川沿いのチャム人地区ルセイ・チュロイ村にある（二〇一三年六月三日に訪問）。筆者の助手Dは二〇代であるが、ここの卒業生である。授業は厳しかったらしく、三年で卒業するところを六年もかかったという。これは彼が不勉強であったからではなさそうで、コンポン・トム州の同じ村からこの学校に入学した三〇名のうち、無事に卒業できたのは彼を含めて三名のみであったという。当時は寄宿舎で電話やテレビ、ラジオなどが禁止されているほどの厳格さであった。授業は宗教と一般知識の二つの柱からなり、寮費（食費込み）と授業料などすべて含めて年間一〇〇ドルほどであったという（カンボジアはアメリカ・ドルを通貨として用いている）。

同校の宗教セクションの部長のムーサー・カリールはサウディ・アラビアのリヤドに留学経験があり、アラビア語で聞き取り調査を行った。彼はタイ南部のパタニでも勉強していたという。筆者がウンム・アル＝クラ学校からカンボジア・イスラミック・センターに名称が変わった経緯について尋ねると、「ウンム・アル＝クラ学校時代はサウジが援助するマドラサ（アラビア語で「宗教学校」）だったが、テロリスト騒動の後、フン・セン首相の命令でカンボジア政府の管轄下に入り、ムフティが管理することになった」とのことであった。別の英語教師にも同じ質問をしてみた。彼はウンム・アル＝クラ学校の卒業生で、サウディ・アラビアのメディナ・イスラーム大学で五年間学び、英語もアラビア語も堪能である。彼によれば、当時、部長など管理者レベルはサウジ人で、教師はパキスタン、イエメン、マレーシアの出身者であった。そしてテロリストがいた可能性など何も感じられなかったという。

図3-1：CICの男子クラスの授業風景

授業を見学させてもらったところ、アラビア語でクルアーンの学習や、また英語の勉強をしていた（図3-1）。基本的に授業カリキュラムは、「シャルイー」（アラビア語で「宗教」）と「アスリー」（アラビア語で「一般」）の二本立てである。マレーシアの団体の援助で校舎を増築し、お米などの喜捨も受けているとのことであったので、「ジャウィ語の学習はしないのか」と筆者が尋ねたところ、全くしないとの部長の返答であった。財政的援助は受けても、もはやマレー・イスラームの基本言語であるジャウィ語を学ぶことはなされていない。また生徒は男子部と女子部に分かれており、キャンパスも少し離れている。これはやはりサラフィー的、つまり復古主義的イスラームにのっとった教育システムであると言える。生徒の卒業後の進路について尋ねると、マレーシア（特にケランタン州）やインドネシア、タイ、クウェート、カタール、サウディ・アラビアなどに留学する者がいて、将来は学校の先生になることを望む者が多いという。例えば、マレーシアに留学して教育システムを学び、カンボジアに帰国して実践する、といった具合である。ここでも留学先には東南アジアを選ぶ者が少なくないことが分かる。アラブ的なサラフィー的イスラーム教育を受けても、実際には東南アジアの方が文化的に近いということであろう。マレー世界イスラームの層の根強さがうかがえる。

ウンム・アル＝クラ学校の閉校理由については、特に秘密というわけではないようで、聞き取りをしても「騒ぎは何かの間違いだったと思う」という雰囲気であった。実際に何かがあったとしても、ごく一部の関係者以外には知り得ない状況だったのではないかと考えられる。そういう意味でも、学校を廃止にはせず経営陣のみ交代させ、政府の監督下に置いたフン・セン首相の対応は鮮やかだったと言える。

サラフィー的つまり復古主義的イスラーム学校の代名詞であったウンム・アル＝クラ学校に対して、現在のカンボジア・イスラミック・センターに「マレー世界イスラーム」から「復古主義的イスラーム」への完全な移行というものは見られない。援助や留学先を見ても、選択肢が伝統的なマレー世界の諸国からアラブ諸国にも広がっていることが確認できるが、二つの層は併存している。とはいえ、授業で教えられている言語はアラビア語と英語であり、「マレー世界イスラーム」の層は残存しつつも方向性は「復古主義的イスラーム」に向かっていることが示唆されている。このようにチャム人の教育もいくつもの層を併存させながら、グローバル化していると言えるであろう。

チャム語とクメール語への聖典クルアーン翻訳

ムスリムにとってその根幹である聖典クルアーンがようやくチャム語とクメール語に翻訳[7]され、それぞれ別の翻訳書として刊行されたのは二〇〇一年のことであった。例えば日本でも一九二〇年に最初の翻訳書が、その後一九七二年にムスリムによる初の翻訳書が刊行されている（大川 2004: 189–227）。これに比べても、カンボジアのチャム人の翻訳史はようやく始まったばかりである。翻訳の始まりが遅かった理由としては、チャム語が口語として用いられていたことや、クメール語が母語ではなかったという言語の問題があるだろう。さらに、チャム人知識人が長きにわたってマレー語やアラビア語を学んでクルアーンを読んでいたため、翻訳が必要とされなかったことや、クメール・ルージュによって共同体が壊滅状態になったことなどもその背景として考えられる。

今回の翻訳事業の中心的人物となったアフマド・ヤフヤーは極めて精力的なチャム人活動家である。[8] 政府の要職やムスリムNGOのCMCD（Cambodia Muslim Community Development、カンボジア・ムスリム共同体発展）の総裁を務め、またチャム語のラジオ局サップ・チャムを開設・運営するなど、アラブ諸国やアメリカ大使館とも深いつながりを持つ。[9] 彼によれば、クルアーンを印刷するにあたってサウディ・アラビアやクウェートなどに援助を打診したが、クウェートの返答が最も早かったため、そちらからの援助を受けることになったという（以下、筆者とのインタビュー内容は、二〇一三年二月三日にプノンペンの彼の自宅にて行われた）。この援助によって、チャム語とクメール語の翻訳書がそれぞれ一万部刷られたという（Becker 2011）。このようにこの翻訳事業は、国外のイスラーム国からの発案ではなく、チャム人自らが企画したものであったが、援助国の存在なくしては資金的に難しかったであろう。

カンボジアの英字新聞『プノンペン・ポスト』のインタビュー記事によれば、アフマド・ヤフヤーはこの翻訳の歴史的価値を次のように強調していた。

チャム語には十分なアルファベットがないため、私が一四の文字を追加し、一六の母音も作った。ベトナムとカンボジアに住むすべてのチャム人は、私の文字を読むことになる。チャム人の歴史のなかで私はチャム語の改革者になって、人々はアフマド・ヤフヤー式を用いることになる。（Becker 2011）

ここで彼はカンボジアのチャム人のみならず、ベトナムもあわせてチャム人全体にとっての翻訳書の意義を強調している。筆者の聞き取りでも、ベトナムのチャム人たちはクルアーンを翻訳していないため、彼らもこの翻訳を使っているとのことであった。本書の第六章でもアフマド・ヤフヤーのインタビューで得た、他者をはっきりと批判する言葉を引用することになるが、カンボジア人のエングも述べているように「歯に衣着せぬoutspoken」発言をする人物である（Eng 2013: 282）。

翻訳作業においては、アフマド・ヤフヤーが責任者で、翻訳委員会が中心に作業したようである。国際ドバイ・モスクの近くにあるプノンペン・ホテルで日曜日以外毎日集まり、朝から晩まで翻訳作業に従事したとのことであった。チャム語訳に三年、クメール語訳に二年かけて成し遂げられた偉業であり、どちらも二〇一一年に刊行されている。筆者がこの翻訳委員会のメンバーについてさらに尋ねたところ、当時二〇—三〇代の大学卒業者と四〇—六〇代のイスラーム宗教教師（トゥーン）が含まれているとのことであった。つまり古い世代と新しい世代の混合で、後者はイスラームをカンボジアで学んだ人たちである。また前者が今、何をしているかと尋ねたところ、イスラームの先生になったり、大学の修士課程に進んだりといろいろであるとのことで、今後のチャム人教養層となるであろう[10]。

アフマド・ヤフヤーのクウェート支援による翻訳に対して、マレーシア支援のクルアーン翻訳企画も存在し、こちらの方にムフティの周辺は関係しているようである[11]。したがって、アフマド・ヤフヤーは個人的に翻訳事業を行い、チャム人宗教指導層はマレーシアと連携しているということであろう[12]。この状況と直接関係はないかもしれないが、筆者がカンボジア・イスラーム宗務最高評議会を訪問した際、聖典クルアーンの本をアフマド・ヤフヤーからもらったことを伝えると、ムフティの秘書が険しい表情をして非ムスリムがクルアーンを持っていることは良くないという批判的な言葉を口にした。その後、筆者の研究目的を説明したところ理解を得て、インタビューが進んだという経緯がある（二〇一三年四月二三日）。ただ推測ではあるが、ムフティ周辺の意識として、アフマド・ヤフヤーの翻訳書が彼らの組織によって刊行されたわけではなく、それにもかかわらず、広まりつつあることを快く思わなかったのかもしれない。いずれにしても翻訳作業の領域においても、アラブ諸国の支援を受けて刊行を実現した「復古主義的イスラーム」の層と、現在企画が進行中である「マレー世界イスラーム」の層というチャム人の二つの方向性が見てとれ、共同体内でのアイデンティティの重層化が示されている。

ダクワ信奉者

ここまで述べてきた「サラフィー」に加えて、もう一つの復古主義の潮流が「ダクワ」つまりダクワ・タブリーグという組織によるものである。「ダクワ」はアラビア語で「宣教」を意味する「ダアワ」に由来し、「タブリーグ」は「伝達・布教」を意味する。この集団が義務として強調するのが、預言者ムハンマドの教えを広めること、つまり宣教である。インドで一九二〇年代に始まったイスラーム復興運動タブリーギー・ジャマーアート(アラビア語ではジャマーア・アッ＝タブリーグ)に端を発し、世界各国で熱心に布教がなされている。[13] 一九七〇年代初頭にマレーシアに流入し、その後カンボジアに伝えられ、プノンペン南方のプレッ・プラーやトボーン・クモム州(旧コンポン・チャム州)のプム・トゥリア[14]に拠点を持っている。

カンボジアにダクワの教えをもたらしたスレイマン・イブラヒムは、二〇年ほど諸外国を転々とするなかで、ダクワに出会っている。彼は一九七〇年代をベトナムで過ごし、チャム人女性と結婚してチャムパ王国のかつての中心地ファンランに住んでいた。クメール・ルージュ政権崩壊後の一九七九年にカンボジアに戻るが、タイの難民キャンプで過ごし、一九八一年にはアメリカに難民として移住する。その後、エジプトやマレーシアに移り住み、マレーシアでマレー人女性と再婚し、ここでダクワを知って、インドで四カ月の講習を受けた。そして一九八九年にプム・トゥリアに戻り、ダクワの支部を創設するに至った(Collins 2009: 94-95)。その後この教えはカンボジア中のチャム人に広められ、信奉者はその三〇%以上を占めるとも言われる(Kiernan 2010: 178)。

図3－2：ダクワ・タブリーグの女性たち。旧コンポン・チャム州（現トボーン・クモム州）のプム・トゥリアにて。スカーフをかぶらないチャム人女性も少なくないカンボジアでは、このような全身を黒い長衣で覆う姿は独特である

ダクワ信奉者は「サラフィー系」、つまり富裕アラブ諸国から入ってきた復古主義的イスラームに批判的であることはすでに述べたが、ダクワの教師はタイ、マレーシア、バングラデシュ、パキスタンからやって来ており、ダクワ信奉者もアラブ諸国よりこれらの国とのつながりが深い（Collins 2009: 95）。またダクワとサラフィーは対象とするチャム人の層が異なっているとされる。サラフィーは知識人や指導者層に接近しているのに対し、ダクワは貧困層にはたらきかけていることから、カンボジア全体に広まっている。現在は両者が同じくらいの支持者を得ているが、一九九〇年代にそれぞれの教えが広まっていく過程のなか、プム・トゥリアなどいくつもの村において支持者間で深刻な対立が生じた（Eng 2013: 49-50）。

ダクワ信奉者は明らかに他のチャム人とは異なり、長い衣を身に着けており、分かりやすい。女性は家のなかでは他のチャム人女性と変わらないが、外出の際には黒い長衣で身を隠し、顔や頭も黒い布で覆い、目しか出さない（図3-2）。彼女たちを見ているとアラブ湾岸国に来たような錯覚にとらわれる。男性も白い長衣とターバンを身に着ける。またエングは、ダクワの女性が家にいることを推奨されて教育の機会を奪われていることを批判している（Eng 2013: 52）。このような状況から、ダクワ信奉者はいわゆる「原理主義的」と言われるような、女性を家のなかにとどめておくイスラームを実践しようとしていることがうかがえる。このようにダクワもまたサラ

フィーと同様に、カンボジアに元々あった東南アジアの、つまり「マレー世界のイスラーム」からすると「異物」であり、「復古主義的イスラーム」という新しい層を形成しつつある。これは次に紹介する、筆者が聞き取りをしたダクワ信奉者たちの発言からも見てとれることである。

二人のダクワ「教師」

ダクワの「宣教師」だと考えられるHL（四六歳）と出会ったのは二〇一三年七月二日、マスジド・ジャーミウ・サアド・ビン・アビー・ワッカースの中庭でのことであった。このモスクを訪問した際、庭にちょうど白い帽子とベージュの長衣、ズボンにあごひげという、南アジアや中東のムスリムを彷彿とさせる、カンボジアでは珍しい格好の人物を見かけた。そこで話を聞かせてもらえないかと尋ねると、彼は快く応じてくれた。現在はプノンペン在住だが、ダクワの拠点であるプム・トゥリア出身ということであった。筆者が特徴的な服装であることについて尋ねると、彼は普段から宗教知識を人に伝える仕事をしているので、いつもこのような格好をしているとのことであった。また留学経験を尋ねたところ、教育はコンポン・チャムやカンボジア内で受けたのみとの答えであった。周囲の人たちに後で尋ねたところ、彼は大抵このモスクの中庭に来ていてイスラームについて詳しい、との評判であった。彼自身筆者に対して、「自分のように宗教に詳しい人にイスラームについて尋ねるべきで、よく知らない人がたくさんいるので注意しなさい」と語っていた。

HLはイスラームの実践についても一般のチャム人とは異なり、厳格な基準を持っていた。写真撮影は「宗教上の理由で」できないという。また女性の服装について尋ねると、以下のような返答であった。

ムスリム女性は長袖で長いスカート、髪を隠すという適切な服装をしているから良いが、クメール人女性はセクシーな格好をして、それでレイプされたりしている。セクシーな格好は夫にのみ見せるべきだ。イスラームは産む性である女性を大切にしている。女性は宝石のように箱に入れて鍵をかけて守られるべきで、守られれば価値はさらにあがる。女性は男性がレイプをしたがらないような格好をすべきである。

この言説は、筆者が中東のムスリムから頻繁に耳にしたことのあるものである。ムスリム女性ができるかぎり体を露出しない理由を「良き妻や母」として生きていく女性を「保護」するためとし、そうしない場合は女性として危険にさらされることがある、という主張である。

他方、プム・トゥリアで聞き取りをしたMND（39m/20130708）は、留学経験もあり、イスラーム学に基づいた教養を感じさせる人物である。彼はコンポン・チャム州の別の地区出身で、マドラサの教師をしており、ウスターズ（アラビア語で「先生」）と呼ばれている。一九九三年にバングラデシュ（ダッカ）にあるダクワの教育施設に一年半ほど留学し、タイ南部のパタニやパキスタンで学んだ後、カンボジアに戻り、マドラサの教師になったという。つまりダクワの典型的な海外教育を受けた人物である。インタビューはアラビア語と英語で行われ、筆者がダクワ信奉者とそうでない人たちの違いについて質問したところ、以下のような返答であった。

チャム人とダクワには違いはない。法学派がいくつもあってもイスラームであることに変わりがないように、アッラーのみを信じることに違いはない。ダクワの内部はとても平等で、リーダーも交代でなっている。人の間に差はなく皆平等なのだから。

また女性の服装について問うと、次のような答えであった。

アウラ（アラビア語で「恥部」）は親近者のみに見せて良い。これが「アムル・ミン・アッラー」（「アッラーの命令」〕で〔古典期の重要な法学者である〕シャーフィイーやハナフィーもそう言っている。目以外は覆うべきなのである。イーマーン〔「信仰」〕があるならば、カンボジアのチャム人女性は皆そのような格好をすべきである。

このように、アラビア語のイスラーム用語を用いて話が展開され、宗教知識をしっかり学んだことがうかがえる。

またマスジド・ジャーミウ・サアド・ビン・アビー・ワッカースで会ったHLが写真撮影を拒んだことについて、意見を聞いてみた。すると、「イスラームの教えの幅は広く、スーフィー〔神秘主義者、戒律に柔軟とされる〕は写真撮影を好む。とはいえハラーム〔アラビア語で「禁止」〕というわけではないが、良いことではない」との返答であった。だが実際には写真撮影に応じてくれ、HLほどには厳格ではないようであった。

以上、二人のダクワ教師たちは、留学経験の有無によるのであろう、イスラームの学識のレベルに相違が見られはする。だが、いずれも女性の服装には厳格であり、従来の「マレー世界イスラーム」から「復古主義的イスラーム」の方向に向かっていることがうかがえる。

AR一家

筆者がプム・トゥリアを訪れた時（二〇一三年七月八日）、同一家族内にダクワの教えを信奉する者とそうでない者が住んでいるケースが多く見られた。そのため、彼らにこの点について尋ねてみたが、「特に問題はない」という答えばかりが返ってきた。前述したように、かつてはこの村でも「ダクワ」と「サラフィー」の対立が起こっており、全く問題がないとは考えられないが、よそ者である筆者にはこのような回答となるのであろう。ここでは、このようにダクワ信奉者とそうでない者が混在する一族のメンバーに聞き取りをしたので、それを紹介していきたい。

AR（83m）のアイデンティティは「クメール・イスラーム」かつ「チャム人」であるが、同時にダクワを信奉している。彼によればダクワとは「良いことを呼びかけて、悪いことをやめさせるということ」であり、「ダクワは非ダクワを差別はしないし、特別厳しいわけではない」という。彼によれば、ダクワがこの村に来たのは二二年ほど前で、彼が入信したのは五年前のことである。子どもが七人いるが、ダクワに入っている者とそうでない者がいる。

SR（57m）はARの息子で、「チャム人」と自認している。プム・トゥリアの村会のメンバーで、ダクワ信奉者である。彼によればダクワには一二のルールがあり、それを守らなければならないが、非ダクワ信奉者との対立は全くない。宣教の一環としてモスクでの礼拝の後、一〇分ほどダクワの教義の説明をしている。二カ月ごとに集まってミーティングをするが、場所はここプム・トゥリアとプノンペン近郊のプレッ・プラーとで、交代で行う。筆者が女性の服装について厳しいのではないかと尋ねると、ダクワ信奉者でもそうでなくても女性は家のなかでは同じような格好をするし、学校でも黒い長衣は脱ぐので同じになる、とのことであった。実際にこの村では黒い長衣は道を歩いている時に身に着けられているだけで、家の外であるはずの学校では脱いでよいものとなっており、中東のムスリムとは感覚が異なっていることが分かる。さらに筆者が、プノンペンのマスジド・ジャーミウ・サアド・ビン・アビー・ワッカースで会ったHLに改宗をすすめられたと話すと、強く宣教する人はこの村にはいない、家族がダクワに入るかどうかは強制ではないが、夫が入れば妻も入るし、子は父に従うものだ、という答えであった。

RS（31f）は、SRの長女でARの孫、既婚で三人の子どもがいるダクワ信奉者である。ダクワには一四歳の時に入ったが、それはモスクの横にある宗教学校に一〇―一七歳まで通っていて、そこの先生がダクワ信奉者だったためである。夫は結婚の時に彼女のためにダクワに入ったという。金曜礼拝の後、メンバーの家で女性のみが集まる。筆者が一二のルールについて尋ねると、あまり覚えていないとのことであった。ダクワ信奉者とそうでない者の違いについて尋ねると、ダクワ信奉者は礼拝をいつも真面目にしているが、非ダクワ信奉者は行わないこともある。またダクワ信奉者の夫婦は、妻が夫に敬意を払い、自身の行動も報告するし、夫の言うことに従うが、非ダクワ信奉者の妻は夫に従わないこともあるとのことであった。ここから、「復古主義的イスラーム」の持つ、女性が男性に従うことを推奨する傾向を見てとることができる。

TS（16f）はARの孫、RSの従妹にあたる。ダクワ信奉者と結婚したいとのことであった。TR（15f）はTSの妹である。彼女もダクワ信奉者との結婚を望み、その理由は彼らは自分を守ってくれるからだと言う。兄がダクワ信奉者で、兄と自分の違いは礼拝時のラクア（礼拝の一サイクルで、これを何度か繰り返す）が兄の方が多いことくらいとのことであった。

このようにどの人からの聞き取りにおいても、家庭内でのダクワ信奉者と非信奉者の対立はないとのことであった。ただダクワ信奉者の方が宗教的に真面目で、妻が夫に従順であるということがうかがえる。

カンボジアの東南アジア的イスラームの土壌に、ダクワの教えに基づく、厳格なイスラームを実践する復古主義の教えが浸透しつつある。男女の別や女性が男性に従うことなど、カンボジアのチャム人とは異なる厳格なイスラームの宗教文化を身に着けつつあるのである。その世代も三代にわたり、自らの意志で入信したのではなく、最初からダクワの教育を受けて育っている世代が出始めている。チャム人にとっては明らかに異質な教えであるが、援助やネットワークなどによってこれに魅了されるチャム人が少なくないようである。

ダクワ信奉者のアイデンティティである「復古主義」は明らかに、これまでのチャム人マジョリティが保持していた穏健な「マレー世界イスラーム」とは異なる。クメール・ルージュ期以前には、プム・トゥリアが最新の「マレー世界イスラーム」教育の拠点であったが、それゆえに激しく弾圧された村だということはすでに述べた。その後、イスラーム復興の過程で、マレー世界の外に由来する独特の教義と教育システムを持った教えが入り込み、この村は再び「新しいイスラーム」の拠点になっている。プム・トゥリアという村が持つ、外来のイスラームを吸収し発信する力は変わらなかったが、外来のイスラームそのものは、「マレー世界イスラーム」から「復古主義的イスラーム」に切り替えられたと言える。

3　小結――マレー世界からグローバル世界へ

チャム人はムスリムであるがゆえに、クメール・ルージュによって過酷な虐殺の対象となってきた。一時期は壊滅状況となったが、これは「マレー世界イスラーム」の層が存続の危機に直面したということである。クメール・ルージュ政権崩壊後、カンボジアは内戦を経て、復興期を迎えた。チャム人共同体も復興の途についたが、ムスリムであるがゆえに、マレーシアに加え、富裕アラブ諸国の援助も得ることが可能となった。このため、「マレー世界イスラーム」の復興と同時に、「復古主義的イスラーム」の層がチャム人のアイデンティティにさらに加わることになったのである。またこれはチャム人のイスラームがマレー世界の枠を出て、世界のグローバル化の影響を受けていることをも意味している。

こういったチャム人の層、つまりアイデンティティの重層化については、前の第二章と次の第四章を併せて論じることで、全体像を描くことができると考えられる。よって、あらためて第四章の小結で検討したい。

第四章

カンボジア外のイスラーム

ベトナム、タイ、中国

1　ベトナムのチャム人──「チャムパ的イスラーム」

とどまった人々

ベトナムには一〇万人ほどのチャム人がいるとされ、そのなかでさらに「チャム・バラモン」、「チャム・バニ」、「チャム・イスラム」に分かれる。彼らこそがチャムパの末裔でベトナムにとどまったチャム人である。「チャム・バラモン」とはその名の通り、ヒンドゥー教を信仰するチャム人で、この三つの分類のなかでは最も古い層に属す。「チャム・バニ」同様に、ニントゥアン省やビントゥアン省というベトナムの中南部に多く住むが、ここはチャムパが最後まで存在していたファンランを含む地域である。

また「チャム・バニ」と「チャム・イスラム」は、吉本康子によればベトナム政府の宗教白書（二〇〇六年）において次のように分類されている。チャム・イスラムは「新しいイスラム」でスンナ派、ホーチミンやアンザン省、タイニン省などに住み、人口二万五〇〇〇人、四一のモスクと一九のスラオ、二八八人の宗教指導者を有す。その特徴はメッカ巡礼を行い、マレーシアやインドネシア、サウディ・アラビアとのネットワークを持っていることだとされる。これに対してチャム・バニは「古いイスラム」で「バニ派」に属すとされ、ニントゥアン省やビントゥアン省のファンランやチャムパの旧領に住み、人口四万一〇〇〇人、一七のモスクと四〇七人の宗教指導者を有す。特徴としては「土着の伝統的風習や信仰に強く影響され、ブラフマン信仰や母系制の要素をもつ。巡礼はしない」とある（Yoshimoto 2012: 487-488）。

このように「チャム・バラモン」や「チャム・バニ」は、ファンランやファンリといったチャムパの最後の土地であり、カンボジアのチャム人の心の故郷であるベトナム中南部の海岸地域にとどまり続けている。これに対し、「チャム・イスラム」はホーチミンやメコン川デルタ地域といった内陸部に居住し、カンボジアのチャム人に地理的にも文化的にも近い関係にある。「チャム・バラモン」はその名の通り土着化したヒンドゥー文化を保持し、「チャム・バニ」はチャム人の文化とイスラームを混淆させた宗教を実践している。しかし「チャム・イスラム」は一九六〇年代以降スンナ派化され、カンボジアのマジョリティのチャム人と類似したイスラームを実践する。つまり「チャム・バラモン」がヒンドゥーを信じるチャム人とすれば、ヒンドゥー教とイスラームを混淆させる「チャム・バニ」が中間層、スンナ派イスラームを実践する「チャム・イスラム」が最新層ということになる。特に本書で重要となるのは「チャム・バニ」と「チャム・イスラム」であり、しばしば両者はカンボジアの「イマーム・サン」と「マジョリティのチャム人」に比される。つまり前者がスンナ派化される以前の「古いイスラーム」、後者がスンナ派化された後の「新しいイスラーム」ということになり、本書でいう「チャムパ的イスラーム」と「マレー世界イスラーム」に相当する。

チャムパ王家の末裔

ファンランはチャムパ最後の中心地であり、今なおチャム人の心の故地である。筆者もカンボジアで二〇代のチャム人から「私が子どもの頃、祖母は、私たちは昔、ファンランやファンリにいたと言っていた」と聞いたことがある。実際にベトナム中南部の沿岸は白砂青松の美しい海に面して外海に開かれており、海洋民族を出自とするチャム人の心の故郷に値する場所である。プノンペンやコンポン・チャムというメコン川沿いに住むチャム人は泥の川のほとりで生きており、同じ水辺での暮らしとはいえ、閉じられた印象はぬぐえない。

チャムパ王家の家はファンランより車で二時間ほど南下した場所にある（二〇一三年七月二〇日に訪問）。周辺の家よりは広くてしっかりしているが、特別な建物ではない。王家はイスラームには改宗していない。王位継承は母系であり、前女王グエン・ティー・テムが一九九五年に亡くなった後、彼女には子どもがいなかったため、その妹の娘ダウに引き継がれた。次の女王はダウの娘のディエムに決まっており、さらにその娘のアウがその後を継ぐことが約束されている。この家の二階には、王冠や衣装、古文書、儀礼に用いる貴金属や刀などの王家の宝物が安置されている。それらのレプリカはチャム文化センターに置いてあり、政府は本物をここに置きたがったが、家族が拒んだらしい。今の女王の息子がこのセンターに勤務している。

この王家はチャム・バラモンから今なお崇敬され、カテという祝祭の時に王家の子孫としての役割を果たしている。しかし、チャム・イスラムの者に筆者が尋ねたところ、その存在感は極めて薄いものであった。例えば前述のチャウ・ドックのAHUはチャムパ王家の子孫の女王については「秘密だ」といって語らず（二〇一三年七月四日）、また同じくチャウ・ドックの五八歳のチャム人女性は「チャムパのことは良く知らない。ファンランの人なら知っているだろうけど」とのみ答えてくれた（同日）。これは中村の調査時の様子と同じであるようである（中村 2001）。メコン・デルタ地域に住み、スンナ派化したムスリムのチャム・イスラムのチャム人は、チャムパの記憶がかなり薄まっており、チャムパ性がそのアイデンティティとしては機能していない、もしくはそれを機能させなくてよい状況にあると言える。これは彼らにはイスラームという依拠するアイデンティティの核があるためであると考えられ、ディアスポラの民でありながら、「中心」が弱いためにそれに依拠する意味がなくなってしまっているのである。

チャム・バニ――「チャムパ的イスラーム」

ビントゥアン省にあるチャム・バニの村を調査した吉本によれば、彼らはアッラーのことを「ポ・アロワァ」、モスクを「ターン・ムキ」と呼び、アチャルという僧侶集団が存在する。礼拝も僧侶集団とそうでない一般の信徒では異なる。ラマダーン月はムスリムにとって断食の時であるが、彼らにとってはむしろ祖先崇拝の時期であり、僧侶集団はターン・ムキに滞在し、女性はキンマを祖先に捧げ、断食は限定的である。ラマダーン月はポ・アロワァに祈りはするが、概ね、慰霊と現世利益のための祈りの月となっている。このような調査から吉本は、チャム・バニは多神論的であり、信仰は祖先崇拝と混淆していると結論付けている（Yoshimoto 2012: 453-502）。またチャム・バニはチャム・バラモンと表裏一体の宗教観を持っており、チャム人として共通の世界観のなかにいると言える。「チャム・バニ」は「アワル（またはアワール）」、「チャム・バラモン」は「アヒィル（またはアヒエール）」とお互いに呼ぶ。「アワル」と「アヒィル」は共にアラビア語に由来し、それぞれ「先／最初（アッワル）」と「後／最後（アヒール）」という意味である。ヒンドゥー教徒とムスリムのチャム人は互いを「先」と「後」と認識して、併存するものとして相手の存在を認めている（中村 1999; 吉本 2010: 236-239）。チャム・バニは豚を食べず、遺体を土葬するなど、ムスリムとしての実践がなされ、牛を食べず火葬するヒンドゥー教徒とは異なっている。しかしチャム・バニは明らかに中東などのムスリムとは異なる信仰や実践の形態を有しており、彼らがムスリムなのかどうかが議論になることさえある。実際のところ、イスラームとヒンドゥー教を折衷し、両者の中間にあると言えるだろう。

図4－1：チャム・バニの聖なる書。イマーム・サンのギッドに酷似している

筆者がファンリに近いトン・ビン・ミン村にあるチャム・バニのモスクを訪問したところ（二〇一三年七月二〇日）、前述したようにイマーム・サンとの共通性をいくつか見出すことができた。イマーム・サンについて論じた際に適宜ふれてはいるが、ここでもチャム・バニのモスクでの様子について述べておきたい。

バニの人たちに筆者が撮ったイマーム・サンの聖典の写真（図2－15、八七頁）を見せたところ、自分たちの聖なる書（図4－1）を取り出して見せてくれ、同じものだと述べていた。イマーム・サンの聖典の写真についても「アラビア語の部分は〔チャム・〕バニで、チャム語の部分は〔チャム・〕バラモンだ」と述べ、アラビア語はイスラームの言葉、チャム語はヒンドゥー教の言葉だという説明であった。バニの人たちの聖典は、四世代前に作られたものであり、カバーは鹿皮で、全部書くのに三年かかるとのことであった。

またメッカの方角キブラを示すもの（図4-2）も、イマーム・サンのモスクにあったもの（図2-13、八六頁）と極めて似た木枠であった。

図4-2：バニのモスクにあるメッカの方角を示す木枠。イマーム・サンのモスクにあったものと極めて似た形状である

礼拝の回数を尋ねると、一日三回で、金曜日には集団礼拝を行うとのことで、イマーム・サンに比べると日々の礼拝回数が多いが、スンナ派の一日五回に比べると明らかに少ないものであった。

僧侶たちの服装もイマーム・サンのもの（図2-14、八六頁）とほぼ同じであるが、ターバンの房飾りがイマーム・サンにはなかった。イマーム・サンの長、カイ・タムに図4-3を見せて尋ねたところ、ターバンの房飾りをつけているのは戦士の証拠だということであった。ただこの日は断食月「ラムワン（ラマダーン）」で、僧侶のみがモスクにこもって寝泊りする特別な時期であり、この時期にのみ身に着けるものであるのかもしれない。

図4-3：バニの服装。これもイマーム・サンと類似している

チャム・イスラム――「マレー世界イスラーム」

これに対して「チャム・イスラム」はスンナ派化したチャム人ムスリムで、ホーチミンやアンザン省などの内陸のメコン川デルタ地域に多く居住する。一九六〇年代以降、チャム・バニのなかにも「真のイスラーム」に目覚め、このチャム・イスラムに改宗する者が増加したという（吉本 2010: 239-245）。ホーチミンも含まれるメコン川デルタ地帯はかつてカンボジア領であり、「クメール（カンボジア）・クロム」と呼ばれるクメール人が多く居住する（大橋・トロン 1999; Taylor 2014）。よってここの「チャム・イスラム」はカンボジアのチャム人と交流もあり、スンナ派化して宗教文化的にも近い状況にある。筆者がアンザン省チャウ・ドックを訪問した際の聞き取り調査によれば、年配者のなかにはクメール語ができるチャム人も少なくなく、カンボジアのムフティ、ソス・カムリーらが訪問したこともあるとのことであった（二〇一三年七月一四日）。

この地域のチャム人を調査研究したフィリップ・テイラー Philip Taylor によれば、メコン川デルタ地域のチャム人が、マレーシアのケランタンやタイのパタニに加えて、サウディ・アラビアやクウェート、パキスタンといった国でイスラームを学ぶ傾向が強まっている（Taylor 2007: 123）。これはカンボジアのチャム人と全く同じ状況であり、彼らもマレー世界のイスラームを継続しつつ、サラフィー的、つまり復古主義的イスラームに向かいつつあるようである。

ベトナムではチャムパの伝統やチャム人居住地域が観光地化しており、これはカンボジアとは異なる点の一つである。ベトナムにはチャムパ遺跡が数多くあり、ミーソンが世界遺産に登録され、これらを目的とした観光ツアーも多い。ファンリに近いチャム人の村では、織物や陶器の店が出され、観光ツアーが立ち寄る場所となっている。チャウ・ドックも同様で、チャム人村訪問が観光の目玉の一つになっている。ここには「チャム少数民族村」があり、機織りのデモンストレーションがある土産物屋などが並んでいる。欧米人のツアー客が多く訪れ、ガイドが滅亡したチャムパの歴史をベトナム政府の見解に沿って説明している。少数民族を観光の目玉とすることには賛否両論あるだろうが、筆者に同行したカンボジアのチャム人助手は、カンボジアでもこのようなことを始めれば収入源になると言っており、生活が困難な人々にとっては必要なものであるとも言えるだろう。

チャウ・ドックのチャム人のモスクで興味深かったのは、太鼓が置かれていることであった。アザーン（礼拝の呼びかけ）の一五分前には太鼓が鳴らされるということで、スラオにも太鼓があり、この地域ではこれを用いることに抵抗はないようである。しかし、カンボジアのチャム人のモスクには太鼓はなく、イマーム・サンのモスクでは今なお用いられていることはすでに述べた（図2-14、八六頁）。この点だけから推測すると、カンボジアのマジョリティ・チャム人の方が、チャウ・ドックのチャム・イスラムと比べて、より「復古主義的イスラーム」の方に向かっていると言える。

このように筆者のベトナム調査は極めて短い期間のものであったため、これまでの先行研究を再確認しているにすぎない。ただし、自分自身の目で、本書でいうアイデンティティの層、つまりチャムパの「2　ヒンドゥー教」、「3　チャムパ的イスラーム」そして「4　マレー世界イスラーム」を実感し、カンボジアのチャム人との異同を検討することができたという意義は大きいものであった。

チャムパ復興？

カンボジアのチャム人が政府与党や王室と良好な関係を継続しているのに対し、筆者がベトナムで見聞した範囲では、ベトナムのチャム人と政府の間には一種の緊張があるようにうかがえた。チャムパ敗北をもたらしたとされるベトナムの姫と王宮の木の伝説について、チャム人と政府の見解が異なるという点についてはすでに指摘した。これもすでにふれたが、チャムパ王家の末裔たちは、宝物管理をめぐって政府と立場を異にしている。また後にあらためて論じるが、チャウ・ドックの女性呪術師は警察の目を恐れていたし、カンボジア在住の呪術師は、その叔父が呪術書を持っていたがゆえにベトナムで投獄されたと主張していた。

すでに何度か言及した人物であるが、チャウ・ドックのAHUからの聞き取りからは、政府との確執を今も引きずっているようにうかがえた。彼の父は一九五九年から一九七八年にかけてベトナム全体のムフティであり、メッカで二〇年勉強して当地の女性と結婚した人物である。しかし現在、政府が認めなくなったためにベトナム全体のムフティはおらず、ホーチミンやアンザン省、ファンランといった地区限定のムフティのみが存在するという。そして筆者がチャムパについて尋ねてよいかと聞くと、すべてを話せるわけではない、と困惑したように言われた。その時ちょうど横にいたAHUの息子の顔色が変わり、政府との関係があり、家のことをすべて話せるわけではない、との説明が強い口調でなされた（二〇一三年七月一四日）。よって筆者はこれ以上この話題を続けることはできなかったが、その様子から、AHUの家はチャム人のリーダーを輩出したゆえに、政府との間で何らかの確執があると想像されたのであった。

ベトナムに居住するチャム人は、社会主義国に住むムスリムであるだけではなく、ベトナムに王国を滅ぼされたという歴史を持つ。さらに現代においても、チャムパ復興をめざした反政府組織フルロが生まれており、ベトナムにとってチャム人は未だに油断できない存在だと考えられる。この組織はベトナムの少数民族の反政府運動で、一九六〇年代から七〇年代にかけて勢力を強め、一九九〇年代まで存続した。このなかにチャムパ解放戦線（Front for the Liberation of Champa）という組織が含まれており、ベトナムだけでなくカンボジアのチャム人も加わり、反共産主義・反ベトナム意識のなかで、チャム人の王国復活をめざしたのであった（Collins 1996: 49–52; Hickey 1982: 90–131; 新江 2007）。

このフルロの活動にあるように、カンボジアのチャム人の間でもチャムパの末裔というアイデンティティが表に出てきた時期があった。すでにふれたように、クメール・ルージュ政権はベトナムに抵抗を続けてきたとしてチャム人を嫌悪し、現在ではチャム人の側もチャムパ復興を願っているとクメール人に思われるのは政府に反しているようで不利だという認識を持っている。このようにマイノリティという存在はマジョリティと何らかの緊張をはらむものではあろう。だがやはり王国を滅ぼした国と滅ぼされた民という直接的な「加害者‐被害者」関係にあるベトナムとそこに居住するチャム人に比べると、亡国の民を受け入れたカンボジアにおける緊張関係は緩やかである。概して現在のカンボジアのチャム人はクメール人と良好な関係を保っており、彼らのアイデンティティがチャムパに依存せず、そこから離れた状態で安定しているということを示していると考えられる。

2　タイのチャム人

バンコク中心部のチャム人地区

タイのムスリムと言えば、政府との対立が続いている深南部のムスリムが比較的知られているであろう。タイ深南部はマレーシアに接し、マレー系ムスリムが人口の七〇%以上を占めると言われる。すでに言及したようにカンボジアのチャム人がここに留学することも多く、歴史的につながりが深い。しかし首都バンコクにおいてもモスクの数の多さに驚くことになる。ここにもチャム人を始めとして、インドネシア、イラン、バングラデシュ出身のムスリムたちがいる。木村正人と松本光太郎によれば、二〇〇〇年のタイ国勢調査では総人口約六〇〇〇万人のうちムスリムが約二八〇万人で、総人口の五%ほどであったと言う（仏教徒が五七〇〇万人で九五%を占める）。他方タイ国中央イスラーム委員会は、一九八八年の時点で約五二〇万人のムスリムがいたと公表し、その数には幅がある（木村・松本 2005: 83-84）。このなかでタイのチャム人人口ははっきりとは分からないが、レイモンド・スクーピン Raymond Scupin は一五〇〇から二〇〇〇人程度ではないかと推測している。ただしチャム語をしっかりと話す者を見つけるのは難しいようである（Scupin 1989: 490）。

チャム人は一四九一年以降にベトナムの侵攻から逃れ、アユタヤ朝のタイにやって来たが、ベトナムから直接ではなくカンボジアを経由してであった。その後も、カンボジアのチャム人が、カンボジアの政情不安のためにタイにやって来て傭兵となった。特に多くのチャム人が逃れて来たのは、一七五八年にベトナムがカンボジアを攻撃した後のことで、タイに従属していたカンボジアからチャム人が戦争捕虜や政治亡命者としてタイにやって来た。彼らはその勇敢さからタイ軍に海兵として加わり、タイのために戦い、また王室にも仕えた。さらに一八世紀末から一九世紀初頭にかけてタイとカンボジアが抗争状態となり、チャム人が捕虜や難民としてバンコクに移住し続けたのであった（Scupin 1989: 488–489; Gilquin 2005: 20–21; 木村・松本 2005: 93）[1]。

チャム人地区バーン・クルア

バンコク中心部のバーン・クルアにチャム人が住むようになったのは、二〇〇年以上前のことである。タイがミャンマーと戦った際に、チャム人が兵士として活躍した報酬として、王室からこの土地を与えられたことが契機であった。ここでチャム人は農業や造船業に従事していた（Scupin 1989: 489; Gilquin 2005: 36）。この土地は、クメール語で「プムプロェーイ（森の村）」や「プロェーイスロック（森の町）」と呼ばれたが、タイ人がここを「バーンケーククルア（ケーク家族の村）」などと呼んだため、今の「バーン・クルア」という地名となった（木村・松本 2005: 93–94）。一九四〇年代は九〇％がチャム人だったが、現在は三〇％ほどに減り、タイ北部からやって来たタイ人が多く住むという（Montlake 2007）。

バーン・クルアにはモスクがあり、マドラサ（宗教学校）が付設され、モスク内には礼拝の時を知らせる太鼓もある（Scupin 1998: 240–241）。これはベトナムのチャム・バニやカンボジアのイマーム・サンのモスクでも見られたものである。また、この地区ではムスリムの食事禁忌にふれないハラール・レストランやアラビア文字の看板などが目につく。このようにバーン・クルアのチャム人はカンボジア経由でここにやって来て、ムスリムとして生活してきたのである。

バーン・クルアのダール・アル＝ファラハ・モスクでは、子どもたちに英語の教室が開かれている。このモスクは二階が礼拝室で、一階はコミュニティ・センターのようになっている。英語の女性教師は、筆者が自分は今カンボジアに住んでいて、チャム人について調査していると言うと、次のようなことを語ってくれた（二〇一三年一〇月二四日）。

自分たちはカンボジアから来たが、新しい世代なのでよく分からない。たぶん四代目だと思う。母親はカンボジア語を話したが、自分は分からない。「タウナー」〔カンボジア語で「どこ？」の意味〕と母親が言っていたのを覚えている。この地区でカンボジアを訪問した人たちもいたが、自分は時間がなかったので参加しなかった。

このようにバーン・クルアのチャム人は、カンボジア語さえ忘れており、英語を学習することに意欲を示している。ましてやチャム語やチャムパのことなどは、ほとんど記憶にないようである。スクーピンによれば、バンコクのチャム人ムスリムの家庭の子どもは、タイの公立学校で学ぶが、放課後や土曜日に地元のモスクで宗教教育を受ける。クルアーンを学び、アラビア語にも親しむ。少数の男子は、宗教指導者になるために、イスラームの宗教学校で教育を受けるという（Scupin 1989: 490）。バンコクのチャム人のアイデンティティはタイ出身の国際的ムスリムとして生きることに向かっているようである。

シルク王ジム・トムプソンの土台として

この小さなチャム人集落が国際社会に向けて発信していたものが、「タイ・シルク」であった。タイはシルクの国としてのイメージを持つが、これはそれほど古いことではなく二〇世紀に入ってから広められたものである。

ジム・トムプソンという一大シルク・ブランドがあるが、これは米国諜報組織に所属していたアメリカ人、ジム・トムプソンがタイに居住するようになり、一九五〇年代に始めたものであった。

現在、バンコク中心部にあるジム・トムプソンの家が博物館のようになって公開され、観光の目玉の一つとなっている。ここの脇には運河が流れており、その向こう側に広がるのが、チャム人地区バーン・クルアである。ジム・トムプソンがシルクの生産を始めた時に、実際に布を織ったのはここのチャム人で、彼はわざわざその近くに居を構えた。彼らのシルク技術を用いて、ジム・トムプソンが西洋受けするオリエンタルな模様を大量生産させたことで、タイのシルクが海外でも広く人気を博するようになったのであった（図4－4）。

図4－4：ジム・トムプソン（中央）の写真。アード・バーン・クルア・タイ・シルク工房に飾られていたもの。向かって右側に座っているのが工房の店主

ベトナムのチャム人もまた独自の機織り技術を持ち、象徴的シンボルを織り込んでいるが[2]、この布とバーン・クルアの布の関係は不明である。スクーピンによれば、バーン・クルアのチャム人女性は伝統的な機織り技術を保ち、冠婚葬祭や日常生活で用いる布を独自の象徴的デザインで織っていたというが（Scupin 1998: 241）、具体的にどのようなデザインなのかは言及されていない。ただ、ジム・トムプソンと関係する前のバンコクのチャム人がチェック柄の布を織っていたのは確かである。ジム・トムプソンはチャム人女性の織ったチェック柄のサロン（腰巻布）に目をつけ、シルク産業に関わったという（Nontake 2007）。図4－4にあるバーン・クルアの布のチェック柄は、

図2-1（五九頁）のカンボジア・チャム人男性が身に着けている腰巻に似ている。チェック柄はベトナムのチャム人の間では見られないようであり、人の記憶や言語と同様に、バンコクのチャム人の伝統はカンボジアで途切れてしまい、ベトナムのチャムパまでさかのぼることは難しいのかもしれない。

3 中国海南島のチャム人

チャム人、中国に至る

中国のムスリム、つまり回教徒はさまざまな民族的背景を持つ。二〇〇〇年の時点で、中国の総人口は約一三億人で、そのうち漢族は約一一億三七〇〇万人、五五の少数民族は約一億四五〇万人である。この少数民族のなかでムスリムは一〇の民族からなり、人口が多いのが回族（約九八一万六〇〇〇人）、ウイグル族（約八三九万九〇〇〇人）、カザフ族（約一二五万人）などである（松本 2010: 11）。

ここで取り上げるチャムパ出身のムスリムは、中国の南端にあたる海南島の三亜市に居住する回族である。二〇〇二年には、一二一八戸、六四〇〇人の人口で（Ma 2003: 297）、現在、回輝村と回新村という二つの村に分かれて住んでいる。(3) 戦時中、日本軍が海南島を侵略し、海辺にあった「回民村」のチャム人ムスリムを立ち退かせ、一九四三年に航空基地を建設した。そのため内陸に移住した者が「回輝村」を作り、一九四五年の終戦後、元に戻った者が「回民村」の名を「回新村」に改めて住み続けた（Ma 2003: 297）。海南島のチャム語は「回輝語」や「回々語」と呼ばれ、「回」は回教徒つまりムスリムであることを意味するものである。海南島のチャム人はスンナ派イスラーム教徒である。一日五回モスクで礼拝し、金曜日には集団礼拝を行う。また豚を食べず、メッカに巡礼し、預言者ムハンマドの生誕祭や断食明けの祭、巡礼明けの犠牲祭を祝う（Thurgood, Thurgood and Li 2014:

12–13)。

筆者が二〇一三年七月二二日に三亜を訪問した際、清真寺（モスク）を訪れると、ちょうど断食のラマダーン月であったことから、日没の七時半に断食明けの食事（イフタール）が行われていた。ここでも、他の土地に住むムスリムたちと同様に、イフタール直前にはそわそわした雰囲気がただよう。筆者が見せてもらった食事は、麺類とコロッケのような揚げ物で、果物は食べないのかと尋ねると、食事の後ということでスイカが用意されていた。中東やカンボジアではフルーツから食べ始めるが、確かにこの麺だと胃にやさしいため、フルーツからでなくてもよいのかもしれない。またチャム人の老女と話をしたが、彼女は歯が黒かった。これはキンマの嚙みタバコのためであるらしい。海南島でもチャム族は嚙みタバコを好むと漢人から思われているようで、これもベトナムやカンボジアの風習とのつながりを彷彿とさせるものであった。

海南島の回族には、唐宋時代に中国にやって来たアラブ商人の子孫と、宋元時代にチャムパ（占城）から移住して来たチャム人の子孫がいる。前者は「海のシルクロード」沿いにアラブ商人が多く来航した広州や泉州から移って来た者たちである（Ma 2003: 297）。そして後者が本書であつかうチャム人ムスリムで、彼らもまたチャムパがベトナムの南進によって解体していく過程で主に二度、移住して来たのである。序章でふれた田坂興道は中国文献をひもとき、東西交易の要所として古くから西アジア系の人たちが居住していた海南島に「占城の回教徒が避難先としてまず第一にこの島に着目したのも当然のこととうなずかれる」と指摘している（田坂 1952: 57–58）。

グラハム・サーグッド Graham Thurgood たちは海南島のチャム語について詳細な研究を行っており、その歴史的背景についても論じている。それによれば、第一の移住は九八二年に、チャムパのインドラプラをベトナムが攻撃して陥落したことが契機であった。チャム人は主に南方のヴィジャヤに移住したが、中国の文献は、数百人単位のチャム人の集団が九八六年に海南島に（九八八年には広州に）やって来たと記録している。現在の三亜のチャム人の言葉は北方のチャムパの言語に近いため、この時期の移民の言葉がもとになっていると考えられている。

次いで第二の移住は一四七一年のヴィジャヤ陥落の直前であったとされ、中国文献は一四八六年にチャム人の移住者集団が海南島に来たと記している。ベトナムに敗れたチャムパの王子が妻子と一〇〇〇人の従者を連れて逃れて来たという（Thurgood, Thurgood and Li 2014: 2, 22-23）。

またヴィジャヤ陥落の際、多くのチャム人がインドネシアのアチェにも逃れ、チャムパの王子がアチェ王国（一四九六—一九〇三年）を開いたとされている。現在アチェにはチャム人はいないが、アチェの言語にチャム語の影響が強く見られることが、これもまたサーグッドによって明らかになっている（Thurgood 1999: 47-58）。アチェに逃れたチャム人は民族・言語・宗教的に近い人々と同化し、チャム人であることはそのなかで埋もれてしまったわけであるが、海南島に逃れたチャム人は民族・言語・宗教的に明らかに異なる土地に居住したため、そのアイデンティティが今に至るまで保持されているのである。

回新村の沈香商人

回新村の江青才（一九六四年生まれ）は香水の貿易や不動産業をしているとのことで、ずいぶんと裕福な暮らしぶりであった。筆者はその自宅に招かれ、話を聞き、村を案内してもらうことができた（二〇一三年七月二二日）。応接室には「我が主よ、私のために私の胸を開き、私の務めを容易くしてください」というアラビア語で書かれた祈禱句（ドゥアー）が額に入れて飾られていた。筆者が「アラビア語を勉強したか」と尋ねると、高校時代に習ったとのことであった。ただしアラビア語ができる人は海南島のチャム人には少なく、モスクで少し習う程度だという。

筆者が彼に先祖について尋ねると、「ベトナムから来たと思う」とのことであった。誰から聞いたのかと尋ねると、孫文時代の人で一〇〇歳になる古老から聞いたという。だがベトナムのどこかと尋ねると、「詳しいことは分からない、中国ではかつてはあの辺りを『南洋』とひとくくりにして理解していたので」との返事であった。チャムパについて尋ねると、「占婆（チャンプー）」と呼んでいて、チャンプー語をまだ話す人がいる、これはマレーシア語に似ているということであった。

海南島のチャム人には「蒲（プ）」という姓が多いと言われる。ムスリムであることの証拠として、「アブー」（アラビア語で「父」）の「ブ」の音から来たのではないかと推測する研究者たちもいる（Manguin 1985: 2-3; 田坂 1952: 58）。筆者が、チャム語の敬称である「ポー」に由来する可能性はないかと尋ねてみたところ、江は次のように答えてくれた。

> 海南島の回教徒に多い苗字は、私のような「江」と、他には「海」と「蒲」の三つである。「江」は漢族にも見られるが、「海」と「蒲」は漢族にはない。思うに、「海」はベトナムやマレーシアから来たためではないだろうか。「蒲《プー》」は「ごはん」、「ワプー」は「食べる」の意味を持っている。かつて回族は挨拶がわりに「ごはん食べた？」と聞いていたので、そこから「プー」と政府に呼ばれるようになり、この姓の者が多くなったのではないか。

この「蒲」姓が「食べる」を語源とする説は海南島では広まっているようで、筆者が南海文化博物館の研究員と意見交換をした際、戸江勇たちもこの説を支持していた（二〇一三年七月二三日）。

また江や戸によれば、チャム人の容貌の特徴は、目が大きく二重でまゆが濃く、混血していなければ、肌の色は黒から濃茶に近いとのことであった。実際に江もこのような容貌を持っていた。この容貌の特徴は本書第一章ですでに述べたことと一致しており、東南アジアの海洋民族の子孫であることを物語っているようである。

そして海南島のチャム人が海洋交易で栄えたチャム人の子孫だと再確認させてくれるのは、彼らが今も容易く海を越えて生きているということによる。チャム人同士の往来について、江は次のように語ってくれた。

一九四九年に三亜からマレーシアに船で移住した者もいたし、また今でも三亜の人がベトナムのツァンポー〔占婆〕の島[4]を訪れている。またマレーシア前首相〔在二〇〇三—二〇〇九年〕の〔アブドラ・〕バダウィは祖父母が三亜出身なので、三亜を何度も訪れた。

この一九四九年という年は中華民国政権が中華人民共和国政権に取って代わられた年である。戸によれば次のような歴史的経緯がその背景にあるという。

回族は元々清の皇帝から与えられた海沿いの土地に住んでおり、漁業に従事して裕福ではなかった。だが一九四九年以降政府が変わり、土地が取り上げられそうになったが、回族は清の皇帝から与えられたという権利を主張して政府に抵抗した。そしてこの場所を利用して最近ビジネスを成功させ、裕福になりつつある。

実際に江自身、沈香からつくられた香水の貿易商人で、広い国際ネットワークを持っており、次のように語っていた。

沈香は、かつては海南産の高品質のものを使っていたが、今は政府によって保存対象になったため、海南産は高くなっている。父の代から始めたビジネスで、親戚がドバイにいて、そちらで売っている。中東の他に回族や日本人にも売っている。

しかも江は不動産業も営み、自分の家を一〇階建てのマンションにし、上の階を貸している。回族の人々は一九八〇年代に大きな社会的変化をとげた。それまでは主に漁業で生計をたて、貧しい生活を送っていた。しかし一九八〇年代に省政府が三亜を国際リゾートにする目標を掲げたため、不動産開発と観光が盛んとなり、裕福な地区に変貌したのであった（Ma 2003: 298）。

このように海南島のチャム人もバンコクのバーン・クルアのチャム人と同様に、移住先での需要に応じた生活を送っている。海南島のチャム人はバーン・クルアのチャム人とは異なり、ベトナムのチャム人との関係やマレー・ネットワークも継続しているようである。しかしやはり海南島のチャム人もチャムパの末裔というアイデンティティではなく、「たどりついた地」に有効なアイデンティティ形成に向かっている。戸との意見交換の際、筆者が、回族はどこにアイデンティティを置こうとしているのかと質問したところ、次のような回答が得られた。

> ベトナムという歴史的な出自よりも、中国本土の回族との結合を求めているという政府の調査がある。それは経済的な意味でも本土のムスリムと結びつきを強めた方が有利だからであろう。

実際に海南島はリゾート地として人気が高いため、中国本土の回教徒が多くやって来るし、またモスク建設も青海や寧夏の回族によって援助されているようである。これも海南島のチャム人と本土の回族とのつながりを示す現象であろう。以上から、海南島のチャム人も中国人回族としてのアイデンティティ形成の方向に進みつつあると考えられる。

4　小結――宗教文化の多層性

このようにベトナムに残ったチャム人やその外に離散したチャム人たちは、それぞれの場所で生き方を模索してきた。幸いなのは、ここで取り上げたチャム人たちが、そのアイデンティティを保ち続けることができたことである。しかし残念な点は、同じ出自を持つ者同士が国境を越えてつながる機会がほとんど見うけられないことであろう。とはいえ世界のグローバル化のなかで、いずれはチャムパの末裔たちのネットワークが生まれるかもしれない。

これらのカンボジア外のチャム人を概観すると、カンボジアのチャム人の特徴が浮かび上がってくる。カンボジアのチャム人は人口が明らかに多く、宗教組織が形成され、国家との関係も正式に存在しており、集団としての活動が活発である。チャム語訳のクルアーンがこの国のチャム人から生まれたのも、共同体に余力がある証拠であろう。歴史的にマレー系ムスリムと関係が深く、現在中東などの影響を受けつつグローバル化が急速に進んでいる点も、ディアスポラ状態にあるチャム人ムスリムの中核として、今後機能する可能性を示唆していると考えられる。

このように第二―四章では、ディアスポラ以降のチャム人たちがいくつかの国に散らばり、ムスリムとして生きていく過程でそのアイデンティティを重層化させていった経緯を見てきた。ここでその「層」の全体像を確認しておきたい。

チャムパ王国末期には多くの者たちがヒンドゥー教からイスラームに改宗したとされる。よって今なおベトナムにチャム・バラモンとチャム・バニという宗教集団が存在する。前者は本書で言う「2　ヒンドゥー教」の宗教文化層に、後者は「3　チャムパ的イスラーム」の層にあたる。チャム・バニはチャム・バラモンとチャム人

表4－1：ベトナムとカンボジアのチャム人の宗教文化層

宗教文化層		ベトナム	カンボジア
1	アニミズム・祖先崇拝		
2	ヒンドゥー教	チャム・バラモン	
3	チャムパ的イスラーム	チャム・バニ	イマーム・サン
4	マレー世界イスラーム	チャム・イスラム	（マジョリティの）チャム人

表4－2：カンボジアの宗教文化層とアイデンティティ

宗教文化層		カンボジア	アイデンティティの基盤
1	アニミズム・祖先崇拝		
2	ヒンドゥー教		
3	チャムパ的イスラーム	イマーム・サン	チャムパ
4	マレー世界イスラーム	（マジョリティの）チャム人	マレー世界
5	復古主義的イスラーム	チャム人の一部	グローバル・イスラーム（中東や南アジア）

として近しいアイデンティティを持っており、その信仰や宗教実践も2の層と混淆しているものであった。この点について中村は、チャムパが弱体化するにつれてチャム人がイスラーム化したが、国力の衰えとともに外部のムスリムとの接触を失い、独自のイスラームを保持することになったと論じている（Nakamura 2000: 64–65）。

この中村の主張は説得力があり、ディアスポラ後にカンボジアに逃れたチャム人たちの間にマジョリティのチャム人とイマーム・サンという二つの集団が存在することもこれで説明できると考えられる。イマーム・サンはチャムパ王家の末裔とされ、クメール王家から手厚く受け入れられた。したがって、カンボジアでは他の集団に頼ることなくそれまでの「3　チャムパ的イスラーム」を保持することができたのであろう。他方、一般のチャム人たちはカンボジアでマレー系ムスリム（チュヴィエ人）を頼り、協力することで生き抜いてきたのであり、この過程でスンナ派の「マレー世界イスラーム」を受容していったと考えられる。このカンボジアのマジョリティのチャム人の影響で、ベトナムのメコン・デルタ地域のチャム人もスンナ派化したとされ、今は「チャム・イスラム」と呼ばれる（表4－1）。

そして、カンボジアではクメール・ルージュ期といった内戦でムスリムとしてのアイデンティティが壊滅的になった後、イスラームの復興期を迎えた。復興にはマレー世界の外にあるイスラーム諸外国の援助が新たに参入し、彼らにとっては新しいイスラームとの邂逅の契機となった。それが「5　復古主義的イスラーム」である（表4-2）。

カンボジアのチャム人の最新のイスラーム潮流は、復興期に本格的に流入した「サラフィー」と「ダクワ」に見ることができる。これらは経済的援助を通して、中東や南アジア由来の厳格な教えやその教育を提供し、すでに全体の約半数のチャム人が何らかのかたちでこれらの影響を受けている。その教えは、チャム人のムスリムとしてのアイデンティティに強く訴えるものである。クメール・ルージュ期にマレー世界イスラームの一部としてのムスリム・アイデンティティが壊滅状態となった後、マレー世界つまり東南アジアの域外にあるイスラームと本格的に接触しつながるようになり、現在、新しい復古主義的イスラームの層に基づくアイデンティティが形成されつつあると言える。

第五章

「マレー世界イスラーム」を守りぬく

クメール・ルージュとキタブ・クニン

1 チャム人知識人の残したもの

隠されたアラビア語文献

一九七五―一九七九年のクメール・ルージュ時代は、言うまでもなくカンボジアにとって悲劇であったと同時に、これまでにも述べてきたようにチャム人にとっては特に辛い経験であった。ムスリムであることが生死に関わる状況のなかで、彼らはそれぞれのやり方でムスリムとしての矜持を保ちつつ、生き延びることを模索した。ひと気のない場所を探し出して礼拝をし、食欲がないと偽って断食をした。またムスリムであることを隠して、解放された後にイスラームのために尽くすことを心に誓う者もいた。

あるチャム人知識人は、クメール・ルージュに破棄されることをおそれ、アラビア語のイスラーム宗教文献を自分の村に埋めて守った。コンポン・チャム州スヴァイ・クレアン村のハケムであったムハンマド・カジである。クメール・ルージュは知識を敵対視し、知識人の虐殺や焚書を行ったため、この時代には多くの文献が失われている。(1) イスラーム文献に対してもクメール・ルージュは容赦のない対応をとっており、大量に没収し、破棄されたクルアーン（コーラン）やキタブ（宗教書）の山ができるほどであった。そしてこれを守るために土に埋めるチャム人も少なくなかった(2)（Ysa 2006: 84, 91, 94）。彼はそのなかの一人ということになる。

ムハンマド・カジが埋めた文献群は後に掘り出され、ぼろぼろの紙束となったものがこの村出身のイーサー・オスマンに預けられた。彼が DC-Cam でチャム人研究をしていたことはすでに述べた通りで、彼はそれを自宅で保管していた。その後、イーサーの『チャム人反乱』でこのことが言及されていることに関心を持ったのが、DC-Cam で調査研究を始めたばかりの筆者であった。以下は『チャム人反乱』に挿入されている写真のキャプションで、この埋められた文献のあるページについての説明である。

このテキストは全ムスリム世界の宗教学校で共通して学ばれている。このページはクルアーンの第九六スーラ〔章〕「読誦せよ」の冒頭で、生徒の手書きのメモが書かれてある。一九七五年にこのテキストは、法や文法といったさまざまな分野をあつかうアラビア語で書かれた他のキタプ《〔ママ〕》（宗教書）と一緒に包まれて、スヴァイ・クレアンに埋められた。そして一九七九年に回収されたのである。（Ysa 2006: 17）

筆者はアラビア語文献によるクルアーン解釈史を研究テーマの一つとしており、この宗教書文献群を調べてみたいと思った。そしてイーサーに話したところ、彼は快く貴重な紙の束（図5-1）を筆者に貸してくれたのであった。

図5-1：クメール・ルージュから守るために埋められた書籍の束（約29×20cm）。紙は触ると壊れてしまいそうな状態。書籍としては残っておらず、順不同のページが重ねられているだけである（イーサー・オスマン所蔵、撮影筆者）

本章の研究上の意義

これから検証していくように、この埋められたイスラーム文献は、カンボジアのチャム人の「マレー世界イスラーム」の層に関わる。チャム人ムスリム共同体における知識人の歴史の一段階として、彼らがマレー世界を経由してイスラームを学んでいた具体的様相が、この文献群を通して明らかになるであろう。チャム人の宗教教育に関する研究としては、後でふれるようにブレングスリ

（Blengsli 2009）がマレーシア経由で教育システムが導入されていたことを指摘している。しかし具体的にどのようなイスラーム文献を用いて学んでいたのかは、本論によって初めて明らかにされる。

また東南アジアのイスラーム研究の一分野としてキタブ・クニン（「黄色い宗教書」）研究が存在するが、これまではその本場であるインドネシアのものが研究対象となってきた（Bruinessen 1990, 1994; 菅原 2012; 小林 2008: 76-85）。しかし本論においてこの埋められていた文献群がキタブ・クニンだと明らかになることで、キタブ・クニンがマレー世界の辺境にあるカンボジアまで伝わっていたという流通範囲の広さが証明される。これによって東南アジアのイスラーム研究に新しい知見を加えることになるだろう。

さらに本章はクメール・ルージュ期のチャム人知識人の状況を明らかにするものであり、クメール・ルージュ研究にも寄与することができると考えている。本章の土台となる論考は、DC-Cam の機関誌『真実を求めて *Searching for the Truth*』に掲載され（Okawa 2013b）、またカンボジアで最も発行部数の多い新聞『リスメイ・カンボジア』にも翻訳されて要旨が掲載された（Okawa 2013a）。このことはカンボジア人のクメール・ルージュ研究に対する関心のなかでも本研究が重要な意味を持っていることを示していると考えられる。

2 チャム人村とクメール・ルージュ

チャム人村スヴァイ・クレアン

スヴァイ・クレアン村へはコンポン・チャム州の州都コンポン・チャムから車で一時間ほど北上し、メコン川をフェリーで渡る。この辺りは首都プノンペンから見れば不便な場所だが、チャム人ムスリムにとっては歴史的に重要な拠点であり、カンボジア内で最もチャム人が占める割合が高い。それは前述したように「コンポン・チャム（チャム人の港）」という地名からも明らかであろう。

スヴァイ・クレアンは「マンゴーの倉庫」を意味し（Ysa 2006: 171）、ここは緑豊かでのどかな美しい村である。シンボルとして大きな古いミナレットが残っていることが特徴である（図5-2）。ミナレットとはモスクの横にある礼拝の呼びかけをするための尖塔である。通常、ミナレットのみが建っていることはあり得ないが、スヴァイ・クレアン村のこのミナレットの本体であったモスクは、クメール・ルージュによって破壊されたため残存していない。このミナレットとモスクは裕福なオスマンという人物によって二〇〇年ほど前に建てられた。彼は国王から貴族の称号まで与えられて当時この地域でチャム人最高位の人物となっており、クメール人やフランス人の行政当局に対してチャム人の代表として対応していた（Mohamad Zain 2004: 55）。このミナレットはカンボジアで現存している最古で最大のものらしく、クメール・ルージュへの反逆のシンボルとしてDC-Cam が保存を検討中のようである。

図5-2：スヴァイ・クレアン村のレンガ造りのミナレット

ミナレットはブリック（レンガ）でできている。ベトナムに数多く残されているチャムパの遺跡もまたブリックでできていることが特徴の一つであり、これらの関連性を検討してみたい。チャムパの人々は宗教建造物をレンガで造ることにこだわってきた。九世紀以降、クメールやジャワではレンガを止めて砂岩材を用いるようになったが、チャムパではレンガのままであった。チャムパは地形的に木材が十分に得られたことから、レンガを焼くことができたため、宗教建造物をレンガで造り続けたとも考えられるようである。しかし重枝はこのような物質的な理由に加え、そこには精神的な意味があることを次のように指摘している。

チャムパの人々にとって、大地を意味する「土」に天と地を結ぶ懸け橋である「水」を混ぜ合わせ、破壊と生命を象徴する「火」を加えることによって変化させ、神に捧げるための祠堂を造営する材料に変質させること。この造営行為自体に、大きな宗教的な意味が含まれていたと考えられるのである。（フォン・重枝 1997: 66-67）

このように古来チャム人にとって、レンガで宗教建造物を建造することは、彼らの宗教世界観と結びつく重要な行為であった。この村のミナレットがこの宗教意識を残すものかどうか、確認することはできない。ただ、ミナレットが彼らの歴史の重層性の表れである可能性をここで指摘しておきたい。

クメール・ルージュ期の迫害と反乱

このスヴァイ・クレアン村は、これほどに立派なミナレット（そしてモスクはさらに大きく重厚なものであったであろう）を建てる財力があったため、クメール・ルージュからの迫害も激しかった。迫害に対して何度もチャム人の反乱が起こされたが、すべて鎮圧された。反乱指導者であったレプ・ヴァンマットはこの村で反乱が起こった理由として、この村の人々は知的レベルが高く、読み書きやイスラームの学習に熱心であり、モニボン国王（在一九二七―一九四一年）の指示によってカンボジア全体のイスラームの拠点となった時期もあったほどであったため、と述べている（Ysa 2006: 87）。

イーサーの『チャム人反乱』は、クメール・ルージュ期の多くの生存者に聞き取り調査をし、一九七〇―一九七九年の間に、反抗の拠点であったこの村で何が生じたのかを描きだしている。この村はクメール・ルージュ期以前にはイスラーム教育の拠点としてよく知られていた。一九五〇年代にはリー・ムーサー（一九一六―一九七五年）がイスラーム学校を建て、カンボジア全土から若いチャム人が集まってここで学んだ。しかし一九七三年になるとクメール・ルージュがこの村の裕福なチャム人を粛清し始め、翌年にはハケムたちが毎晩のように拘束された。一九七五年には一斉拘束が始まり、拘束された者たちのうちごく少数しか解放されなかった（Ysa 2006: 77-78; Mohamad Zain 2008）。

クメール・ルージュはまた宗教上の行為を制限した。彼らはクルアーンを集め、「若者のなかには自分たちの剣とクルアーンを埋めた者たちもいた」（Ysa 2006: 78）。ある日、村人たちは、没収されたクルアーンを取り戻して一斉に礼拝し、戦いの準備をして、ナイフや剣、手斧で武装した。だがすぐにクメール・ルージュの兵士によって鎮圧され、一九七九年にこの政権が終焉を迎えるまで、非道な支配の下で暮らすことを余儀なくされた。一九七〇年には六二〇〇人いたチャム人のなかで、この時期を生き延びたのは六〇〇人のみであった（Ysa 2006: 80-81）。イーサーは当時の様子を、埋められた文献に言及しながら次のように描写している。

> 家やスラオ（小礼拝所）、そして村のモスクは民主カンプチア〔クメール・ルージュ政権〕に破壊された。反乱のなかで殺された人たちの死体は井戸に投げ入れられ、また村に点在する墓地に埋められた。スヴァイ・クレアン村での反乱の後二五年経ってもなお、村人たちが家の周りの土地を掘ったり鋤いたりしていると、埋められた祈禱書（キタプ《〔ママ〕》）やクルアーンが人骨と一緒に掘り出されるのであった。（Ysa 2006: 81）

実際にクメール・ルージュ支配や内戦が終わった後、チャム人のクルアーンはほとんど残っていなかったようである。セッディク・タオウティ Seddik Taouti は一九八一年と一九八二年にイスラーム開発銀行（IDB）の代表としてカンボジアに入ったが、その報告によればプノンペンでもコンポン・チャムの村でも、モスクにクルアーンはほとんどない状況だったという（Taouti 1982）。

本書で論じる宗教文献もまた、ハケムのムハンマド・カジによって埋められたものである。残念ながら彼は二〇一一年に亡くなり、筆者はスヴァイ・クレアン村に住む遺族に聞き取りをしたが、この埋められた文献については何も知らないとのことであった（二〇一三年七月七日）。しかしこの村で生まれ育ち、反乱にも加わったハケムのユースフ・プンジャミンから有益な情報を得ることができた。彼によれば、ムハンマド・カジはこの村の出身ではなかったが、村の女性と結婚してここに住むようになった。彼以外にも多くの人々が本や宝石、剣などの貴重品を埋めて、クメール・ルージュの手から守ろうとした。[3] プンジャミン自身もアラビア語やジャウィ語で書かれた宗教書を埋めたが、結局見つけることができず、それは泣くほど辛いことだったという（同日）。

筆者はムハンマド・カジの墓を訪れたが、墓地には草が生い茂り、なかなかその場所を見つけることはできなかった。土に埋めることでイスラーム文献を守り抜いた彼は今、土のなかで安らかに眠っていることだろう。

3　黄色い宗教書（キタブ・クニン）

文献の形態

このバラバラの紙片の束には一一冊の本が含まれていたことが分かった（表5－1）。それぞれの書籍については次の節で検討するが、ここではまず形態について論じておきたい。

これらの書籍は、表紙と裏表紙を付けてページを綴じるという通常の書物の形態では残されていなかった。表紙はなく、ただ今にも破れそうな紙のページの束があるだけで、しかもページは順番通りには並んでいなかった。

表5-1：埋められた書籍のリスト（著者年代順）

No.	著者	書名	言語	主題
1	イブン・ヒシャーム Ibn Hisham (d. 1360)	シャルフ・シュズール *Sharh Shudhur al-Dhahab fi Ma'rifat Kalam al-'Arab*	アラビア語	アラビア語文法（ナフウ）
2	ジャラール・アッ＝ディーン・アル＝マハッリー Jalal al-Din al-Mahalli (d. 1459) & ジャラール・アッ＝ディーン・アッ＝スユーティー Jalal al-Din al-Suyuti (d. 1505)	タフスィール・アル＝ジャラーライン *Tafsir al-Jalalayn*	アラビア語	クルアーン解釈（タフスィール）
3	アル＝マリバリー al-Malibari (d. 1522)	ファトフ・アル＝ムイーン *Fath al-Mu'in bi-Sharh Qurrat al-'Ayn bi-Muhimmat al-Din*	アラビア語	イスラーム法学（フィクフ）
4	アル＝ファシュニー al-Fashni (d. 1570)	アル＝マジャーリス・アッ＝サニーヤ *Al-Majalis al-Saniyah fi al-Kalam 'ala al-'Arbain al-Nawawiyah*	アラビア語	伝承（ハディース）
5	アル＝ファタニー al-Fatani (d. 1847)	ムンヤ・アル＝ムサッリー *Munyat al-Musalli*	ジャウィ語とアラビア語	礼拝（サラート）
6	アル＝バージューリー al-Bajuri (d. 1860/61)	ハーシヤ・アル＝バージューリー *Hashiya al-Bajuri 'ala ibn Qasim al-Ghazzi*	アラビア語	イスラーム法学（フィクフ）
7	ナワウィー・アル＝バンターニー Nawawi al-Bantani (d. 1898)	ファトフ・アル＝マジード *Fath al-Majid fi Sharh al-Durr al-Farid fi 'Ilm al-Tawhid*	アラビア語	神学（イルム・アル＝カラム）
8	同上	マダーリジュ・アッ＝スウード *Madarij al-Su'ud ila Ikhtisa' al-Burud*	アラビア語	預言者ムハンマド伝
9	不明	不明	アラビア語	アラブ人やエジプト
10	不明	不明	アラビア語	初級アラビア語
11	不明	不明（マレーシアのペナンで刊行）	ジャウィ語	礼拝（サラート）

図5-3：ナワウィー・アル＝バンターニーの『ファトフ・アル＝マジード』。マレーシアの書店で販売されているもの。厚紙のカバーがあるが、ページもカバーも綴じられてはいない。カンボジアで埋められた書籍群にはカバーは見当たらず、ページのみであった

ページそのものも不完全なものが多く、例えばページの半分や三分の一だけ残っていた。また綴じられずに見開きでつながったまま残されていたページもあった。

これらの特徴が示すのは、この書籍群が「キタブ・クニン」つまり「黄色い書」で、アラビア語やアラブ文字を用いて書かれた東南アジアの伝統的なイスラーム書籍だということである。「キタブ」とはアラビア語の「キターブ（書物）」のことである。これまでもチャム人が「キタブ」を埋めてクメール・ルージュから守ろうとした、と述べてきたが、その「キタブ」は「キタブ・クニン」を指すと考えられる。また「クニン」はマレー語やインドネシア語で「黄色」を意味する。これは紙の色からこう呼ばれているようで、菅原由美はこれを「黄色い宗教書」と呼んでいる（菅原 2012）。「キタブ・クニン」はまた「キタブ・ジャウィ」とも呼ばれるが、「ジャウィ」とは「ジャヴァの人々」つまりスマトラやマレー地域を全般的に指す言葉である（Bin Ngah 1983: vii）。よってこれを「マレー世界の書」と言い換えることもできるであろう。

これらの書は概ね一九世紀から二〇世紀初頭にかけて書かれ、東南アジアのムスリム、特にプサントレンやポンドク（どちらもイスラーム寄宿学校）のサントリ（生徒）の教科書として、現在に至るまで流布してきた。数多くのキタブ・クニンを研究してきたマルティン・ファン・ブライネッセン Martin van Bruinessen はこう述べている。

プサントレンの伝統的書籍の最も一般的な形態は、ちょうどクアトロ（二六センチメートル）程度で綴じられていない。帖はバラバラの状態でカバーに挟まれているので、サントリは学習する一ページだけを取り出すこともできただろう。他にもこのキタブがより伝統的に見える、極めて象徴的な形態上の特徴があり、現代の著者や翻訳者、注釈者によるキタブはこの特徴を持たない。伝統的なキタブを読む多くの者はこの特徴にこだわっているため、出版社は購買者の意向に従い、わざわざ薄くオレンジ色になった（「クニン」の）紙

（インドネシアの工場で特別に専用に製造される）に印刷するのである。これもまた、より「伝統的だ」と読者の心に感じさせるためなのである。（Bruinessen 1990: 235）

このようにキタブ・クニンは東南アジアのムスリムにとって、伝統的なものとしての象徴的意味を持つ。この書が東南アジアのイスラーム教育に果たした役割は大きく、写本だったものが印刷されるようになったことで、寄宿学校での教科書として広く用いられるようになった（菅原 2012）。この形態の書籍は今も販売され（図5-3）、教科書として用いられている。しかし最近は、ルーミーつまり現代マレー語の表記に用いられるローマ字で書かれ、表紙と綴じられたページを持つ現代的な形態で出版される傾向が強まっている。

筆者が確認した範囲では、カンボジアでキタブ・クニンは販売されておらず、筆者自身はマレーシアの首都クアラルンプールの書店でこれらを入手することができた。マスジド・インディアに面するビルに入っている書店ではキタブ・クニンの書棚がいくつかあったが、古色蒼然とした雰囲気で、その他の棚にある書籍が色鮮やかに印刷され、しっかりとした背表紙を持っていることと対照的であった。トゥンク・アブドゥル・ラーマン通りの書店で尋ねてみると、かつてはあつかっていたが、今はあまり売れないのであつかわなくなったとのことであった。トゥンク・アブドゥル・ラーマン通りの他の書店にはまだ少し置いてあったが、ここやマスジド・インディアそばの書店のどちらでも、アル＝ファタニーの『ムンヤ・アル＝ムサッリー』が最も多く売られており、未だに広く読まれているという印象であった。

チャム人のイスラーム教育へのマレーシア・イスラームの影響

すでに述べたように、チャム人はそのイスラーム教育もマレー世界からの影響を受けて発展してきた。かつてチャム人はそれぞれの村落でクルアーンの読誦学校をつくって教育を続けてきたが、高度なイスラーム学の教育施設は不十分で、二〇世紀初頭にようやくマレーシアのポンドクを模して学校がつくられ、ここで初めてキタブ・クニンが用いられるようになったのであった。一九三〇年代から南タイやマレーシアにイスラームを学ぶために留学する者が増加し、一九四〇年代には五〇〇〇人ものハッジュつまりメッカ巡礼者がいた。第二次大戦後はこの巡礼者が帰国して、より高度な宗教教育施設を創設し始めたが、この時もマレー的な寄宿学校が建てられ、ここで「印刷された本」を用いて中級レベルのイスラーム学教育が行われた。その少し後にさらに新しい教育システムがマレー経由でカンボジアに入り、ここでは宗教教育のみでなく世俗教育も行われるようになった（Hefner ed. 2009: 34-35）。

ここでいう「印刷された本」がキタブ・クニンであろう。二〇世紀初頭にはチャム人の生徒たちはタイ南部やマレーシアからのムスリム学者が著したキタブで学習していた。特に「ムハンマド・ブン・イスマエルやムハンマド・ブン・ダウド・パタニ、さらにイマーム・ナヴァヴィー・バンテンの著作がフィクフやハディースの授業で共通して最も頻繁に用いられた」という（Blengsli 2009: 178-179）。「フィクフ」とはイスラーム法学、「ハディース」とは預言者ムハンマドの言行伝承のことで、イスラーム学の基盤となる学問分野である。ここで名のあがったムハンマド・ブン・ダウド・パタニ（アル＝ファタニー）やイマーム・ナヴァヴィー・バンテン（ナワウィー・アル＝バンターニー）は、次の節で中心的に論じられることになる。

このマレー・イスラームのチャム人教育界への影響はスヴァイ・クレアン村にももちろん及んでいた。生徒たちはマレー世界からのキタブ・クニンつまりキタブ・ジャウィのテキストを頼りに学習を進めた。オマール・ファルーク Omar Farouk も論じているように、カンボジアのチャム人にはスンナ派イスラームの宗教テキストの伝統がなく、代わりにマレー語文献である「キタブ・クニン」が流通してきたため、ジャウィ語がチャム人のカンボジア・イスラームのアイデンティティとして機能してきた。「この意味で、マレー文化のいくつかの側面が、チャム人の社会宗教的生活にうまく融合され、それはまるでチャム人のアイデンティティに不可欠な部分であるかのようにさえ見えた」（Farouk 2002a: 127）という。このようにキタブ・クニンはチャム人がマレー世界のイスラーム学に接近するための手段であるだけでなく、チャム人のムスリムとしてのアイデンティティにとって重要な要素となったのであった。

スヴァイ・クレアン村がイスラーム教育や思想の面でマレー世界イスラームの影響を大きく受けたなかで、マレーシアで学んだリー・ムーサーが重要な役割を果たした。一九五〇年代になると、マレー世界で二〇世紀初頭に生まれたイスラーム改革運動がカンボジアに流入した。これによってチャム人共同体は「カウム・ムダ」（「新しい集団」）と「カウム・トゥア」（「古い集団」）に分裂した。この新しいイスラーム再興の潮流を持ち込んだのがリー・ムーサーであった。カウム・ムダはイスラーム世界全体に大きな影響を与えたエジプト人イスラーム改革学者ムハンマド・アブドゥ（一八四九―一九〇五年）の教えを受けて、マレーシアやインドネシアで広まった潮流である（cf. 多和田 2005: 74–79）。よってカンボジアのカウム・ムダは、真のイスラームはメッカやエジプトから来たもので、アラビア語で書かれていると言い、古い集団を批判してこう主張した。「古い集団は時代遅れのマレー系解釈、例えばシャイフ・ダウド・パタニに依拠し、破棄されるべき疑わしい伝承に従っているだけである」と（Collins 2009: 93）。ここの「シャイフ・ダウド・パタニ」が前述したアル＝ファタニーのことである。また「伝承」とはハディースのことであるが、ハディースには本当にムハンマドの言行を伝えているものと、後に偽造されたものがあるとされる。したがってここでは、カウム・トゥアが学んでいるアル＝ファタニーの書物にあるようなハディースは偽物であり、学ぶ価値はない、という主張がなされているのである。

この改革運動はチャム人共同体に深刻な分裂をもたらし、夫婦や兄弟の間にさえ論争や対立が生じ、モスクには二つの集団を分けるための仕切りまでつくられたという。ムフティのレス・ラーはカウム・ムダがチャム人社会に酷い亀裂を生じさせたと批判した。だがこのチャム人共同体にとっての新しい試練は、クメール・ルージュによって終わりを告げたのであった（Collins 2009: 93; Blengsli 2009: 180–181; Mohamad Zain 2008）。このように、カウム・ムダの支持者にとってキタブ・クニンは、東南アジアのなかに広まっているイスラームについての誤った理解を続ける伝統主義者たちのシンボルであり、破棄されるべきものであった。そして以上をふまえると、本書であつかっている埋められたキタブ・クニンの書籍の束は、カウム・トゥアに属する者によってイスラームを学ぶために用いられていたと考えられるのである。

4　埋められた書の正体

確認された書

前述したように、この書物のページの紙束のなかには一一冊の本が含まれていた（表5－1、一五九頁）。そのなかでそれが何なのか確認できた書物は八点であったが、以下それぞれについて著者の年代順に見ていきたい。

（1）イブン・ヒシャーム（一三六〇年没）の『シャルフ・シュズール *Sharh Shudhur al-Dhahab fi Ma'rifat Kalam al-'Arab*』

これはアラビア語文法に関するもので、高い評価を得ており、一九世紀から現在にかけて広く読まれてきた（Bruinessen 1990: 242）。著者はエジプトのカイロで生涯を送り、イスラーム法やアラビア語文法の学者として知られている。特に文法家として名高く、イブン・ハルドゥーン（一三三二－一四〇六年）が「アラビア語文法学において、全分野を習得した稀有な人物の一人」と評したほどであった（Juynboll, *EI* 2-1: 867）。

（2）ジャラール・アッ＝ディーン・アル＝マハッリー（一四五九年没）とジャラール・アッ＝ディーン・アッ＝

スユーティー（一五〇五年没）の『タフスィール・アル＝ジャラーライン *Tafsir al-Jalalayn*』（図5－4）

この著作はクルアーン解釈（タフスィール）の歴史のなかで最も重要なものの一つとされ、広く用いられている。エジプト人学者のジャラール・アッ＝ディーン・アル＝マハッリーとその弟子のジャラール・アッ＝ディーン・アッ＝スユーティーによって著された。アッ＝スユーティーは極めて著名かつ多作な学者で、クルアーン学やカリフの歴史などに関する多くの著作を残し、そしてこの著作以外にもさらに浩瀚なクルアーン解釈書を書き残している（cf. 大川 2009）。

この『タフスィール・アル＝ジャラーライン』はクルアーンの語句の簡潔な注釈で、中東や東南アジアで入門的な文献として用いられてきた。マレー語翻訳書は一九五一年に刊行されている（Bruinessen 1990: 232–233; Azra 2004: 81）。一九世紀後半頃、東南アジアではクルアーンやハディースを注釈書なしに直接学ぶことは一般的になされておらず、この注釈書がプサントレンで学ばれていたという（Bruinessen 1990: 229, 253）。このように、アラビア語圏ではない東南アジアのムスリムにとっても、この著作から簡潔にクルアーンの意味を知ることができるため、重要なものとして流布していたのであった。

図5－4：クルアーン解釈書『タフスィール・アル＝ジャラーライン』の目次のページ（イーサー・オスマン所蔵、撮影筆者）

（3）アル＝マリバリー（一五二二年没）の『ファトフ・アル＝ムイーン *Fath al-Mu'in bi-Sharh Qurrat al-'Ayn bi-Muhimmat al-Din*』

これはイスラーム法に関する著作で、インドネシアで長く読まれてきた。著者はシャーフィイー法学に属し、南インドのマラバル出身であったが、このマラバルは歴史的にイスラーム教育の観点からもインドで最も重要なムスリム都市の一つである。この著作はアル＝マリバリー自身がそれ以前に書いた『クッラ・アル＝アイン *Qurra al-'Ayn*』への注釈である。『クッラ・アル＝アイン』に対しては、後述するナワウィー・アル＝バンターニーも注釈を書いており、こちらもインドネシアで広く読まれている（Bruinessen 1990: 247）。

（4）アル＝ファシュニー（一五七〇年没）の『アル＝マジャーリス・アッ＝サニーヤ *Al-Majalis al-Saniyah fi al-Kalam 'ala al-'Arbain al-Nawawiyah*』

この著作は、アッ＝ナワウィー（一二三三―一二七八年）が選んだ四〇のハディース集である『ナワウィーの四〇』という広く流布している書物に注釈を加えたものである（このアッ＝ナワウィーは後述するナワウィー・アル＝バンターニーとは別人物である）。『ナワウィーの四〇』は中東や東南アジアで入門書として広く用いられてきた。ハディース集としては、ブハーリー（八一〇―八七〇年）が編纂した『サヒーフ（真正）*al-Sahih*』やムスリム（八一七／一八―八七四／七五年）が編纂した同じタイトルの『サヒーフ（真正）*al-Sahih*』が最も権威があるものとされる。しかし前者は二〇〇〇以上、後者は約四〇〇〇のハディースが含まれており、初学者にとっては『四〇』を学ぶ方が適切なのである。したがってプサントレンではアル＝ファシュニーのこの書が用いられることが多いということになる（Bruinessen 1990: 255）。

（5）アル＝ファタニー（一八四七年没）の『ムンヤ・アル＝ムサッリー *Munyat al-Musalli*』

ダーウド・イブン・アブドッラー・アル＝ファタニーはマレー世界出身の最も優れた学者の一人であり、アラブ世界でも高い評価を得ている（Hurgronje 2007: 306-307）。ブレングスリの聞き取り調査によれば、アル＝ファタニーや次に扱うナワウィー・アル＝バンターニーの著作が、クメール・ルージュ期以前のカンボジアのチャム人学徒の間で最もよく読まれていた（Blengsli 2009: 179）。彼はその名「ファタニー」が示すように南タイのパタニで生まれた。この地で栄えたマレー系のパタニ王国は一六世紀初めにイスラーム化したとされる。だがタイとの戦争が続いたため彼は一七八七年頃にメッカに移住し、そこで亡くなった（Bradley 2013: 200, 209）。パタニは東南アジアのイスラーム教育の分野で重要な役割を果たし、マレー半島で発達したポンドク制度は、パタニが発祥の地である（Azra 2004: 122–126; Hashim ed. 2010: 11–12）。このパタニ王国がチャム人とは古くから縁が深いことはすでに指摘した通りで、王国はカンボジアやチャムパなどへのイスラーム布教の拠点となっていた。

アル＝ファタニーは多くの著書を主にジャウィ語で残し、その分野もイスラーム法学（フィクフ）、神学（イルム・アル＝カラム）、神秘主義（タサウウフ、一般的にはスーフィズム）、そしてハディースにまで及ぶほど幅広いものである（Bruinessen 1994: 26; Towpek and Borhan 2012）。彼の著作は一九世紀後半にインドネシアで初めて印刷され（Bruinessen 1990: 230）、現在もなお東南アジアのムスリムの間で広く読まれている。また教育への貢献も高く評価され、彼が著したキタブ・ジャウィつまりキタブ・クニンは、「マレーの学習者にとって宗教的知識を得るための主要な学習源である」とまで言われている（Hashim ed. 2010: 11）。

アル＝ファタニーの『ムンヤ・アル＝ムサッリー』はシンガポールやカイロ、バンコク、そしてクアラルンプールといった都市で「他の礼拝書の倍近く印刷されて」きており、マレー世界のイスラーム学の統一性という観点からも重要な役割を果たしてきた。この書で彼が強調したのは、共同体の結びつきを保つためには礼拝、特に金曜礼拝が重要だということであった（Bradley 2013: 203, 205–207）。この著作は東南アジアでイスラームを発展させ、また教え、実践するための基本的な書物の一つとみなされてきたため、この地域のスンナ派の統一性がもたらされることになった。この著作のおかげで、東南アジア全体のモスクで行われる礼拝や祈禱の儀礼が共通したものになっているのである（Hashim bin Haji 2009: 16）。

（6）アル＝バージューリー（一八六〇／六一年没）の『ハーシヤ・アル＝バージューリー *Hashiya al-Baʼuri ʻala ibn Qasim al-Ghazzi*』

この著作もまた注釈書で、イブン・カーシム・アル＝ガッジーによる『ファトフ・アル＝カリーブ *Fath al-Qarib*』というイスラーム法学（フィクフ）に関する書物を解説している。これは一九世紀によく用いられていたが、最近はそれほどではないという（Bruinessen 1990: 246）。著者はシャーフィイー法学派に属し、エジプトで生まれ、スンナ派最高学府のアズハル大学で学んだ（Juynboll, *EI* 2-1: 867）。

（7）と（8）ナワウィー・アル＝バンターニー（一八九八年没）の『ファトフ・アル＝マジード *Fath al-Majid fī Sharh al-Durr al-Farid fī 'Ilm al-Tawhid*』と『マダーリジュ・アッ＝スウード *Madarij al-Su'ud ila Ikhtisa' al-Burud*』

ナワウィー・アル＝バンターニー（ナワウィー・バンテンとも）のカンボジアのムスリムにとっての重要性について、ブレングスリは次のように指摘し、チャム人はタイ南部やマレーシアといった国外から宗教文献を得てきたとしている（以下の「キタブ」はキタブ・クニンのことだと考えられる）。

> カンボジアに新しいイスラーム教育の潮流を運んできたのは、あちこちを移動したマレー系ウラマー（宗教学者）と巡礼経験者、そして学生たちであった。学生たちはタイ南部やマレー半島で宗教学者によって書かれた宗教書に親しんだ。この宗教学者の一人であるイマーム・ナワウィー・バンテンは、タフスィール（クルアーン解釈書）や古典期のイスラーム学のさまざまな著作への注釈を著し、これらはキタブとして知られる。ナワウィーの著作は今でもカンボジアで広く読まれている。（Blengsli 2009: 178）

ナワウィー・アル＝バンターニーは東南アジア出身で、ジャワ島西部のバンテンに生まれた。一八五五年にメッカに移住し、アル＝ファタニー同様に高い評価を得ている（Azra 2004: 151; Hurgronje 2007: 287）。その著作はアラビア語で書かれ、東南アジアのムスリムたちに今なお読まれているが、そのなかでも最も重要な著作がクルアーン解釈書の『ミラフ・ラビド *Mirahu Labid*』、別名『タフスィール・アル＝ムニール *Tafsir al-Munir fi Ma'alim al-Tanzil*』である。

『ファトフ・アル＝マジード』はイスラーム神学に関するもので、メッカでの彼の師であったアフマド・アル＝ナフラウィの『アッ＝ドッル・アル＝ファリード *al-Durr al-Farid fi 'Ilm al-Tawhid*』の注釈である。ここではアッラー、預言者、楽園といった神学的論点が議論されている（Nawawi al-Bantawi 2008）。『マダーリジュ・アッ＝スウード』(4)もまた注釈書で、アル＝バルザンジの『マウリド・アッ＝ナビー *Maulid al-Nabi*』という預言者ムハンマドの伝記に対して注釈がなされている（Nawawi al-Bantawi 1954）。ナワウィー・アル＝バンターニーにはよく知られた書籍に注釈をほどこして、より簡潔な言葉で説明する著作が多い（Bruinessen 1990: 236）。東南アジアでは多くのムスリム学生はアラビア語で書かれた重要な文献を理解するために補助的な書物が必要であり、彼の著作がこの地域で広く読まれてきた理由はやはりこの点にあったのである。

不明な書

その他の三冊の本に関しては、何の本なのか特定できなかった。内容としては、(9) アラブ人について書かれているアラビア語の本、(10) アラビア語初修本、(11) 礼拝方法についてのジャウィ語の本、である。これらの本はキタブ・クニンではないようであるが、クメール・ルージュ期直前のチャム人の知的状況を知るのに有益である。

(9) この本は数ページのみ残っており、イスラーム以前のアラブ人の宗教やエジプトについて書かれている。

この本には単元の最後と思われる場所に、「まとめ」や内容の質問である「練習」という項目があることから、イスラームやアラブの歴史を学ぶための入門的教科書であったと推測される。

（10）これはアラビア語を学ぶ初心者のための本で、挿絵が入っている。チャム人は初級の段階からアラビア語を学ぶ努力をしていたということである。

（11）この本はジャウィ語で書かれ、マレーシアのペナンで出版されている。どのように礼拝を行うべきかを詳しく説明しており、イスラーム法学に属すものである。例えば、旅行中に礼拝する際は、ラクアという礼拝（サラート）の基本サイクルの数を減らしてよいとする。また礼拝前に身を清めるための水が見つからなければ、他の清潔なもので清めてよいとしている。この書からは、当時のチャム人がジャウィ語の書籍を日常的に必須な知識を得るために用いていたことが分かる。

以上のカンボジアで用いられた書籍について、東南アジアの中心的なイスラーム地域であるインドネシアで一九世紀末にイスラーム教育として用いられたキタブ・クニンと比較してみたい。小林寧子によれば、インドネシアでのキタブ・クニンとしては法学のものが最も多く、次いで神学、その他にアラビア語文法やイスラーム神秘主義、クルアーン解釈学といったテーマのものが学ばれていた（小林 2008: 78-79）。ここであつかっている一一冊の書籍と単純に比較すれば、法学書や神学書、アラビア語文法書、クルアーン解釈書が共通している。しかしこちらには学問書というよりも、より初級の書物も含まれている点が異なっており、それは所有者が独自に学習していたものであるためかもしれない。またもう一つの特徴は、東南アジア出身の学者の文献が含まれていることである。小林は一九世紀末に用いられていたキタブ・クニンのなかには、「一九世紀後半にメッカで活躍したインドネシア出身のウラマー自身による著作はまだ見当たらない」と指摘している（小林 2008: 77）。ムハンマド・カジがこれらの書籍を用いていたのは二〇世紀半ばであり、その頃キタブ・クニンの内容はさらに豊富になってマレー世界の学者のものも含まれるようになり、カンボジアのチャム人のもとにもそれが届けられていたということであろう。

5 小結――「マレー世界イスラーム」とチャム人知識人

以上見てきたように、ここで検討された書籍群には、カンボジアのチャム人の間で必要とされ、広く用いられてきたものが含まれている。彼らはカンボジアのマイノリティという立場にあり、非常に限られた環境でイスラームの知識を得ようとした。したがって、中東で出版されたアラビア語の本ではなく、理解するのに容易なマレー世界の書籍であるキタブ・クニンを用いたのである。しかし、彼らはアラビア語の学習にも努めており、マレー世界のイスラームを通して、アラブ世界の知識につながっていたのであった。またムハンマド・カジ自身の取捨選択なのかもしれないが、この書籍の束に含まれていたページはアラビア語のものがほとんどで、ジャウィ語は極めて少なかった。クメール・ルージュ期以前、ジャウィ語はアラビア語よりもカンボジアで通用していたと考えられ、ジャウィ語の書籍が少ない点もこの書籍群の特徴の一つであると言える。

この埋められたイスラーム文献から見えてくることは、当時の伝統的なチャム人知識人がマレー世界イスラームに深く依拠していたということである。本書でも論じてきたように、歴史的に見て、マレー系ムスリムがチャム人のイスラーム理解、特にスンナ派化に大きな役割を果たしてきた。さらに本研究によって、実際に当時のイスラーム教育の拠点であった村のチャム人知識人が、マレー世界イスラームを経由したイスラーム学を学んでいたことが明らかになった。それはカウム・ムダではなく伝統的なカウム・トゥアの学派が用いている宗教テキストであり、クメール・ルージュが興隆した一九七〇年代においても伝統学派の潮流が続き、大切に守られてきたことが明らかになったのである。

これは同時に、クメール・ルージュ期まではマレー世界の範囲内でイスラームを学ぶことが通常であったということでもある。留学生やメッカ巡礼者はもちろん存在したが、広く裾野まで影響力を及ぼしていたのは、マレー世界のイスラーム教育であった。キタブ・クニンは、「一九世紀からイスラーム学に関するジャウィ語の印刷物で〔……〕一九世紀末から二〇世紀初頭に至るまで、マレー世界全体で広く用いられてきた」（Hashim bin Haji 2009: 15）のであり、マレー世界のイスラーム知識の象徴的存在である。そしてカンボジアのチャム人もマレー世界の周縁に存在し、南タイやマレー半島を含むマレー世界の学者たちから影響を受け続けてきた。そのためにキタブ・クニンの恩恵を得ることができたのであった。

よってクメール・ルージュ期以前のチャム人は、マレー世界を通してアラブ・イスラーム世界につながっていたとも言えるだろう。キタブ・クニンはイスラームが国境を越えて盛んに交流している国際性の象徴でもある。前述したアル＝ファタニーやナワウィー・アル＝バンターニーのように、メッカに移住して活躍し高い評価を得たマレー世界出身のウラマー（宗教学者）たちは少なくない（Azra 2004; Hurgronje 2007: 229-312）。チャム人はそのような者たちが著した文献を、マレー世界の周縁で学んでいたのであった。ただこの国際性は間接的なものであり、当時のカンボジアのチャム人の、環境における限界の裏返しでもある。

これに対して、現在のチャム人はグローバル化する世界のなかで国際的な環境に直接身を置くことが可能となっている。カンボジア・イスラーム宗務最高評議会の事務所のホールには書棚があり、多くの宗教文献が並べられている。そこにはマレー語のものもあるが、アラビア語のものが多い。例えば、タバリーのクルアーン解釈書『アル＝ジャーミウ・アル＝バヤーン *Al-Jami' al-Bayan*』、アッ＝スユーティーのクルアーン解釈書『アッ＝ドゥッル・アル＝マンスール *al-Durr al-Manthur fi al-Tafsir bi al-ma'thur*』、古典的なアラビア語辞典の『リサーン・アル＝アラブ *Lisan al-'Arab*』、預言者伝の古典であるイブン・イスハークの『シーラ・ラスール・アッラー *Sira Rasul Allah*』、最も重要な預言者のハディース集であるブハーリー編『サヒーフ（真正）*al-Sahih*』とムスリム編『サヒーフ（真正）*al-Sahih*』、中世イスラーム神学の分野で最重要とされるアル＝ガザーリーの『イフヤー・ウルーム・アッ＝ディーン *Ihya 'Ulum al-Din*』、また中世ハンバル派法学者で極めて重要なイブン・タイミーヤの『アル＝ファターワー・アル＝クブラー *Al-Fatawa al-Kubra*』などである。これらは世界中のイスラーム学徒にとって最も基本的で重要なアラビア語古典文献である。

驚いたことに、筆者がこの本棚を精査していると、たった一冊だけキタブ・クニンを見つけることができた。それは他のハード・カバーのアラビア語の本のなかに挟まれていたのだった。それがアル＝ファタニーの『ブグヤ・アッ＝トッラーブ *Bughya al-Tullab*』で、まるで忘れられた伝統のように見え、「マレー世界イスラーム」の影響力の低下を実感させられたのであった。これはつまり、カンボジアのチャム人は、もはやキタブ・クニンを用いる必要はなく、中東で用いられているイスラーム学に関するアラビア語の重要文献を直接用いることができるほどになっているということである。このカンボジア・イスラーム宗務最高評議会の事務所の本棚は、チャム人共同体の新しい層を形成しつつある「復古主義的イスラーム」の象徴的存在だと言えるであろう。

第六章

「復古主義的イスラーム」へ

失われた呪術書

1　庶民的イスラームとしての呪術

本章の研究上の意義

本章の目的は、チャム人呪術師（クルー）という存在を通して、その宗教文化の重層性とアイデンティティの変遷を解明することである。前章であつかったクメール・ルージュ期のチャム人知識人の知的状況を明らかにする研究を行った後、筆者はより庶民層にあるイスラーム意識を調査したいと考えるようになった。そして社会の根底を流れる庶民の文化やその背景と変化を知るためにクルーの調査を開始したのであった。その過程で「失われた呪術書」の存在を知ることになった。しかもこの呪術書の題はアラビア語で「キターブ・イルム・アル＝ファラク」つまり『占星術の書』だという。筆者はこの「書」がカンボジア社会におけるチャム人の今を象徴するのではないかと考え、さらに調査を進めたのであった。

この「クルー」というカンボジア語はサンスクリット語の「グル」に由来し、一般的には「先生、達人」といった意味を持つ。また呪術は「イルム」と呼ばれ、これはアラビア語の「イルム（知識）」に由来する。[1]こういった用語からも分かるように、カンボジアのチャム人呪術師の研究は、この共同体の宗教文化の重層性、ここではヒンドゥー文化とイスラーム文化の混淆、を考察するということでもある。

これまでのチャム人の呪術師の研究としては、すでに紹介したようにトランケルによるフィールド・ワークに基づくイマーム・サンを対象としたものがあり、ここで再度確認しておきたい。イマーム・サンの呪術はチャムパの記憶と伝統に基づいたものであった。チャイというチャムパ王族に結びつけられる精霊への信仰に基づき、王国の栄光を称える儀式が行われ、その際、病気の治癒の効果も生じるとされる。この精霊の霊媒師（呪術師）は、かつては王族か貴族の家系の女性であったが、クメール・ルージュ期以降、一般人でもなれるようになったという（Trankell 2003）。このようにチャムパ・イスラームの層にあたるイマーム・サンの共同体の呪術師は、その行為や世界観においてチャムパと深く結びついて存在し、トランケルの描写からはイスラーム的要素を見つけ出すのは難しいほどである。

他方、マジョリティのチャム人共同体におけるクルーに焦点をあてた研究は未だなく、本研究がようやくその端緒となる(2)。ここでは「失われた呪術書」を通して、チャム人共同体というマイノリティ・ムスリム社会が、外部のイスラームの影響によってどう変わりつつあるのかを検討する。そしてチャム人共同体が自らの出自であるチャムパ性を喪失しつつあり、クメール社会のなかでスンナ派イスラーム化する方向に進んでいることが明らかになるであろう。

表6－1：聞き取りをしたプノンペンのクルー（呪術師）

	30代	40代	50代	60代	70代	80代	計
男性	－	5人	3人	7人	4人	2人	21人
女性	2人	2人	3人	1人	3人	－	11人
計	2人	7人	6人	8人	7人	2人	32人
%	28%		44%		28%		100%

本研究の方法

本研究は、二〇一三年五月から一二月にかけて断続的に行った聞き取り調査から得られたデータに基づく。インタビューはクルーの家を訪問して行い、事前に半構造化した質問項目を準備し、それに沿って質問していった。クルー以外の人たちへのインタビューは質問項目を限定せずに行った。インタビューの際には常にリサーチ・アシスタント（大半はチャム人）を同行することで、チャム人共同体内での調査の壁を低くし、かつチャム語やクメール語の通訳もしてもらった。調査分析の対象としているのは、プノンペン在住のクルー三二名である。表6－1にあるように、男女比はほぼ二対一、世代は五〇―六〇代が四四％と最多であるが、三〇―四〇代と七〇―八〇代もそれぞれ二八％であった。ここから、クルーという職業が高齢者のみによって続けられている過去のものではないことがうかがえる。

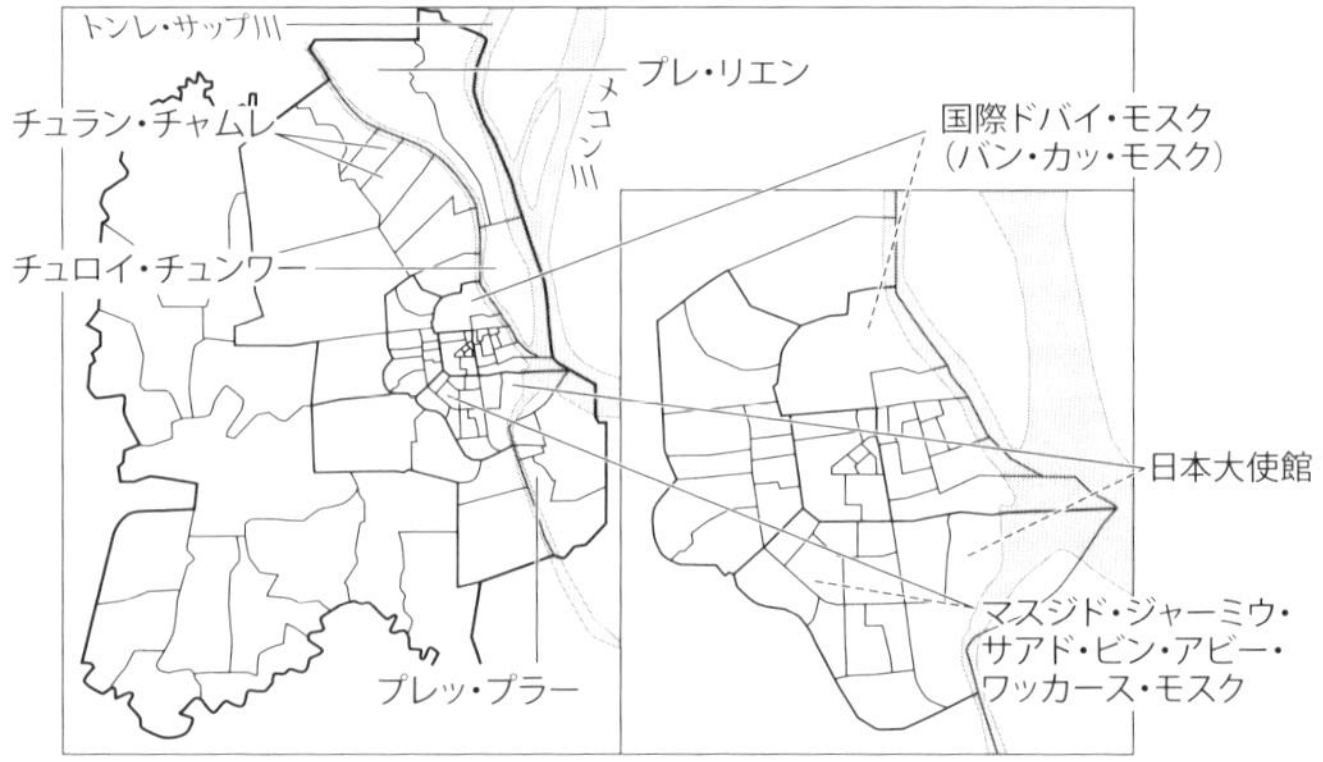

地図６－１：プノンペンのチャム人居住地区（総務省統計局 http://www.stat.go.jp/info/meetings/cambodia/pdf/12com_mp.pdf をもとに作成）

プノンペンにはチャム人の集落が主に四つあり、すべて河川沿いにある（地図６－１）。その最大のものはプノンペン北方のチュラン・チャムレで、次いでメコン川とトンレ・サップ川の結節点にある半島先端のチュロイ・チュンワーという集落である。これらに比べるとプレッ・プラーとプレ・リエンは小さい集落となる。

聞き取り調査を拒んだ呪術師たち

ここで、クルーの立場と本調査の性質を明らかにするためにも、筆者のインタビューを断ったクルーたちについて考察しておきたい。ベトナムのカンボジア国境の町チャウ・ドックはメコン・デルタの町で、スンナ派化したチャム・イスラムが多く住んでいる。筆者がそこである女性呪術師に聞き取りをした際、警察の目を恐れて自分の仕事について述べることをずいぶん躊躇していた（S/47f/20130714）。これに対してカンボジアのチャム人呪術師たちは聞き取りの際、警察などに対するためらいを見せることはなかった。警察を引退した後にクルーになった者（MM/51m/20131126）や息子が警察官だという者さえいた（TS/73m/20131029）。しかし、カンボジアで聞き取りを断るクルーが数名いたことも事実であり、この断る意識の背後には何らかの理由があったと考えられる。

インタビューを断った者たちの特徴としては、明らかに裕福な家に住むクルーの場合と女性クルーの場合とが見られた。裕福な家のクルーたちは「自分たちは研究とは関係ない」、「以前テレビに出た後、嫌なことがあったし、今月は月が悪い」などと言って聞き取りを断った。その周辺の住民やクルーにこの点について尋ねたところ、反イスラーム的な行為をしているため、または、政府高官や富裕層など高額な謝礼を出す人たちにしか対応しないためではないかとのコメントが得られた（TU/67m/20131203など）。

聞き取りを拒んだ女性クルーたちは、初回は受け入れたが、それ以降は約束をしていたにもかかわらず、納得しにくい理由によって拒否している。女性クルーS（43f/20131128）は初回の聞き取りの途中に急に買い物に行くといって中断したため、次回の日時を約束した。しかし当日訪れると、「前日の夜中に体が急に痛み出した。霊が怒っているからだと思うので、もう話はできない。自分は別に話してもいいと思っているのだが」と言い、聞き取りを行うことはできなかった。Sは初回のインタビューで憑霊による呪術を行うと述べていたが、このような霊を用いる呪術はイスラームに反すると批判するクルーもいた（DM/62m/20131218など）。

またSR（70f/20131027）は初回のインタビューでは愛想良く対応してくれ、次回の日時の約束をした。しかしその当日、家を訪問したところ不在で、電話で尋ねたところ、その時は家から離れた場所にある市場に買い物に来ており、いつ帰宅できるかは分からない、と言った。この後、SRの近所に住むクルーRM（60m/20131225）にこのことを話してみると、SRはソヘアル（黒魔術のことで、同じ意味のアラビア語「シフル」に由来すると考えられる）を用いる呪術師で、反イスラーム的な存在であるため、聞き取りを嫌がったのであろう、しかし自分はイスラーム的な呪術しか行っておらず、聞き取りにも応じている、という返答であった。

このようにチャム人呪術師に関する本調査は、外部の研究者に話してもよいと考える者が、話してよいと思う範囲で語った内容に限られている。聞き取りを完全に拒否した率に関して言えば一四％程度[3]（回答率約八六％）であり、アメリカ調査研究所によるチャム人全般を対象とした調査では回答率が九一％（American Instituses for Research 2008: 18）であったことを考慮すると、拒否率が多少高いかと言える程度ではあった。

2 仏教社会のなかのチャム人ムスリム呪術師

クメール人仏教徒にとってのチャム人ムスリム

極めて興味深いことに、カンボジア仏教社会のチャム人に対する通俗的なイメージは「悪い呪術を行う人たち」である。筆者がこの事実を知った時は大変に驚いた。なぜならばイスラームの公的見解は「呪術＝反イスラーム」であるためである（ただし実際には呪術も行われている）。他方カンボジアでは古くからチャム人たちは呪術を用いて人を傷つける恐ろしい存在だと考えられてきたのであった。筆者の呪術師研究の契機となったのはコリンズの次のような指摘であった。(4)

クメール人はチャム人が特別な霊力を持っていると考えており、それに対するクメール人の関心（そして躊躇）は、チャム人の毒と媚薬に関する敬意と恐怖として現在に至るまで続いている。チャム人の呪術師は［依頼者の要求で呪いをかけようとして、その］対象者の胃に針や爪を入れ込み、伝統的なクメール暦に基づいた生年月日を知っていれば、浮気性でふらふらしている配偶者の気持ちを変えられるという評判を持つ。チャム人がクメール人の個人的な占星術的情報を知っているとは考えにくいが、クメール人ならば別の対立しているクメール人について知り得るだろう。このことはつまり、チャムの呪術師は敵対するクメール人たちの間で呪術の提供者として利用されているのであり、これはチャムの戦士たちが王座を争ったクメール人同士の間で重宝されてきたのと同じことなのである。チャム人のクルーが必要とされるのは、予言や占いの知識を持つという評判のためでもある。今日、［首都にある］ワット・プノン寺院付近で活動している多くの占い師たちのなかで最も成功して評判の高い者の一人は、チャム人女性である。（Collins 1996: 68）

ちなみに筆者が二〇一三年五月にワット・プノン寺院周辺を訪れたところ、ワット・プノンやその周辺にはクルーはいなくなっていた。ワット・プノンの警備員やプノンペン在住者に聞いたところ、かつてはクルーたちが集まる場所がワット・プノンのすぐ隣にあったが、退去させられ、そこは現在、児童公園になっているという。

今回の調査を通して得られた知見の範囲で言えば、「チャム人＝呪術を用いる」という通説はかつてのチャム人共同体には当てはまったかもしれないが、今はそうではない。チャム人の若者たちとクルーについて話をすると、次のような話をしてくれる者が数名いた。彼（女）たちが中学生や高校生の頃、クメール人のクラスメートに「お前はチャム人で呪術を使って呪いをかけてくるから怒らせてはいけない、と聞いた。だから友だちにはなれない」と言われた。そこで「そのようなことは、今はもうやっておらず、自分は呪術の使い方など全く知らない」と答えた、という。またチャム人への聞き取り調査のなかで、かつては多くの人が呪術を知っていて自分や家族のために使っていたものだ、という話を何度も聞いた。恐らくクメール・ルージュ期以前のチャム共同体では、呪術を使うことが日常化していたのだと考えられる。だが時代を経て、現在の一般のチャム人の若者たちはこの伝統を継承しなくなっている。

しかし未だクメール人たちはチャム人の呪力を恐れており、例えばチャム人の村やモスクに立ち入ることを嫌がる年配の人たちの話をしばしば耳にする。他方、このような認識にもかかわらず、チャム人呪術師のもとに通う相談者の大半はクメール人であるという、奇妙な状況がある。クルーへのインタビューのなかで相談者の出自について尋ねると、相談者の大半はクメール人で、しかも女性が多いという回答がほとんどであった。またチャム人の他に、カンボジアのマイノリティであるベトナム系や中国系住民もそれなりに相談に来ているようである。チャム人を忌避するクメール人のなかに、実際にはチャム人の呪力を必要とする者たちが少なからず存在し、クルーたちはチャム人共同体の外部の者たちのそういったニーズを受け入れているのである。社会の表面には出てはこないが、チャム人呪術師はチャム人とクメール人との接点の役割を果たしているとも言えるだろう。

呪術師への相談内容

筆者が聞き取り調査において、どのような内容の相談を受けるのかとクルーに尋ねたところ、次の五つの事柄が特に多かった。

（1）浮気、結婚、離婚などの男女問題に関して。

（2）店を開く時期、客を増やす方法など商売繁盛に関して。

（3）他の人からかけられた悪い呪術の解除に関して。

自分やその周囲に体調不良や不幸が続くと、その解決を求めてクルーのもとを訪れることがある。それは、その原因を、誰かが自分を恨んで呪術師に依頼して邪術（呪い）をかけたせいだと考え、その自分にかけられた邪術を別の呪術師に解除してもらおうとするためである。呪術師は邪術をかける時に、「ジン」や「シャイターン」を使うとされる。(5) ジンは妖鬼、シャイターンは悪魔のことで、どちらもアラビア語である。クルアーンでも言及され、今なおムスリムの間ではその存在が信じられている。ジンには良いジンと悪いジンがいるとされ、チャム人呪術師の間でもしばしば悪いジンを念頭に、呪いをかける際に用いられる悪しき存在として言及される。

（4）呪いや民間医療に基づく病気の治療に関して。

筆者の聞き取り中、「病院で見放されても呪術師のもとでは治る」という声をしばしば聞いた。病院に行くよりも呪術師の方がよほど費用が安いということもあり、庶民が呪術師を頼るという背景もあるだろう。

（5）子どもの体調不良や親への反抗の解決に関して。

以上五点に加えて問題となるのが未来に関する占いで、これは本章で論じる「失われた呪術書」を考えるにあたって重要な論点である。クメール人の呪術師はこれを得意とする場合が多いようだが、チャム人呪術師の大半は未来を見る占いは基本的にしないと主張していた。これはムスリムにとって「運命」が六信の一つであるように、アッラーのみがそれを定め、人が変えることはできないという信仰が存在するからだと考えられる(6)。しかし本当は行っていても対外的にはしないと言って隠す者もいるだろうと推測される。例えば筆者が聞き取りをした女性クルーのLZ（70f/20131029）は、仏教徒であったが結婚時にムスリムに改宗した人物である(7)。彼女はトランプや干支で未来を占うが、「同じ村のチャム人は自分が未来を見るのをよく思っていないので、気をつけなければならない」と述べていた。クルーのなかには筆者の聞き取りの際には「気をつけて」このことを口にしなかった者もいたかもしれないのである。

このようにチャム人クルーは、クメール人たちによって畏怖されながらも必要とされているわけであるが、そもそもクメール人社会は呪術師（ここでもクルーと呼ばれる）に深く依存している。カンボジアの人々の間でクルーに相談することは極めて一般的なこととされ、都市でも村落でも、また政府高官から庶民に至るまで、「かかりつけ」のクルーを持っている人は多い。市場や広場といった人が集まる所でクルーを見かけることも多いが、個人宅に直接行くこともよくある。クメール人クルーは、チャム人クルーと同様に民間療法で病気を治療するなど共通点も多くある。

だが決定的に異なるのは、クメール人クルーはカンボジアの仏教世界で公的に認められている存在で、実際に呪術行為を行う僧侶も少なくないが（cf. Ovesen and Trankell 2010）、チャム人クルーはムスリム世界で認められていないということである。このようにクメール人にとってクメール人クルーに相談することは難しくないにもかかわらず、なぜわざわざ忌避すべきとされるチャム人クルーに相談をするのであろうか。これはカンボジア社会における、仏教徒クメール人とムスリム・チャム人の関わりを考えるにあたって興味深い点であるが、チャム人の呪術師の能力がそれほどまでに高く評価されているというのが、大きな理由として考えられる。

3　チャム人呪術師たちの背景

クルーとなった経緯

本調査の質問事項の一つに、どのような経緯でクルーになったのかという問いがある。これへの答えは大きく分けて二つあり、先達のクルーから教えられた場合と夢などの神秘体験によって学んだと主張する場合が見られた[8]。前者の場合は、親（父の場合が大半）や祖父といった親族から学んだとする者が多く、その知識や技術は豊富で系統だっているように見受けられた。また特定の師にはつかなかったが、周囲の複数のクルーから教えを受けたとする者も少なくなかった。ＭＳＯは次のように話してくれた（87m/20131127）。

先生と言える人は一人ではない。友人から教えてもらって、それを暗記した。また評判の良いクルーがいると聞けば、そこに行って教えてもらった。教えてもらった内容は、例えば病気の時はこういう話をして、水や紙を使ってこういう治療法を行えばよい、ということである。これらの教えてもらったことを合わせて、自分の方法を確立した。

これに対して後者に属す者たちは、夢に現れた人物や自分に憑依した霊から呪術を教わったことを契機にクルーとなったと説明している。これは特に女性クルーに多く、自分自身の霊的体験からこの仕事を始め、現実世界の師につく機会はなかった者たちである。例えば葉などを使って呪術を行うＳＲ（70f/20131027）はこう言っていた。クメール・ルージュ期が終わった数年の後、夢にアラブ人風の老人が現れ、呪文を教えてくれるようになり、自分はそれを用いてクルーの仕事をするようになった。その夢は今も続いていて、何か自分に良くないことが起こりそうな時、事前に知らせてくれる、と。

LM（55f/20131029）もまた憑霊タイプのクルーである。クルーとなった経緯について次のように述べてくれた。

> 三〇年ほど前に大病を患った後、夢のなかで自分の魂が体から出ていき、一人の男性に会った。男は湖の近くで自分に話しかけ、湖に入るように言った。自分は何度も拒んだが、繰り返しそこに入るように言われたので、入ってみた。すると湖のなかには美しい小さな家があり、そこには神がいた。神は杖を持ち白い服を着た老人だった。神は自分に呪術についての知識を与えた。

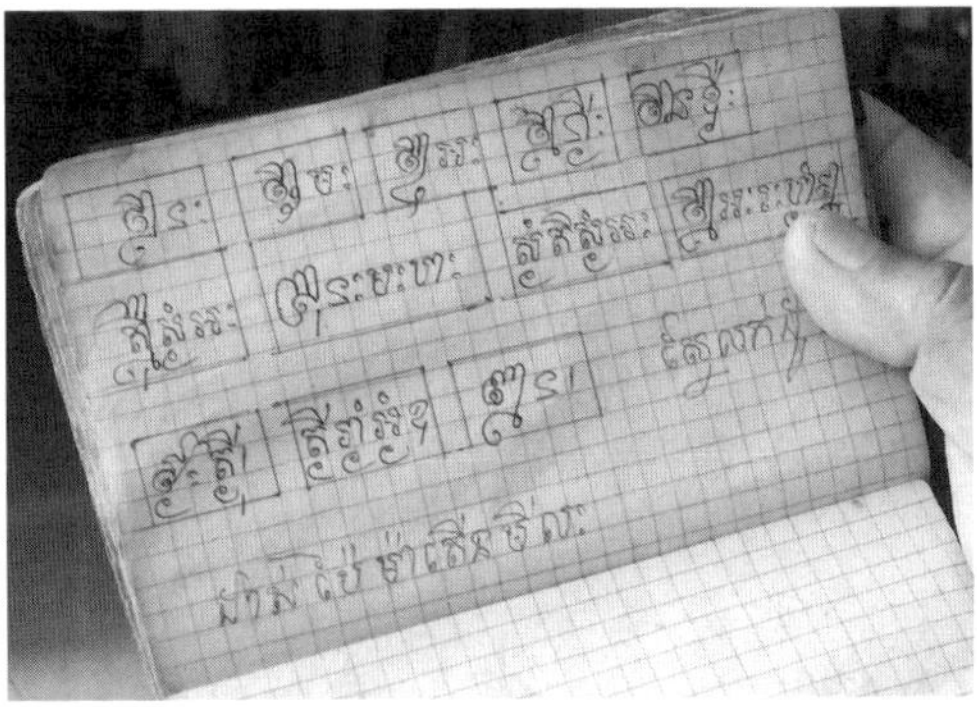

図６‐１：クメール語の呪文を書き留めたクルー KY のノート。依頼者の病状に応じて、呪文を選び、書き写して護符として渡すという

その頃LMは漁業を生業としていたが、夢を見た後、それをやめてクルーとなった。家族に憑霊時の様子について尋ねると、彼女は白い衣を着て香水を付けると意識がなくなり、依頼者が求める霊が降りてきて、彼女の口を通して語り始める、ということであった。ソアヌーク前国王の夭折した王女カンタ・ボパ（一九五二年没）の霊が降りることもあったという。

類似のケースは男性クルーのなかでも少ないながら見られた。KY（53m/20131218）は主に病気を治療するクルーであるが、その術を夢のなかでクメール人の呪術師から学び、クメール語やサンスクリット語の護符も用いるという（図６‐１）。彼の家にはメッカのカアバ神殿のポスターが貼ってあり、家族の女性たちはヒジャーブ（スカーフ）をかぶり、間違いなくムスリムとして生活しているチャム人の家庭であるが、彼が行っている呪術はクメール系のものである。これは推測にしかすぎないが、もし実際にチャム人がクメール人呪術師から学んで呪術師となり、そのことを口にしづらい場合には、夢で見たと主張することもあるのかもしれない。いずれにせよ、このように夢や憑霊を通して呪術を学んだと主張するケースは、家族や周囲に適切な師がいない場合に多いと言えるだろう。しかし大半のクルーは父や祖父から学んだのであり、家庭が継承の場となってきたことがうかがえる。

呪術の手法――三つの文化の混淆

クルーたちが実際にとり行う呪術の手法は多様で、チャムパ、イスラーム、クメールの三つの文化を起源にしていると分類することができる。この分類は実際にそうであるかという真偽よりもむしろ、クルーの認識に重点を置いたものである。これは、それぞれのクルーが自分の呪術が何に依拠しているととらえているのか、つまり各々のアイデンティティがどこにあるのかを示す重要な指標であると考えられる。

まずチャムパに由来するとされる呪術としては、ＨＡ（72m/20130808）の行ったものが特徴的であった。彼は卵とろうそくを夜九時に持参すれば、これらを用いて悩みの解決方法を占うことができると言い、これはチャムパ由来の呪術だと明言していた（図６－２）。またＭＤ（50m/20131029, 20131220）はチャムパからカンボジアに逃げて来た時にチャム人が乗っていた船の絵を、護符として用いることがあると述べている（図６－３）。

とはいえ最も多く見られたのが、イスラームに依拠すると主張される呪術の手法であった。ほとんどのクルーが呪術をとり行う際にクルアーンの「アーヤ」（アラビア語で「句」）を唱えると述べ、クルアーンの句をアルミ板に書きこんだものを護符としてつくっていた。またマレーシアで出版されたクルアーン解釈書（TS/73m/20131029）や祈禱書（HA/77m/20131030）、さらには呪術書とそこから描き写された護符などが用いられていた（SS/41m/20131204）。

カンボジアのチャム人共同体がマレー世界イスラームの影響下で展開してきたことは、これまで何度も論じてきた。また、チャムパのポー・ロメ王がマレーシアのケランタンに滞在し、マレー呪術を学んだとされていることもすでに述べた通りである。このように歴史的にチャム人は、マレー世界からイスラームのみならず、呪術をも学んできた。現在のチャム人呪術師からの聞き取りの際にも、「イスラーム的呪術＝マレーシア由来の呪術」という意味合いで話が展開されるのが通常であった。

これに対して、イスラームではなくチャムパ系呪術を用いると明言するＨＡ（72m）はマレーシアの呪術と自分の呪術との違いを明確に認識し、次のような話をしてくれた（二〇一三年一二月四日）。

あるお金持ちの男性がいて、彼には妻もいたが、マレーシアに仕事で行き、別の女性と関係を持つようにな

図６-２：クルーの HA に指示されて持参した卵と赤いろうそく。HA は卵を水の入ったボウルに入れたが、その下にはカッカ文字（チャムパ文字）が書かれた紙が敷かれている

図６-３：チャム人がチャムパからカンボジアに逃れてくる際に乗った船の絵。クルーの MD の祖父が描いたとされる。呪術の護符に用いられることもあるという

った。妻はそれを知って二人を別れさせようとし、自分のところに来た。マレーシアの女性は五人の呪術師に依頼して守ってもらっていたが、自分はその呪術を破り、男性を妻のところに戻した。この五人のマレーシア呪術師の呪いによって、自分の体には異物が入って五カ所に瘤ができたが、川で清めると消えてなくなった。

この呪術師対決のエピソードは大変興味深いものである。HAはチャムパ呪術を用いるメッカ巡礼経験者のムスリムであり、マレー化・スンナ派化したマジョリティのチャム人のなかでは最もチャムパ性を色濃く残す。その「チャムパ的イスラーム」に近いところにアイデンティティを置く彼にとって、ディアスポラにともなって入って来た「マレー世界イスラーム」の呪術は、対立し、負かすべきものであったということになるであろう。

さてチャム人呪術師の三つの文化的背景のなかの最後のものが、カンボジアのクメール文化に根差した呪術である。特に薬草などを用いるクメール医術と呼ばれる伝統医療を利用する場合が多い。例えばすでに紹介したKY（53m/20131218）は夢のなかでカンボジア人から呪術を学ぶとし、クルアーンは使わず、クメール語やサンスクリット語の文言が書かれた護符、さらには薬草の粉や自分の唾液などを用いて病を治療するという。その家の裏庭の小屋にはたくさんの患者が待っており、その盛況ぶりがうかがえた。筆者が聞き取りをした時に治療を見学させてもらったところ、背中がひどく爛《ただ》れた女性が粉などをかけてもらっていた。このように、彼の呪術にはイスラーム性は全く見られず、現実世界での師匠はいないと主張しているが、仏教的なクメールの伝統に依拠している。

ただしチャムパ、イスラーム、クメールの三要素は、完全に独立したものではなく、要素の混淆が見られる。例えばTS（73m/20131029）はモスクのイマーム（導師）を務めるが、クルーとしては引退している。メッカ巡礼の経験者で、家も裕福である。かつては家畜を治療する助手として働き、その後、呪術師として病気治療を中心に活動していた。その呪術について尋ねると、クルアーンに基づく知識だと考えているが、クメール医術を学ぶプログラムに二年間参加した経験があり、自分の呪術は「科学に基づいた上で、イスラームとクメールを混合したようなもの」と述べていた。クルーのSN（36f/20131128）もまた、「イスラーム人」の男性霊が自分の体に入り、呪術を教えてくれたと主張する。彼女もクルアーンやアラビア語は用いず、トランプや人相、手相から未来を占うとし、自分の呪術は「イスラームとクメールの混合」だと述べた。さらにMM（71m/20131203）も自分の呪術は、チャムパに由来する呪術（「イルム・アル＝ファラク」、後述）、クメール医術、クルアーンというイスラームの融合だと述べていた。

先に述べたように、クルーたちが依拠する呪術の文化的背景はそれぞれが依拠するアイデンティティの現れだと考えられる。クルーたちを概観すると、純粋にチャムパ的呪術を用いる場合は極めて少なく、彼らの大半はイスラームに依拠し、場合によってはクメール的伝統を利用している。この状況は、現在のカンボジア社会に生きるチャム人の庶民的なアイデンティティ認識に通じると考えられるが、この点は後に論じたい。

クルーという職業への視線と自己認識

チャム人呪術師への共同体内外からの視点は単純なものではない。カンボジア・クメール社会はチャム人の呪術を畏怖しつつ依存している。またチャム人共同体内でも「チャムの三〇％の人がクルーを信じているが、七〇％は信じていない」（SN/36f/20131128）とのクルー自身の言葉があるように、呪術師が全面的に認められているわけではない。特にカンボジアの外のスンナ派イスラーム、つまり「復古主義的イスラーム」を知る教養層からは強い批判の言葉を聞くことが多い。クルーも実際に、「イマームやハケムといった偉い人たちは呪術を信じていない」（MT/60m/20131129）と述べている。

ここでイスラームと呪術の関係という視点から、チャム人呪術師を考えることが必要となる。クルアーンや預言者ムハンマドの言行伝承集であるハディース集を読むと分かるように、イスラームは呪術（魔術・妖術）の存在は認めている。[9] 例えばクルアーンのなかにムハンマドに先んじる偉大な預言者として登場するムーサー（モーセ）は、魔術に長ける者として描かれている。現在の中東ムスリム社会においても、邪視の概念や聖者信仰、ザールと呼ばれる精霊に関する儀礼など、特に庶民層において呪術が広まっている。[10] しかし近代化されたムスリム教養層の見解としては「呪術＝反イスラーム」とされる傾向が強い。[11] 今回の調査を通してチャム人社会もまた、中東や南アジアに由来するイスラーム、つまり「復古主義的イスラーム」の影響によって、公的に呪術師を認めない方向に進んでいることがうかがえた。この変遷を象徴するものの一つが、本章で扱う「失われた呪術書」の存在であると考えられる。

呪術を批判する教養層の知識人としては、元国会議員のアフマド・ヤフヤー（一九四五年生／m/20140203）があげられる。すでに紹介したように、彼はチャム共同体のリーダーの一人で、クルアーンのチャム語・クメール語への翻訳書刊行やチャム人の学生への奨学金支援などを行っている。これらの活動への援助は中東諸国からの支援金で、彼はそれらの国の人々とのつきあいがあり、復古主義的イスラームをよく知っている。

筆者がクルーに関する質問を始めた時、まずアフマド・ヤフヤーは「チャム人のなかにクルーがいるのか」と驚いた表情を示した。その後、筆者と問答をしたところ、彼は若い頃はチャム人のクルーの家に世話になっていたことがあり、その実態についてはよく知っているが、今もまだクルーがいるとは思いもよらず、驚いた表情を示したということが分かった。この反応にはいろいろな解釈が可能であろうが、少なくとも彼は現在、チャム人のクルーとは無縁であることを筆者に示したいと考えたことは確かである。

さらにクルーについてどう思うかと尋ねると、以下のような内容の返答であった。

私はそういった人たちを信じない。一つに、そのようなクルーになるのはイスラームの教えに反しているから。二つに、彼らは人々に嘘をついているからだ。悪魔にとり憑かれて、悪いことをさせられているのだ。人はどうやって生きるのか選ぶ権利があるが、クルーたちは容易な方法で生活の糧を得ようとしている。だからそういった人たちは、イスラームの教えに照らして考えると、死んだ後に天国には行けないだろう。

ＨＬ（46m/20130702）もまたクルーを強く批判している。すでに述べたように彼はダクワに属すと考えられる人物である。[12]

イスラームの考えでは、クルーは最悪の存在だ。はっきりと分からないこと、例えばなくなった物の場所などを適当に言っているだけ。本当のことはアッラーのみが知っている。彼らのイスラーム理解は間違いで、ジャハンナム〔アラビア語で「地獄」〕に行くだろう。

プノンペン北方のチュラン・チャムレにあるヌール・アル＝イフサーン・モスクのイマーム兼ハケムのレ・ザリ（43m/20131128）も同様にクルーを否定している。[13] 彼は九年間サウディ・アラビアのメディナに留学しており、流暢なアラビア語を話す。筆者が「この辺りにクルーはいないか」と尋ねたところ、次のような回答であった。

この辺りにクルーがいるかどうかは分からない。そもそもイスラームにはクルーはいない。未来のことは人間には分からないので、クルーの仕事はイスラームに反している。

これらに対して、クルーたちの大半は呪術を正当化しようとしていた。その根底には、呪術を「良い呪術」と「悪い呪術（邪術）」に二分する発想が見られる。これに基づき、彼ら自身は前者を用いているのだからイスラームに

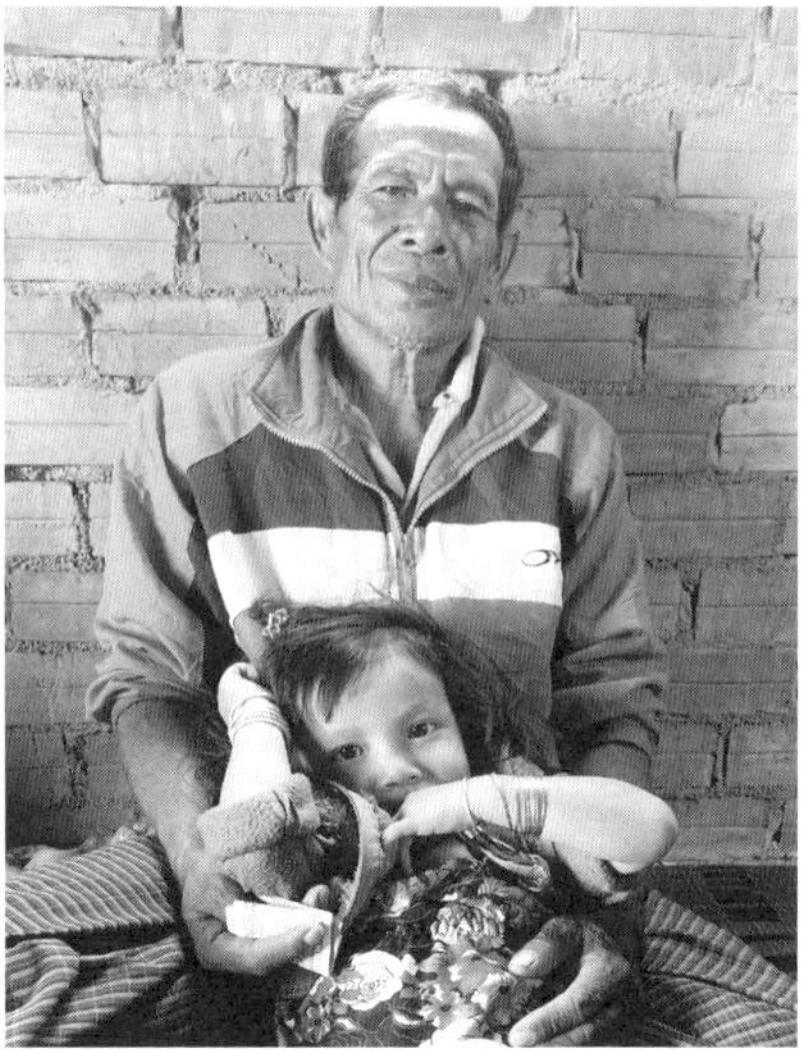

図６－４：クルー DM とその娘。インタビューは魚取りの網をかけている合間になされた

反しない、と主張することが多い。ＤＭ（62m/20131218）によれば、クルーのなかにはクルアーンからの、つまり「アッラーからの知識（イルム・ポー）」に基づく者と、「アッラー以外からの知識（イルム・トゥナウ）」に基づく者がいるという（図６－４）。「ポー」も「トゥナウ」もチャム語だという説明を受けた。実際にチャム語で「ポー」は神への敬称である。「トゥナウ」はＤＭによればクルアーン以外からの知識のことで、具体的にはジンやシャイターン、死者や木の霊など非イスラーム的存在から教えられたものだという。さらにＤＭに、前述したインタビューを断った裕福なクルーについて尋ねたところ、「クルアーンに基づかないことをしているので、それを隠そうとしたのだろう」とも述べており、非イスラーム的クルーと自分自身を区別し、批判的に見ていることが分かる。

ＭＭ（71m/20131218）も同様に呪術を二分し、クルアーンと医療を用いることはイスラーム的、クルアーンを用いない場合は「シルク（多神崇拝）」だとする。前者について言えば、チャム人呪術師はキンマの葉[14]を病の治療に使うことを好む。ＭＭによればジンやシャイターンが依頼者の体内にいる場合、この葉の匂いや味を嫌がるので、これを用いてそれらを弱体化させた後、クルアーンのアーヤを唱えて追い出すという。後者で用いられている「シルク」という言葉であるが、これはアラビア語で「多神崇拝」を意味し、当然ながら一神教であるイスラームでは究極的な神への冒瀆である。これについてＭＭは、アッラーを忘れて他のクメールの神々やジン、シャイターン、木などの霊に祈ること、また霊媒することであると説明している。つまり、アッラー以外を信じることで成り立っている呪術は「シルク」だと考えているのである。このようにクルーはアッラーの言葉そのものであるクルアーンに基づくかどうかでその存在を二分し、当然ながら自らは前者に属すと主張している。以上のような基準に加え、その呪術が人を助けるものか、傷つけるものか、という点でクルーは二分されるという説明も聞かれた（MR/31f/20131226; SS/41m/20131220 ほか）。これらの二つの区分は表現は異なるがほぼ同じ内容で、クルアーンに基づき人助けをするクルーとクルアーンに基づかず人を害するクルーがいるという認識のようである。RM（60m/20131027）にその呪術の起源は何かと尋ねた際、彼はイスラームであると答えた後、「これはクルアーンから学んだもので、イスラームに反しない。クルアーンのなかには人を助けるための句がある」と述べている。その他のクルーからも次のようなコメントが得られた。

クルーには二種類いる。クルアーンの知識に基づく者と基づかない者だ。だが外部からはそれぞれがどちらのタイプなのかが分からないため、批判されているのだと思う。また自分は人を傷つけるようなことはしない。以前、浮気している夫と離婚させて欲しいと依頼されたが、これはできないと断った。仲直りさせることならできる。（SKD/40m/20131226）

人の問題を解決し、クルアーンと「クメール」医療のみ使っているので問題ないと考えている。（MK/67f/20131227）

このようにチャム人呪術師たちは、クルアーンに基づき人助けをする「良いクルー」と、クルアーン以外の知識に基づき人を害する「悪いクルー」の二種類にクルーを分け、自らを前者と主張することで自己正当化をはかっている。これは、少なからぬクルーがクルーであるためには能力だけではなく、良い人格、誠実な人柄が必要であると述べたことと関係していると考えられる。クルーたちはその仕事が批判にさらされがちだと認識し、人を助けるために知識を使っていると強調することで、批判をかわそうとしているとも考えられる。

とはいえ、自分が呪術を行っていることを肯定するクルーのなかにも、実際には後ろめたく感じている者もいる。RM（60m/20131027）には息子がいるが、「今は科学の時代であり、呪術を学ぶ必要も継ぐ必要もない」と述べていた。また他のクルーたちからも、実はクルーになりたくなかったが、必要としている人に頼まれているので（AA/63m/20131224）、または生活の糧を稼ぐために（MSO/87m/20131127; LM/55f/20131029）、仕方なくやっているといった消極的な発言も見られた。

4　失われた呪術書をめぐって

二人の呪術師

筆者はこれまで、チャム人の呪術書としての『キターブ・イルム・アル＝ファラク』（以下、『書』とも表記）について何らかの文献で言及されたものを目にしたことはない。この『書』を知ったのは聞き取り調査のなかで、偶然に言及したクルーがいたためであった。だが『キターブ・イルム・アル＝ファラク』という言葉そのものは明らかにアラビア語である。「キターブ」は「書物」、「イルム・アル＝ファラク」は「占星術」の意味で、『キターブ・イルム・アル＝ファラク』は『占星術の書』となる。

この書について筆者に初めて語ってくれたのは、イスラームではなくチャムパ由来の呪術を用いると明言するHA（72m）であった。この後、他のクルーたちにもこの『書』について尋ねたが、はっきりと知る者は少なく、曖昧なイメージだけを持つ者が多かった。最も詳細で確信を持った説明をしてくれたのは結局HAのみであった。

また、ＭＤ（50m）はその祖父も有名なクルーでチャムパの知識を十分に持っていたらしく、そこからの伝聞ではあるが『書』について語ってくれた。本章ではこの二人のクルーたちの語りから、『キターブ・イルム・アル＝ファラク』について叙述していきたい（以下のＨＡへのインタビューは、二〇一三年五月三一日と八月八日、一二月四日、一二月二五日に、ＭＤへのものは二〇一三年一〇月二九日と一二月二〇日に行われた）。

ＨＡはコンポン・チュナン州に生まれ、二〇一三年当時七二歳、四年前にメッカへの巡礼（ハッジ）を終え、礼拝も欠かさない敬虔なスンナ派ムスリムである。コンポン・チュナン州は母の出身地であり、父はベトナムに近い地域の出身であった。クルーになったのは、師匠につき、さらに高名なクルーであった祖父の残したカッカ語（チャム語）の書物を学ぶことによってであった。普段は病気治療や夫婦問題、子どものトラブルなどの相談を受けており、相談者の大半は女性で、クメール人が多いという。未来については占わないのかと尋ねたところ、普段は行わず、未婚の人に対してのみ、夜九時に卵を割ってグラスに入れて行うとのことであった（図６－２、一八七頁）。呪術としてはクルアーンを用いず、ジンやシャイターンに命じて術をかけるとのことで、これはＨＡ自身も述べているように、イスラームよりむしろチャムパの伝統にのっとる呪術だという。すでに論じたように「ジン」や「シャイターン」はアラビア語のイスラーム用語であり、ＨＡがこれをチャムパの伝統とするならば、まさしく彼は「チャムパ的イスラーム」の呪術を体現しているということになる。だがこのタイプの呪術はチャム人の間で少なくなっているということもすでに述べた通りである。

ＨＡに、クルーのなかで未来について占う者が少ない理由を尋ねてみた。すると、ただ推測しているに過ぎないので需要がなくなってきている上に、「イルム・アル＝ファラク」の知識を持っている人が減っているため、という返答が得られた。ここで筆者は初めて「イルム・アル＝ファラク」を耳にしたのであった。彼によれば、若い世代は外のイスラームの影響を受けているので、この知識はイスラームに反すると考えて学ぼうとしないという。ここでも従来からチャム人共同体にあったチャムパ系呪術が、外部から入ってきたイスラームの教え、つまり「復古主義的イスラーム」によって存在感を失いつつあることがうかがえる。

さらに「イルム・アル＝ファラク」とは何かと尋ねると、未来を推測するための学問とのことであった。筆者がこの用語がアラビア語で「占星術」を意味することから、「月や星の動きを見るのか」と尋ねると、その通りで、さらに体のホクロなどからも判断するとの返答であった。ただ、「これはイスラームに反していて、ジンやシャイターンに属す。自分自身は知ってはいるが、使わない」という説明が加えられた。しかし前述したように、彼はジンやシャイターンを使うと述べており、対外的には「イルム・アル＝ファラク」を使わないと述べていても、実際にはある程度用いているのではないかと推測することができる。それはこれから述べる『書』についてのHAの言説からも推測される。

彼はかつて『書』を持っていたが、「イスラームに反する内容のため一九八二―一九八三年頃に捨てた」という。しかし同時に「もし持っていても、人には見せないだろう」と笑いながら述べていた。このHAは筆者がインタビューしたなかでは最も深い呪術の知識を持っているように見受けられた。それは高齢ということもあるだろうが、チャムパ系呪術を用いていることによるのではないかと考えられる。同世代やさらに高齢のクルーでもチャムパ系ではなくマレー系イスラームの呪術を学んでいる者もおり（例えばHA［77m/20131030］、AT［81m/20131226］）、高齢者がチャムパ系呪術を用いるとは限らない。HAは、自分の呪術はクルアーンを用いず、イスラームに由来せず、チャムパ伝来のものだと明言している。さらに彼の祖父もカンボジア王家と関わりがあったほど高名なクルーで、カッカ語を読み書きでき、チャムパの呪術について造詣が深かったという。HAはそのチャムパ呪術を継承しているという認識を強く持っているクルーであった。彼の語る『書』とその内容に関しては、最も信憑性が高いのではないかと考えられた。

次にもう一人のクルーMDであるが、彼は生まれも育ちもプノンペンの川沿いの集落で、インタビュー時五〇歳であった。かつて彼の家は裕福で大きな家に住んでいたが、人にだまされて財産を失い、借金もできたため、今のような状態になってしまったという（図6－5）。彼もHA同様に、有名なクルーであった祖父の教えを受けてクルーになった。この祖父もカッカ語を話し、アラビア語も理解できたが、クメール語はできなかったという。MDへの相談者はクメール人女性が多く、内容も夫婦間の問題や病気、商売などだという。ただ彼は、未来も占うことができるが、反イスラーム的行為であるためそれは行わない、と述べていた。さらにクルーという職業も生活のためにしているという意識があり、この仕事についてイスラーム的に全く問題がないと思っているわけではない、という。このようにMDはHAと類似した家庭環境に育ったクルーではあるが、チャムパ的呪術を行っているわけではなく、イスラーム的価値観を気にしている様子がうかがえた。

図6－5：川沿いにあるクルーの MD の家。近所にある別のクルーたちの家は高床式であり、それと比べると貧しさがうかがえる

　MDに『キターブ・イルム・アル＝ファラク』について尋ねてみたところ、「カッカ語で書かれたものだと聞いたことはあるが見たことはない。祖父は持っていたようだが、『書』はクメール・ルージュ期に土に埋められてその後、見つかっていないはずだ」といった答えであった。そしていくつもの絵や文字が書かれた大きな布を見せてくれ、これがその『書』に由来するものだと思うと説明してくれた。例えば船の絵（図6－3、一八七頁）は、チャム人がベトナム人に追われてチャムパからメコン川をさかのぼり、カンボジアにやって来た時の船で、チャムパ王宮の木でつくられており、乗っている人たちを敵から守る力を持つ。これらの絵や文字も呪力を持ち、紙に描き写して護符にするという。この布は誰がいつ、何の目的で描いたのかと尋ねてみた。すると彼は「これはクメール・ルージュ期の前に祖父が『書』から描き写したものだと考えられる。祖

父は偉大なクルーで未来を予知できたため、その後、どのようなことが起こるか分かっており、『書』が失われる前に布に描き写し、内容が完全に失われないようにしたのだろう」というような説明をしてくれた。

実はこの後、HAにMDの布の写真を見せ、『書』にこのような絵があったかと尋ねたところ、HAは『書』は文字のみであったと述べた（二〇一三年一二月二五日）。MDは『書』を実際には見たことがないと明言しており、この布が偉大なクルーである祖父が大切に保存していたものであることから、勘違いをしているという可能性も否定できない。ただ、クルーのMM（71m/20131218）は、MDの住む地域の川沿いの家に、かつてこの『書』を持っているクルーがいると聞いたことがあると言っており、それがMDの祖父であったのかもしれない。また別のクルーのDM（62m/20131203）に布の絵を見せた際、『書』にはこのような絵があったと思うとも述べている。

このようにクルーによって『書』のイメージは多様であり、失われた呪術書の真の姿を描き出すことは簡単ではない。

曖昧な『書』のイメージ――形態、内容、そして失われた理由

このように『書』のイメージは曖昧であるが、それは書名にも言え、『キターブ・イルム・アル゠ファラク』というアラビア語ではなく、『キターブ・トムロク』や『キターブ・チュルブロク』という名で呼ばれる場合がある。またこれらが同じ本の名前ではなく、二冊の別の本だったと述べるクルーもいる。「トムロク」や「チュルブロク」の意味について何人ものクルーに尋ねたが、知る者はいなかった。「イルム・アル゠ファラク」というアラビア語は口頭では「イルムルファラク」という発音になり、それが転じて「トムロク」や「チュルブロク」になった可能性もあり、筆者は別の書ではなく同じ書ではないかと推測している。HAも、人によって呼び方が違うだけで同じ本だと述べ（二〇一三年一二月二五日）、MDも二つあるのかどうかは分からないとの返答であった（二〇一三年一二月二〇日）。

二冊が別の本だと考えているクルーたちは、次のように違いを説明している。HAやMDと同様にクルーであった祖父から呪術を教えられたというMM（71m/20131218）はこう語った。

> 『キターブ・トムロク』はいろいろな呪術についての本で、カッカ語で書かれ、チャムパのある村から来たものである。「トムロク」の意味は分からない。『キターブ・アル《（ママ）》＝ファラク』は『キターブ・トムロク』とほぼ同じものだがカッカ語のものとそのジャウィ語訳があり、結婚時期など未来を知るための呪術について詳しく書かれている。

ここでは、『キターブ・イルム・アル＝ファラク』と同一と推測される書がカッカ語とジャウィ語で存在すると考えられている。よってそれが「チャムパ的イスラーム」の層と「マレー世界イスラーム」の層の双方を含み持っているという認識があることがうかがえる。

また祖父母がクルーで、この書の一部を持っていたというRM（60m/20131225）によれば、二冊の本の内容はとても似ていて、アラビア文字で書かれていた。『キターブ・トムロク』は結婚相手などの未来について知る呪術が書かれ、『キターブ・イルム・アル＝ファラク』は未来だけでなく、今の生活のことを知る呪術についても書かれているという。

夢をきっかけにクルーとなったST（45m/20131226）は次のようなことを語ってくれた。

> 『キターブ・イルム・アル＝ファラク』を他のクルーが使っているのを見たことがあるが、その人はもう亡くなっている。それは「シルク（多神崇拝）」なので自分は使わない。『キターブ・トムロク』は「オルセーの人たち」のところで見たことがある。

「オルセーの人たち」とは前述したようにイマーム・サンの人々のことで、マジョリティの「チャム人」から、チャムパ性を残した反イスラーム的な呪術を使う人たちと認識されている。このように二冊の内容的な違いは明白ではなく、原本と翻訳書があったとすれば、それと混同されているのかもしれない。

書物の形態についてもイメージは曖昧で共通点が見られない。HA（77m/20131225）によれば、『書』は元はカッカ語だが、アラビア語（ジャウィ語のことか?）に訳されていて、A4サイズくらいの大きさの二〇ページくらいの薄い本であったという。AA（63m/20131224）は、『書』について聞いたことはあるが自分は知らない、ただ近所に住む別のクルーが持っているのを見たことがあり、一冊の本というよりも、紙の束のようなものだったと述べている。他方、AAと同じ集落のMS（63m/20131224）によれば、その妻の亡き父もクルーで、この『書』を持っていて、とても分厚い本であったという。ここにも勘違いなどが生じている可能性があるだろう。

ただし内容に関してのイメージは共通する部分が大きい。HAは、この本を学べば死期や未来の出来事を知ることができ、それを避けるようになるため、アッラーがすべてを定めたとするイスラームに反することになる、と述べた（二〇一三年一二月二五日）。DM（62m/20131203）は、「イルム・アル＝ファラク」は未来を占うものだが、未来はアッラーのみが知るのであり、シルクだという。彼自身はマレーシアから来たアラビア語の本を用い、クルアーンの章句を使って呪術を行っており、「イルム・アル＝ファラク」には批判的である。このように、未来について知るための呪術の書であり、反イスラーム的であるという見解が他のクルーからもよく聞かれた。「以前はよく知られていて、他の人が使っているのを見たことがある。未来を知ることができるが、自分は使わない」（MK/67f/20131227）などである。

また「危険な書物」（SKD/40m/20131226）とも描写され、この認識は、父から呪術を学んだSS（41m/20131220）自身の叔父に関する次のような話からもうかがえる。

『キターブ・トムロク』も『キターブ・イルム・アル＝ファラク』も聞いたことがあるが内容は知らない。叔父からも教わっていない。未来を知ったり、体中のホクロを知ったりするための良くない知識なので、イスラームに反する。クルーだった叔父がかつてベトナムにいてこの本を持っていたところ、政府によって投獄された。マレーシア政府やベトナム政府はこの本を禁じている。未来を知ることになる危険なものだからである。そしてこの本を処分した。叔父は二五年ほど投獄され、今は釈放されているが、このような経緯があるため、昔の世代の人たちは下の世代にこの本の知識について伝えようとしなかった。(15)

このように『キターブ・イルム・アル＝ファラク』は、未来を知るという反イスラーム的な内容を持つ危険な書であり、真偽は別として、これを持つことそのものが政治的な問題になると考えられるほどのものであるらしい。

そしてもはやこの『書』は現存していないわけであるが、SSはその消失の理由を「危険な書」であるためだと考えている。クルーたちのなかには、この『書』が現存しない理由としてクメール・ルージュ期に紛失したとする者たちと自ら処分したとする者たちがいて、二分される。前者に関して言えば、これまでにも論じたように、クメール・ルージュは知識を敵対視し、知識人の虐殺や焚書を行ったわけであるが、これはクルーという呪術の知識を持つ者たちにも生じたことであった。筆者の聞き取り調査から、彼らの多くは自分がクルーであることを隠し、クメール・ルージュに特別な知識を持つことを知られないようにしていた。また密かに呪術を用いて、クメール・ルージュの兵士の銃弾から身を守った（RM/60m/20131225）と主張する者さえいた。(16)

このような過酷な状況がかつてあったこともあり、クルーたちのなかにはこの『書』もまたクメール・ルージュ期に失われたと考えている者たちがいる。例えば前述したようにMD（50m/20131029）は、その祖父が持っていたがこの時期に失われたと述べたが、奇妙なことに次のようなＭＭ（71m/20131218）の話はＭＤの内容に合致している。

『キターブ・トムロク』の大半はクメール・ルージュ時代に失われたが、一部が紙や布に書かれて残された。かつてチュロイ・チュンワー〔ＭＤの住む地区〕にこの本を持っているクルーがいたらしいが、詳しいことは分からないし、今はどうなっているのかも知らない。『キターブ・イルム・アル＝ファラク』は、カッカ語のものはクメール・ルージュ期に失われたが、これをジャウィ語に訳したものがあるらしい。

ＭＭは実際に持っていたわけではないため、これが真実であるかどうかはここでは問題ではない。また、ＭＭの話のなかに登場するチュロイ・チュンワーのクルーがＭＤの祖父かどうかももちろん分からない。ただ二つの呪術書がクメール・ルージュ期に失われたと彼が考えていることは確かである。

他方、『書』が反イスラーム的であることから、チャム人共同体が自覚的に破棄したという考えを口にするクルーたちもいた。つまりクメール・ルージュ期を乗り越えて残されたが、その後でチャム人の意図によってこの世から葬り去られたというのである。

ＨＡ（72m）が自ら『書』を破棄したと述べたということは前述した通りである。さらにＭＳ（63m/20131224）も自分で燃やしたと主張し、次のようなことを語ってくれた。

『キターブ・トムロク』と『キターブ・イルム・アル＝ファラク』は未来について述べる反イスラーム的内容のもので、自分はこの二つが混ざったものを持っていたが燃やした。これはチャムパから来たもので、オルセーのイマーム・サンからもらった。

このようにMSは『書』は二冊あったが一冊にまとめられたものを持っていたと述べており、『書』の実態がどのようなものだったのか、さらに曖昧さを加える語りになっている。ただここで重要なことは、彼もこの『書』がチャムパに起源を持ち、オルセーのイマーム・サン共同体に由来すると考え、その内容が反イスラーム的であることが破棄の理由だと明言していることである。

さらにAT（81m/20131226）はチャム人の教養層がこれを嫌って破棄させたと述べている。

その書について聞いたことはある。シャイターンを使う術についての本で、特にチャム人の宗教知識人たちが恐れて捨てたのだ。

ここでいう宗教知識人たちとは、カンボジア外のスンナ派イスラーム、つまり呪術を反イスラームとする「復古主義的イスラーム」の影響を受けたクルーのことで、呪術を反イスラームと考えていたと推測される。以上から、チャム人共同体が「自浄努力」としてこの『書』を葬ったとする考えが、クルーのなかにあることが確認された。

5 小結――チャムパ性の喪失と「復古主義的イスラーム」

カンボジアのチャム人ムスリム共同体は、チャムパに由来するとされる呪術書『キターブ・イルム・アル＝ファラク』を失い、記憶のなかにのみ保持している。若い世代は呪術師であっても、もちろんそうでなくても、この『書』のことを知らない。失われた理由は、他の多くの文献と同様にクメール・ルージュ期に破棄されたということもあるだろう。だがクルーたちの語りから、この悲劇的な時代の後にも残っていたものがあったが、チャム人の意図によって破棄されたことが明らかになった。そしてこの意図とは、『書』が未来を占うための反イスラーム的な内容であったため、共同体上層部の宗教指導者やクルーたち自身が破棄を決めたというものであった。

チャム人クルーの呪術には、チャムパ系、イスラーム系、そしてクメール系の三種が見られ、それぞれが彼らのアイデンティティを象徴していると考えられると指摘した。この三要素はクルーのみならず、カンボジアに居住するマイノリティ・ムスリムであるチャム人全体に見られるものである。アメリカ調査研究所によるチャム人の自己認識調査の結果は、すでにふれたように、「クメール・イスラーム」が八三％、「チャム」が一六・五％、そして「クメール」が〇・五％であった。さらにこのレポートは、チャム人はアイデンティティとしてチャム性を強調しすぎると危険と考え、カンボジア社会のなかで出すぎることなく調和を求めていると論じている（American Institutes for Research 2008: 26–27）。ここからもチャム人のアイデンティティはチャム人、ムスリム、クメール人の三つに分かれるが、総じてチャム人であることは強調せずに「カンボジアに住むムスリム」つまり「クメール・イスラーム」として身を処すことをよしとしていることがうかがえる。実際に、チャム人がチャムパ復興を企んでいるという噂によって、マジョリティのクメール人との関係が悪化したことがあったと述べるチャム人もいる（American Institutes for Research 2008: 35）。

しかしすでにふれたように、過去にはチャム人としての民族意識が高まった時期もあった。クメール・ルージュ期以前の一九六〇年代には、チャムパの復興を求める政治組織のフルロと深く関わるチャム人がいた（Jaspan 1970; Hickey 1982; 樋口 1995: 151–159, 276–281）。この時期の民族意識の高まりはベトナム戦争期の特殊な状況をふまえて考えなければならないが、少なくとも当時のカンボジアのチャム人のなかに、ムスリムであることよりもチャムパの末裔であることを重要視する者がいたことは明らかである。この時期と比較すると、現在のチャム人のアイデンティティにおけるチャムパ性は薄まっている。そう考えると、本章で明らかにしたチャム人共同体が自らチャムパ起源とされる『書』を消失させたことは、チャムパ性をそのアイデンティティから薄めていくプロセスであったと言うことができるだろう。

では呪術という面から見てみると、チャムパの末裔であることを表に出さないことにどのような意義があるのだろうか。それはチャムパが、その呪術の強さで知られていたことに関係する。ベトナムのチャム人に伝えられた伝説には、チャムパ王宮には占星術師たちがいて王に意見を具申する様子が何度も描かれている（チャン編2000）。また前述したベトナムの姫と魔法の木の伝説にあるように、この国の滅亡理由をその呪術性が失われてしまったためとする伝承さえある。さらにチャムパの呪術性の強さは、チャムパの伝統を色濃く残すとされるイマーム・サン共同体が、マジョリティのチャム人からさえ強い呪術性を持つと恐れられていることからも見てとれる。すでに『キターブ・イルム・アル＝ファラク』が「オルセーの人々」つまりイマーム・サンの人々から来たと考えているクルーのST（45m/20131226）やMS（63m/20131224）について言及したが、これもその一つの表れである。またマジョリティのチャム人と話していると、イマーム・サンの人々がイスラーム的に「間違った」呪術を使っていると主張する者が少なからずいた。

以上のような状況から、チャムパ性と呪術性の強い結びつきが確認されるわけであるが、そうするとマジョリティのチャム人共同体で『キターブ・イルム・アル＝ファラク』が失われ現存しないという状況をどう考えればよいだろうか。これは、チャム人がチャムパ起源の反イスラーム的な呪術を消し去り、ムスリムとしてのアイデンティティに重点を移そうとした結果であると考えられる。マジョリティのチャム人共同体は、イマーム・サン共同体では今なお見られるような呪術と混在していた土着的イスラームを脱して、呪術を認めない「公的」で「正統」なスンナ派イスラーム、つまり「復古主義的イスラーム」に移行することを自ら選択したのである。

この呪術書『占星術の書』の存在の意味を考えるにあたっては、デ・フェオが論じる次の現象が同じ構造を持つため参考になる。コンポン・チャム州のある村ではかつてチャムパ王子のものとされる墓が崇拝の対象であっ

表6－2：呪術界の現象とアイデンティティ

呪術的現象	層＝アイデンティティ	現状
チャムパ呪術（『占星術の書』に見られるチャムパ起源の呪術）	チャムパ的イスラーム	消失
マレー経由のイスラーム呪術	マレー世界イスラーム	継続中
呪術の否定	復古主義的イスラーム	近年流入
（クメール的要素）	（カンボジア人）	（流入中？）

た。しかしこの行為は宗教指導者たちによって批判され、行われなくなった。デ・フェオはこの現象を次のように説明している。

> 新しいタイプのイスラームを受け入れた者たちは、独自の民族的アイデンティティを普遍的なイスラームでもって覆い隠そうとしている。チャム人はそのアイデンティティの存続をイスラームに頼ってきたが、より純化されたイスラームを模倣しようと熱心なあまり、そのチャムパの伝統に幕を下ろそうとしているのである。（De Féo 2007: 11）

マイノリティというマージナルな存在はアイデンティティ確保のため中心となる核が必要であり、必然的に求心力または魅力のある中心に向かっていく。チャム人呪術師の状況を見ると、その依拠する術であるチャムパ系、イスラーム系、クメール系の三種のなかで、時代を経るにつれてチャムパ系が薄れ、イスラーム系とクメール系が残っている。これが意味するのは、今やチャム人にとってチャムパという歴史上の存在にはアイデンティティの核となるような力はあまりなく、イスラームやカンボジアのクメール人社会にはそれがあるということであろう（表6－2）。

チャム人はクメール・ルージュ期の大迫害の後、共同体の外部との関わりを急激に増やしつつある。一つにはカンボジアのマジョリティであるクメール人社会により近づいているということがある。上の世代ではクメール語を話さないチャム人がいたが、若い世代はもはやクメール人社会と関わらずに生活することはできない。もう一つが、中東や南アジアのイスラーム諸国との接近で、これが本書でいう「復古主義的イスラーム」の層を形成している背景であることは、前述した通りである。

このような状況のなかチャム人は、チャムパの末裔であるという伝統的なアイデンティティよりもむしろカンボジア人ムスリム（クメール・イスラーム）というアイデンティティを意識しがちとなる。そして呪術師たちも同様に、呪術を認めない「公的」イスラームを考慮するようになり、チャムパ系呪術の象徴である『書』を時代のなかで封印することをよしとしたのであった。この『書』の喪失は、このようなチャム人のアイデンティティの変化、つまりチャムパ性を脱ぎ捨て、グローバルな復古主義的イスラームを身に着けようとする動きを背景として生じたと理解することができるのである。

終章

ディアスポラ——亡国の民として

チャム人がカンボジアのマイノリティ・ムスリムである理由は、ディアスポラという歴史的出来事による。これがなければ、今もなお、ベトナム沿岸を占有するイスラーム国家として存立していたかもしれない。そして南シナ海海域をめぐって中国と対立していたかもしれないが（Bray 2014）、それは現在、ベトナムの国家的問題である。

チャム人はコーエンの言う「被害者ディアスポラ」を経験した。「ふるさとの地」からの避難のための移住は一五世紀から一九世紀まで断続的に繰り返され、移住先も東南アジアを中心に多方面に至った。この過程で、チャム人はイスラームへの改宗を進め、アイデンティティの重要な要素としてとりこんでいった。これはチャムパの弱体化の裏返しであるとも考えられる。当時東南アジアに伝来し、商業ネットワークを通じて勢いを持っていたイスラームに入信することで、弱まっていくチャムパの民としてのアイデンティティを補強し、中国文化を身に着けた仏教徒のベトナム人と対抗しようとする意識が根底にあったのであろう。しかし当時のチャム人のイスラームは祖先崇拝やヒンドゥー教と混淆した「チャムパ的イスラーム」とも言えるものであり、彼らがチャムパというアイデンティティを強くひきずっていることを表象している。このイスラームは、ベトナムのチャム・バニやカンボジアのイマーム・サンといった集団にその姿を見ることができる。

このディアスポラのなかで最大の移住先、つまり「たどりついた地」は隣国の仏教国カンボジアであった。他の者たちはマレーシアやインドネシア、タイ、中国海南島に逃れた。マレーシアやインドネシアでは民族宗教上の近さから現地の人々と同化したと考えられるが、カンボジアからの再度のディアスポラを経験したタイのチャム人やベトナムから海を渡った海南島のチャム人は、今もなおチャムパの末裔というアイデンティティを保持しつつ、グローバル社会に適応しようとしている。

カンボジアに移住したチャム人は、カンボジア王家の利害関係に巻き込まれながらも、先住マレー人（チュヴィエ）との民族上・言語上の近さという深いつながりを通して、マレー世界のイスラームを習得していく。マレー世界イスラームはスンナ派のシャーフィイー法学派に属しており、混淆（シンクレティズム）の色彩の濃かった「チャムパ的イスラーム」を脱し、東南アジアのイスラームの標準的水準に達していく。それがよく示されていたのが本書の第五章で扱ったキタブ・クニンであった。この書は、カンボジアのチャム人が民族浄化とディアスポラを経験したユダヤの民と同様の歴史的悲劇を体験し、ムスリムとしてのアイデンティティを根絶させられそうになりながらも、それを守り抜いた象徴であり、チャム人のムスリムとしてのアイデンティティが東南アジア・イスラームつまり「マレー世界イスラーム」の層に根差していたことを示している。仏教国カンボジアのマイノリティとなったチャム人はチャムパに戻ることもできず、東南アジアの海域（島嶼部）に広まり、イスラームを通して自分たちと近い民族的出自を持つマレー人と結びつくことで、アイデンティティを保ったのである。また、カンボジアにおいて、マレー系であることやムスリムであることは生き抜くために貴重なツールであり、外交や商業において強力なネットワークを持つことから、王家などからも重宝がられることになった。つまりチャム人は、自分たちのアイデンティティの保持のために、当時最も自らの出自に近く、生き抜くために有効な「マレー世界イスラーム」を選んだと言える。

クメール・ルージュ期の大迫害を乗り越えたチャム人ムスリムのアイデンティティはさらに広域のイスラームに重点を移していく。これが現在進行形で形成されている「復古主義的イスラーム」の層である。クメール・ルージュによってほぼ壊滅状態となったマレー経由のイスラームを再建するために、国外のムスリムたちが援助の手をさしのべた。この援助は同時にその援助者の実践するイスラームを伝える経路となった。伝統的につながりの深いマレーシアなどの東南アジア諸国ももちろん援助に加わったが、新たにクウェートやアラブ首長国連邦、サウディ・アラビアといったアラブ湾岸諸国がその経済力でもって大規模な援助を行っている。また南アジアに発した宣教組織ダクワ・タブリーグ（タブリーギー・ジャマーアート）もカンボジアに流入し、厳格な教義と緊密な組織力で特に貧困層に浸透している。これらの「本場」のイスラーム諸国から入ってきたイスラーム、ここでいう「復古主義的イスラーム」は「マレー世界イスラーム」を実践してきたチャム人にとっては「異物」である。しかしそれが「本場」から来た「真の」イスラームであるという感覚や、貧困にあえぐチャム人に与えられる物心両面の援助によって、「復古主義的イスラーム」は魅力的な新しいアイデンティティ、つまり一つの「層」として、現在チャム人共同体のなかで影響力を高めているのである。

このように、ディアスポラによるマイノリティの民は、その時々に最も影響力を持ち、経済・文化的に魅力的であった文化に依拠してアイデンティティを形成してきた。そしてそれが時間の流れとともに共同体を形成し、層となっていく。これは彼らの元来の居場所である「ふるさとの地」の政治的・文化的求心力が弱く、その土地との関係性が希薄なため、それぞれが「たどりついた地」において変容し続けるしかなかった結果であるとも言える。ディアスポラ概念はユダヤ人の歴史から生じたものであるが、チャム人とユダヤ人の歴史を比較すればチャム人にとっての「ふるさとの地」の求心力の弱さは明らかである。チャムパはもはや存在せず、王家の末裔はムスリムでさえなく、チャム人ムスリムにはほとんど知られていない。ベトナムに滅ぼされたというチャムパ滅亡の「神話」は伝えられているが、若い世代になるほどあいまいな知識しかなく、共同体全体の記憶としては薄らいでいる。

さらなる問題は、別の国に離散したチャム人どうしのネットワークが希薄なことである。クメール・ルージュを機にアメリカに亡命した難民の二世、三世からチャムパという自分たちの出自への関心が高まっている状況があり、今後そこから何らかの動きが生じる可能性はある。しかしカンボジアやベトナムにいるチャム人は日々の暮らしを送る以上の余裕はなく、また新たな動きに加わることの利点が薄いため、トランスナショナルなチャム人ネットワーク構築は、もし生じるとしてもまだ先のことであろう。それよりもむしろ、チャム人のもう一つの「核」であるイスラーム・ネットワークとの結びつきを得ることで、チャム人としての独自性を維持・発展させつつ、日常の援助や将来の可能性の幅を広げる留学の機会などを求めていくのではないかと考えられる。

アイデンティティの重層性と重点の移行

本書ではチャム人のアイデンティティを考えるにあたって、宗教文化の五つの層を設定し、それぞれが別個のアイデンティティを表象していると考えてきた。それらは「1　アニミズム・祖先崇拝」、「2　ヒンドゥー教」、「3　チャムパ的イスラーム」、「4　マレー世界イスラーム」、「5　復古主義的イスラーム」の五層であり、ここではこのなかの三つのイスラームの層を中心に論じた。

これまでチャム人のアイデンティティ論としてはエング（Eng 2013）とアブドゥル・ハミド（Abdul Hamid 2006）の二つの論考が発表されている。エングはチャム人のアイデンティティには二つの「核 core」があり、それが「イスラーム」と「チャム性」であるとしている。さらに「イスラーム」を宗教的アイデンティティ、「チャム性」を民族的アイデンティティと規定した後、この二つのアイデンティティは強く結びつき、クメール人とチャム人を区別するものとなっていると指摘する。さらにエングはこの「核」となるアイデンティティに加えて、三つの周辺的（peripheral）アイデンティティを設定している。それらは宗派的（sectarian）、経済的（economic）、政治的（political）なものであるため、変化しやすいという（Eng 2013: 11-12, 357-378）。このようにエングはチャム人のアイデンティティを構造的にとらえ、クメール人との差異を明らかにすることを主眼としている。このアイデンティティ理解は政治経済を含む現状分析には有効だと考えられるが、筆者はここでいう宗派的な周辺アイデンティティに焦点をあてているため、その歴史的変遷を示すことができる別の認識のための枠組みが必要だと考えたのである。

またアブドゥル・ハミドはチャム人のアイデンティティに関して、マレー人との原初的紐帯(primordial ties)を重視するエスニック・アイデンティティ論として論じ、歴史、宗教、抑圧民という側面から検討している(Abdul Hamid 2006)。これは本書で論じる「4　マレー世界イスラーム」の層に重点を置いた分析であり、そのため本書の「3　チャムパ的イスラーム」や、「5　復古主義的イスラーム」についてはほとんど論が及んでいない。

これらに対して筆者は、五つの宗教文化層を設定し、アイデンティティの変遷を理解することを試みてきた。こうすることで、ディアスポラを経た歴史的な変化に沿ってアイデンティティの構造を動態的に把握することができると考えたためである。序章でもふれたが、スチュアート・ホールの言うように、悲劇的な経験をした文化的アイデンティティを理解するためには、その歴史的変化をふまえる必要があるのである。

ただし本書で提示する五つの「層」は、時代を追うごとに完全に移行し古い層がなくなっているわけではない。アイデンティティの重点が移っているのであり、複数の層が同時代のなかで併存している。併存の状態は集団(セクト)としての場合もあれば、同一集団内での場合も見られる。

第一層の「アニミズム・祖先崇拝」はチャム人の本源的な意識、すなわちアイデンティティに属す。現在でも第三層の「チャムパ的イスラーム」にそれが含まれ、シンクレティズムの状態にある。第二層は「ヒンドゥー教」であり、これは東南アジアにイスラームが伝来し広まる以前、この地域がインド文化圏に含まれていたためである。チャムパの遺跡はヒンドゥー教に基づく世界観・宗教観によって建造されている。この層もまた第三層に含まれて残されている。

第三層はムスリムとしてのアイデンティティを示す。チャムパ的イスラームは、チャムパが受容したイスラームであり、ムスリム商人が東南アジアに至り、チャム人もその東西交流のネットワークに加わった結果である。

そして同時に、チャムパの衰退を埋め合わせるかのように、チャム人アイデンティティをムスリム・アイデンティティで補完した結果でもある。この層は現在に至るまで、ベトナムのチャム・バニとカンボジアのイマーム・サンに残存し、祖先崇拝やチャムパへの指向性が根強くあり、それらはイスラームの実践としては「異端」である。

第四層の「マレー世界イスラーム」は、マレー世界である東南アジアのイスラームである。東南アジアのイスラームが発展・深化し、「本場」の中東のイスラーム世界においても評価されるほどの時代の層にあたる。イスラームの実践としてはもはや異端ではなく、スンナ派のシャーフィイー法学に属すものである。このイスラームはカンボジアのマジョリティのチャム人とチュヴィエの集団で今も実践されている。マレー世界イスラームの層は、チャムパ性が薄まった結果として形成されたものであり、それはチャム人とチュヴィエの関係の緊密さからも見てとることができる。チャム人はイマーム・サンよりもチュヴィエに親近感を持ち、近くて同じような存在だとよく口にしている。つまり、チャム人のアイデンティティの重点はチャムパ性ではなく、スンナ派マレー系ムスリムであるかどうかである点に置かれているのである。本書の第五章で論じたキタブ・クニンはこの層に属す。

さらに現在進行形の第五層が「復古主義的イスラーム」で、グローバリゼーションの時代のなか、マレー世界を越えて中東や南アジアから伝えられたイスラームをアイデンティティとしつつある新しいチャム人が増えている。その教義や実践はマレー世界イスラームに比べると厳格で、これを受け入れているチャム人は「より真正なイスラーム」を実践していると考えている。本書の第六章で論じた「失われた呪術書」は第四層からこの第五層への移行を示す。

現在チャム人共同体で生じているアイデンティティの変化はこの第四層から第五層への移行である。それはこの共同体が、マレー世界からグローバルなイスラーム世界にネットワークを広げ、新しいアイデンティティの獲得に向かっていることを示す。それは東南アジアからさらに離れるということであり、チャムパの記憶をさらに薄めていくということでもある。

このようにチャム人のアイデンティティは固定されたものでなく、歴史や環境によって変化してきた。特に第一層は原初的な自然宗教に基づく宗教意識であり、組織化されていないため当時の状況のままで存続することは難しい。第二層のヒンドゥー教は強固な信仰と実践体系を持つ世界宗教であるが、チャムパ解体とイスラーム伝来によって表舞台からは退いてしまった。第三層以降のイスラームは、チャム人の出自であるマレー世界を経由しながら流入し、商業という魅力的なネットワークを付随していたため、現在に至るまで彼らのアイデンティティとして継続している。しかしその内実は、チャムパ、マレー世界、そして中東などのグローバル世界という具合にアイデンティティの枠組みを広げてきた。つまり彼らのムスリム・アイデンティティも歴史的環境により変化してきたのであり、今後も変わっていくであろう。

「チャム人のイスラーム」から「クメール人のイスラーム」へ――クメール性の獲得

チャム人には戻るべき「ふるさとの地」がなく、「たどりついた地」のカンボジアで自分たちの生活を守ることが優先される。よって私的／内的には「チャム人ムスリム」であっても、公的／外的には「クメール・イスラーム」つまり「クメール人ムスリム」としてのアイデンティティを表明しつつ生きていく傾向が見られる。チャムパ性を強調しないことが、クメール人社会でうまくやっていくことにも通じるため、このような二重のアイデンティティが有効になる。

他の東南アジアの仏教国に居住するムスリム・マイノリティと比較してみると、カンボジアのチャム人の置かれている状況が平穏で、マジョリティの仏教徒であるクメール人とそれなりに良好に共存していることが分かる。タイでは深南部のマレー系ムスリムと政府の間で紛争が続き、ミャンマーではロヒンギャと呼ばれるムスリムへの仏教徒による迫害が起こり、フィリピンではアブー・サヤフやモロ・イスラム解放戦線が政府と衝突を繰り返している。これらに対してカンボジアでは王家がチャム人の移住を容認し、さらに彼らを利用してきたという歴史的背景を持つため、比較的平穏な状況にあるのではないかと考えられる。

とはいえ、こうした歴史のなかでクメール・ルージュによる大迫害は異常な事態である。この悲劇をカンボジア社会が乗り越えたという経験によって、それ以降現在に至るまで、チャム人をめぐる対立が表面化されなくなっているという側面があるだろう。現在のカンボジア社会全体に言えることであるが、フン・セン首相が率いる政府与党がクメール・ルージュ政権や内戦を収束させたのであり、これに反旗を翻すことは内戦以前の状態に戻ってしまうことを意味すると考えがちである。さらに政府与党はチャム人ムスリム共同体の尊重を表明しており、それによってチャム人がクメール人と対立することが回避されていると考えられる。つまりチャム人の多くにとっては政府与党と良好な関係を築くことで、自身の共同体を守っていくしかないのである。

このような状況のなか、急激な復興期にあるチャム人は、仏教徒社会での共存を「クメール・イスラーム」というアイデンティティの確立を通して模索している。例えばスヴァイ・クレアン村のハケム、ユースフ・プンジャミンは自分のアイデンティティを「基本的にはチャム人だが、公的にはクメール・イスラーム」とした上で、カンボジアでミャンマーのムスリムのような問題がない理由として、「政府、つまりカンボジア人民党〔CPP〕の政策が良いから。コルバン〔イスラームの祝祭〕も自由に行え、ヒジャーブを着けての登校も許され、海外留学やモスク建築も援助してもらえる」と政府を絶賛していた。実際に筆者がこの聞き取りを行った時はちょうど総選挙の直前で、村の要人に対してカンボジア人民党が投票用紙を事前に配ったり、「集会」を行ったりしていたのを目の当たりにしており、与党とチャム人共同体の結びつきの強さを垣間見ることができた（二〇一三年七月七日）。

ただ若い世代の間では、与党ではなくサム・ランシー率いるカンボジア救国党への支持も弱くないようである。

同時にこの党もチャム人に強い関心を持って接近しているとされ、それはチャム人の背後にアラブ・イスラーム諸国からの援助金があり、それが資金難に苦しむ同党にとって魅力的だからとも言われる。もしチャム人の支持が現与党から救国党に移ることがあれば、それもまた、「マレー世界イスラーム」を実践した上の世代のチャム人とそれを保護してきたクメール人の権威主義的政権という組み合わせが、「復古主義的イスラーム」を実践する若い世代のチャム人とそれを必要とする改革派のクメール人政党の組み合わせに移行したのだ、という説明が可能になるかもしれない。

いずれにせよ、マイノリティにとって居住国のマジョリティとの関係は死活問題であり、カンボジアのチャム人には現状を壊してまでクメール人と対立する必要や余力はない。筆者の助手も「政府に抑圧されないのならば、チャム人が独立する必要など全くない」と言っていた。したがってカンボジアにおけるチャム人共同体の今後としては、カンボジア内での立場の安定・強化を求めて、チャムパの末裔であることよりもむしろ、「カンボジアのムスリム」つまり「クメール人ムスリム」であることが公的に強調されるようになるだろう。これもまた、この小さな共同体が生き残りをかけて最適なアイデンティティを選び取った結果なのである。

東南アジアのイスラームとチャム人のイスラーム

最後に東南アジアにおけるチャム人のイスラームの位置づけを検討しておきたい。東南アジアは島嶼部と大陸部に大きく分けられ、前者はマレーシア、インドネシア、ブルネイというイスラーム国と中国系多民族国家のシンガポール、そしてキリスト教国のフィリピンから、また後者はタイ、ベトナム、カンボジア、ラオスといった大陸部にある仏教国からなる。島嶼部は主にマレー・イスラーム世界となるが、大陸部はインドや中国の影響を受けた仏教世界である。このなかでチャム人はその出自を島嶼部に持つ海洋民族で、大陸部の最も海岸沿いに国をつくったが、それを失った。そのためカンボジアのチャム人はさらに内陸に移住を余儀なくされ、大陸部の仏教社会のなかで異教徒と共存してきた。

そのチャム人のイスラームには三つの特徴があると考えられる。宗教文化の混淆（シンクレティズム）、外来性、そして民族アイデンティティとの同化である。

第一の宗教文化の混淆とは、イスラームにその土地特有の非イスラーム文化が混合した信仰実践体系が成立しているということである。本書で検討してきたように、チャムパ的イスラームに属すイマーム・サンやチャム・バニの共同体には祖先信仰やヒンドゥー教などの非イスラーム文化が残存しており、それは特にイスラームかどうかという議論が生じるほどの（cf. 吉本 2010）特殊性つまり「異端性」として表れる。

この混淆はカンボジアのムスリムに限らず、どの地域でも多かれ少なかれ生じるものであるが、他の東南アジアのイスラーム諸国は第四層と第五層に相当する段階ですでに改革がなされており、第三層はカンボジアのチャム人ムスリムに特有なものと言える。これは、カンボジアの現代史という観点から説明することもできる。マレーシアやインドネシア、タイ南部といった東南アジアの主要なマレー世界のムスリム地域では、一九七〇年代にイスラーム復興の動きが生じ、本書でいう第四層のマレー世界イスラームを否定して、中東に由来する「復古主義的イスラーム」、つまり第五層への移行が進んできた。しかしカンボジアはこの時期、クメール・ルージュ政権によって外の世界との接触が遮断され、迫害によって存続さえも危なくなったチャム人共同体には、この新しいイスラームを受け入れる余地などなかった。そのため、その後の一九九〇年代以降の復興期になってようやくイスラーム諸国の援助を通して、新しい復古主義的イスラームを受け入れ始めるに至ったのである。このようにチャム人のイスラームは、マイノリティであるだけでなく、カンボジアの現代史による悲劇によって、古い層を残したままの存在になっているとも考えられるのである。

また第二の特徴である外来性とは、歴史的にチャム人のイスラームが内発的発展の機会に乏しく、外来のイスラームを受け入れることで存続してきたということである。これは非アラブ圏である東南アジアのイスラームに共通する特徴ではあるが、なかでもカンボジアのチャム人の外来イスラームへの依存度は高い。インドネシアやマレーシアといったイスラーム大国は言うに及ばず、同じくマイノリティであるタイ南部のムスリム地域が東南アジアのイスラーム教育の拠点として機能するほどであることに対比しても、明らかにカンボジアのチャム人の共同体は自ら発信するほどの力を持ち得てこなかった。この特性ゆえに、チャム人の宗教文化層は外来のものの積み重ねとなってきたのである。

そしてもう一つの特徴は、民族アイデンティティとの同化で、民族と宗教が渾然一体となったエスニック・アイデンティティを持つことである。カンボジアではチャム人がムスリムを意味し、チュヴィエがチャムパとは何の関係もないにもかかわらずチャム人に含まれる。チャムパがディアスポラ後の求心力を失っており、イスラームがマジョリティのチャム人のアイデンティティの重点にならざるを得ず、彼らのチャム人というアイデンティティはムスリムであることに包含されてしまったと考えられる。

以上から、チャム人にとってイスラームは、民族的アイデンティティを支える矜持のようなものであると言える。彼らは移住前にはベトナム文化、移住後にはカンボジア・クメール文化といった大陸部の仏教文化に飲み込まれないために何らかの強いアイデンティティが必要であった。彼らの歴史はアイデンティティの危機の連続であったと言えるが、中谷猛は自己や集団のアイデンティティが危機に陥った場合、「ある文化への帰属」つまり「新たな拠点の探求」に向かうとしている。「アイデンティティの問題の根源は身元確認を求め続ける人間自身の心的態度の根深さにある。その限りでは帰属意識と拠所の探求とは表裏一体の関係にある」（中谷 2003: 8）というのである。

チャム人にとって根源的・原初的な帰属意識であるチャムパの末裔であることは、強いアイデンティティとはなり得ず薄まってきている。他方ムスリムであることには国外のイスラーム・ネットワークという強力な背景があり、マイノリティという弱者の矜持の支えになり得たのであった。中心としての「ふるさとの地」の求心力を失ったディアスポラの民であるチャム人が依拠するアイデンティティは、結局イスラームなのである。「もし私たちがムスリムでなかったなら、クメール人になってしまうでしょう」（De Féo 2007: 3）というチャム人の老人の言葉がアイデンティティの危機感を如実に表している。

この極小のムスリム・マイノリティ共同体がたどってきた歴史は、外的世界の写し鏡のようなものと言える。彼らは外部世界の影響を受けるという受動的な関係性のなかで存在してきたのであり、「翻弄され続ける」歴史を生きてきた。ただし受動的ながらも維持されるのが、アイデンティティの源としてのイスラームであった。この「イスラーム」は一般的なムスリムのイメージである、イスラームの名の下に武装化し異教徒を攻撃する人たちといったものとは大きく異なっているはずである。彼らの「イスラーム」とは、消滅の危機にさらされてきたチャム人のアイデンティティを保持させる最後の矜持として機能してきた信仰なのである。

註

序章

（1）研究史についてはMarrison 1985: 46-48; Lafont 1994; Eng 2013: 8-9; 桃木・樋口・重枝 1999: 67-87などを参照のこと。また研究書ではないが、写真家の樋口英夫による『風景のない国・チャムパ――遺された末裔を追って』（樋口 1995）も貴重な資料である。

（2）例えば、中村、吉本、新江の諸論考や、Taylor 2007を参照のこと。

（3）例えば、桃木、遠藤、北川の諸論考を参照のこと。

（4）例えば、Eng 2013; Kiernan 1988, 2008; Farouk 2002b; Ysa 2002, 2006; So 2011などを参照のこと。

（5）例えば、ミャンマーのムスリムについては、やまもと 2004や斎藤 2010、タイについては西井 2001やフレーザー 2012、小河 2016、フィリピンについては早瀬 2003や川島 2012を参照のこと。シンガポールのムスリムについては日本語文献が未だないようでNasir, Pereira and Turner 2009を参照のこと。

（6）DC-Camのヨー・チャンYouk Chhang所長とコッ・タイ・エング副所長（当時）、所員のファリナ・ソー、そしてティリーことファティリ・サFatily Saにここでお礼を申し上げたい。前の二人には懐の深いカンボジア（クメール）人として、後の二人には聡明で活動的なチャム人女性として、敬意を表したい。

第一章

（1）東京外国語大学のアジア・アフリカ研究所（AA研）の研究成果である「ヴォー＝カインの石刻文」（http://www.aa.tufs.ac.jp/~sawadah/ODSEAS/chaminsc.html）や「チャム碑文画像データベース」（http://www.aa.tufs.ac.jp/~sawadah/ODSEAS/chaminsc/chaminscindex.html）を参照のこと。

（2）チャムパへのインド文明の影響としては、ヒンドゥー教と並行しての仏教の流入があげられる。中国とインドの間にあって仏教徒の往来があり、七世紀には仏教学の拠点にもなり、後述するように天平時代の日本に仏僧が渡来していたほどである。七世紀後半には密教も伝わっていたとされる。またブッダとシヴァが極めて近しい存在として認識され、一三世紀半ばから仏教とヒンドゥー教のシンクレティズム（混淆）が見られるようになった。ただし常にシヴァがブッダの上位にあると認識されていた。仏教はチャムパ北方で広まっていたため、王国が弱体化して南方に移動した一五世紀以降、仏教の痕跡は見られなくなった（Maspero 2002: 3-4; Schweyer 2011: 49-57）。

（3） 東南アジアのインド化の歴史についてはジョージ・セデス George Coedès の『東南アジアのインド化された国家 *The Indianized States of South East Asia*』（Coedès 1968）が基本図書であろう。セデスの議論の是非に関しては桃木が詳しく論じているので参照されたい（桃木・樋口・重枝 1999: 32-38）。

（4） 重枝豊・桃木至朗編『チャンパ王国の遺跡と文化』（一九九四）は、一九九四―一九九五年にトヨタ財団の助成により日本各地で開かれた「海のシルクロード――チャンパ王国の遺跡と文化展」のカタログである。

（5） ミーソン遺跡に近いダナンにはチャムパ彫刻博物館（Da Nang Museum of Cham Sculpture）があり、数多くの貴重な彫刻が納められている（http://chammuseum.danang.vn/TabID/66/CID/40/default.aspx、二〇一六年五月二〇日アクセス）。

（6） チャン 2000: 83-91; Collins 1996: 26-27; Marrison 1985: 53 による。

（7） 従来は、ヴィジャヤを黎朝に奪われた一四七一年か、パーンドゥランガ地方に残った勢力が阮氏広南国に併合された一七世紀末にチャムパが滅亡したとされてきた。だが、その後の研究によって、チャムパは南方に領土を限定されはしたが、「マンダラ」的国家体制ゆえに、海洋での活動も継続し、ベトナムの属国となりながらも、一八三〇年代まで存続したことが明らかにされた（桃木・樋口・重枝 1999: 74-77）。

（8） アチェとチャムパとの関係については言語面からの研究がある。アチェの言語はオーストロネシア（マレー・ポリネシア）語族に属すが、それが位置するスマトラ島の言語ではなく、チャム語に近く、チャム人がアチェに移住したことを意味している。ただしヴィジャヤ陥落時の王子たちの移住だけではなく、四〇〇年以上にわたって海上交易などによって移住してきたチャム人たちが定住していった結果であると考えられている（Reid ed. 2006: 7-8）。

第二章

（1） 例えば二〇一三年五月にプノンペンのチャトモック・シアターで開催されたクルアーン（コーラン）読誦コンテストでは、

フン・セン首相が閉会の辞を述べ、宗教の自由を約束している（cf. Sokheng 2013）。

（2）チャム人のジャウィ語使用に関しては、Farouk 2002a を参照のこと。

（3）"Koran scholar and translator teaches respect and tolerance," *Phnom Penh Post* 12/22（October 24 - November 6, 2003）: 2.

（4）樋口が撮影した写真を参照されたい（樋口 1995: 224-225 の間に挿入されている写真）。

（5）アメリカ大使館の援助で印刷されたイマーム・サンのテキスト本はある。カイ・タムによれば、これは礼拝や儀礼についてのもので、教育目的と認められたため援助が得られた。だがギッドは宗教聖典であり、援助はできないと言われたという。この点についてはマシスが興味深い報告をしている。それによれば、米大使館はチャム人ムスリムが過激化・テロリスト化することを防ぐために、チャム語の文献を印刷するための援助を行うようになった。この背景には、本書で後述するアル＝カーイダ疑惑が存在する（Masis 2012）。つまりアメリカはチャム人が「復古主義的イスラーム」に流れることを危惧し、イスラーム色のないチャム文化を保持することを後押ししているのである。

（6）ただしコリンズの調査から今に至るまでイマーム・サン共同体も大きく様変わりしている。前述したようにカイ・タム自身が自分たちはシャーフィイー派に属すと明言しており、チャムパ由来の独自のイスラームに固執することは難しくなってきていると推測される。

（7）樋口 1995: 224-225 の間に挿入されている写真も参照のこと。

（8）同前。

第三章

（1）一九七五年五月二〇日、ポル・ポトは次の八つの計画を認可した。（1）高レベルから低レベルに至る共同組合を創設する、（2）都市に住む者を地方に移住させ、人々を三つのカテゴリーに分ける、（3）貨幣の使用を止める、（4）市場を閉鎖する、（5）宗教はすべて反動的であり、これを抹消する、（6）学校を抹消する、（7）病院を抹消する、（8）内部の敵を根こそぎ排除する（Eng 2013: 155）。原始共産主義と言える、文化の差異さえも認めない内容であり、ムスリムのチャム人の存続が極めて困難であったことがうかがえる。

（2）例えば Harfenist 2015 や Chhang n.d. を参照されたい。

(3) 例えば、筆者が犠牲祭の際にチュラン・チャムレのモスクを訪れたところ、マレーシアのNGO団体に属す若者が集まり、屠るための牛を寄付していた。

(4) 加えて、トルコのNGOであるギュレン運動の活動も見られ、ザマン大学 Zaman University や系列の学校が運営されている(Bruckmayr 2007b を参照のこと)。筆者も学校内を見学させてもらったが、イスラームを強調せず高水準の世俗教育を提供している。トルコからのムスリム組織が運営していると一般には知られていないらしく、チャム人の間ではチャム人関係者が運営に関わり、奨学金もあるノートン大学 Norton University に行く者が多い。ギュレン運動については大川 2013: 156–184 を参照されたい。

(5) プリンス・オブ・ソンクラー大学はパタニに、ヤラー大学はヤラーやパタニにキャンパスがあり、タイ南部のイスラーム教育の中心的存在である(Hefner ed. 2009: 151–152)。パタニの教育拠点としての重要性については黒田 2012 を参照のこと。

(6) このようなテロリスト疑惑は現在も続いており、「イスラーム国(IS)」に関わるチャム人についての報道がなされている(Cuddy 2014)。外部のイスラーム世界とアイデンティティが通じているチャム人は、今後もこのように世界情勢と関連した視線で見つめられ続けるであろう。

(7) ムスリムにとってクルアーンはアッラーの言葉そのものであるため、厳密には「翻訳」ではなく「解釈・解説」ということになるが、ここでは日本人の文脈に合わせて「翻訳」と表記する。

(8) アフマド・ヤフヤーは一九四五年にコンポン・チャムに生まれ、クメール・ルージュ期にはフランスやアメリカ、ベトナムに避難していた。一九八〇年代にはアメリカに難民として居住していたが帰国し、一九九三年フンシンペック党から国会議員に当選、二〇〇八年からは与党のカンボジア人民党員になっている(cf. Eng 2013: 273–274, 282–283; Becker 2011)。

(9) サップ・チャムは二〇〇四年に開局され、一日のうち午後八時から九時のみ放送するという許可を政府から得ている。最初は英米大使館の援助で立ち上げられたが、アフマド・ヤフヤーによれば、宗教的な内容を増やそうとしたため、これらの援助が打ち切られ、現在は自助努力で運営しているとのことであった。

　二〇〇四年とはウンム・アル＝クラ学校に関連する騒動があった時期であり、このタイミングで米大使館がチャム人に援助をしていることには何か意味があるのではないかと考えたくなるが、この点について確認はとれていない。ただし米大使館が前述したハムバリによるアル＝カーイダ騒動の後、チャム人ムスリムの過激化・テロリスト化を抑えるためにアラブ文化でなくチャム文化への回帰を促そうとしているという指摘(Masis 2012)を考慮すると、チャム語でのラジオ放送局の開設援助にもこれと同じ意図があったと推測できる。そう考えると、サップ・チャムが宗教的内容を増やそうとしたことで支援が打ち切られたことも納得できるであろう。

(10) 二〇一六年八月に筆者がカンボジア調査をした際、クメール語への翻訳委員会メンバーであったスレ・ナッツィ(34m/20160811)にインタビューすることができ、次のような話を語ってくれた。スレ自身は翻訳作業時にノートン大学の修士課程の学生であった。自身はアラビア語ができなかったが、クメール語を洗練させる作業を担当した。他のメンバーたちはほとんど、サウディ・アラビアなどのアラブ諸国への留学経験者で、アラビア語が堪能であった。またチャム語への翻訳委員会には彼自身は参加していなかったが、こちらのメンバーの方がクメール語委員会のメンバーよりも年齢が上で、地方出身のトゥーンが多かった。

(11) 二〇一六年八月に筆者がカンボジア調査をした際、カンボジア・イスラーム宗務最高評議会を訪れて尋ねたところ、クメール語訳のアプリを紹介された。これがマレーシアの援助で完成した翻訳であるらしい。

(12) 以下のウェブサイトを参照されたい。"Help from Malaysia" (http://melayucham.blogspot.com/2011/10/help-from-malaysia.html、二〇一四年一月三〇日アクセス)、"Qur'an Copies a Rarity in Cambodia" (http://www.onislam.net/english/news/asia-pacific/435679.html、二〇一四年一月三〇日アクセス)、"Qur'an for Cambodian Muslims" (http://muslimmedianetwork.com/mmn/?tag=qur、二〇一四年一月三〇日アクセス)。

(13) マレーシアではダッワ運動(ダクワ)が一九七〇年代に政党との結びつきを強めるなど、社会に浸透して強い影響力を持ち始めていた(佐藤 2001; 多和田 2005: 104-108)。タイのムスリムたちは、カンボジアのチャム人同様にマレーシア経由でダクワを受け入れている(小河 2012, 2016; 黒田 2012: 159-163)。

(14) 「プム」はカンボジアで「村」であるため、英語文献では「Trea Village(トゥリア村)」や「Trea(トゥリア)」だけで表記されることもある。本書では現地の人たちも「プム・トゥリア」と呼んでいることからそれに従っておく。

第四章

(1) 木村の調査によれば、現在タイにあるチャム系ムスリムの集落は、アユタヤ県やバンコク以外に、トラート県にもある。このチャム人は、カンボジアのコンポン・ソム出身で、フランスがカンボジアに侵入した時期に、船で逃れてきた漁民だという(木村・松本 2005: 94)。

（2）詳しくは、岩永 2005 や吉本 2006 を参照のこと。

（3）筆者が二〇一三年に訪問した際、現地の人によれば、三亜市の回輝村と回新村それぞれに六〇〇〇人くらいの人口があるとのことであった。

（4）ベトナムのホイアン沖にある「チャム島」のことか。ここは「ベトナムのハワイ」と呼ばれるほどの美しさらしく、海南島が「中国（東洋）のハワイ」と呼ばれているのと通じるものがある。チャムパの人々は美しい海を活動圏として暮らしてきたということであろう。

第五章

（1）クメール・ルージュはイスラームに対してのみではなく、仏教に対しても弾圧を行った。ワット（仏教寺院）に納められた古い椰子の葉の写本や仏教文献が大量に燃やされ、二〇％ほどしか残らなかったという説もある。またチャム人と同様に、焚書から守るために仏教文献が土のなかに埋めて隠されることもあった（Harris 2012: 114–117）。

（2）キタブなどの宗教文献がムスリムにとって極めて大切なものであったことは、ソーが聞き取りをした次のエピソードからもうかがえる。一九七五年四月にクメール・ルージュはプノンペンを占領し、すべての者にここから出て地方に移住するよう命じた。数百万の人々は取るものもとりあえず、家を出て炎天下の道を歩き続けるしかなかった。この時、チャム人女性は衣類や米、鍋、そして信仰のためにクルアーンやキタブなどの宗教書を手に取った。この聖なる書物が道中自分たちを守ってくれるだろうと信じたためであった（So 2011: 21）。

（3）興味深いことに、筆者が他に文献などを見つけた人を知らないかと尋ねると、プンジャミンはそのようなことは一度も聞いたことがないとのことであった。彼はさらに、もし誰かが何かを掘り出しても、高価なものだろうから他の人には言わないだろうと述べていた。

（4）この本は、ムスタファー・アル＝バービー・アル＝ハラビーというカイロの有名な出版社から刊行されているが、この出版社は多くの「マレーのキタブ」も刊行していた（Bruinessen 1990: 231）。「マレーのキタブ」とはつまりキタブ・クニンである。

第六章

（1）スマトラ島の呪術師の世界でも類似の用語が用いられているという（Bowen 1993: 181–182）。

（2）ベトナムのチャム人の呪術に関してはTaylor 2007の第三章を参照のこと。そこではカンボジアの呪術師との共通点が指摘され、ベトナムのチャム人もまた周囲のベトナム人から恐れられ、その村に近づかない者もおり、また呪術の種類としては呪い殺すことや恋愛成就などに効果があるとされているという。また仏教徒クメール人のクルー研究は少なからずなされてきたが、民間医療の関心に基づくものが多い（Bertrand 2005, 2006; Collins 2000; Ovesen and Trankell 2010）。

（3）インタビューに応じたクルーが三二人、当初から断った者が五人であるため、一三・五％が拒否したということになる。

（4）他にも研究者たちは、クメール人がチャム人を呪術性で規定していると指摘している。例えば「多くのクメール人は、チャム人を恐れと畏敬の入り混じった目で見ていた。彼らは黒魔術に長けていると信じられていた。かつてプノンペンの女性たちは、メコン川とトンレ・サップ川が交わる半島にあるチュロイ・チュンワーというチャム人集落を訪れ、未来の予言、夫や愛人への惚れ薬、さらにはライバルへの毒薬を得ようとしたのだった」（Vickery 2000: 194）。エングも筆者との会話のなかで、チャム人が魔術を使うと親戚が言っていると話し、論文でも同様のことを述べている（Eng 2013: 2）。このようなチャム人のイメージは歴史的にも長きにわたって続いてきたことが、本書の第一章で言及したカンボジア王改宗の逸話からもうかがえる。

（5）ジンやシャイターンを使っていると明言するクルーはほとんどいなかったが、前述したように自分の呪術はイスラームではなくチャムパ由来だと明言するHA（72m/20130808）は、ジンやシャイターンを使って依頼者にかけられた呪いを解いたと述べていた。とはいえ、クルーたちはもし使っていてもそうだとは明かさないだろうと考えられる。SR（70f/20131027）は、「夢を見て相談者が自分の所にやって来ることが事前に分かる」と語っていた。だが、その近所に住むクルーRMは、SRについて、彼女は邪術を使っていて「こういう人は相談者が悩みを話す前にその内容をジンやシャイターンが示唆するので分かる」と言っていた（RM/60m/20131027）。SRはジンやシャイターンという言葉を使わずに状況を説明しているが、RMは実際にはSRがそれらを用いていると考えている。つまり、SRはジンやシャイターンと関わっているとは認識していないか、またはそれを口にしたくなかったと考えられ、他方、RMはSRを悪しき呪術者と考えてそれらを使っていると批判的に述べているのである。

（6）クルーたちは「未来を見るのは神のみ」（RM/60m/20131027）、「未来も見られるが反イスラームなのでしない」（MA/67m/20131030）などと述べ、未来を占うことを認めていない。ただし若手のなかには手相で未来を見ると公言する者たちもいて、意識の違いがあると考えられる（IBA/40m/20131226; MR/31f/20131226; SN/36f/20131128）。

（7）チャム人男性と改宗したクメール人女性との結婚はカンボジアではしばしば見られることで、Ysa 2010に詳しい。また、チャム人女性とクメール人男性の結婚も耳にするが、イスラームは改宗もムスリム女性の異教徒との結婚も認めていないため、ごくまれなケースである。

（8）さらにクルーになった経緯として、カンボジア特有のクメール・ルージュ時代の影響が見られた。クルーのRM（60m/20131027）は祖父や父がクルーであったため呪術を教えられていたが、人のためには使っていなかった。しかし自分の妻がクメール・ルージュ期に精神疾患となったため呪術で治療するようになり、その後、他の人たちの依頼を受けてクルーとして活動するようになったという。

（9）大川 1997 は、クルアーンの第一一三・一一四章が呪術的な力を持つものとしてムスリム社会で用いられていることに焦点をあて、関連するハディースやクルアーン解釈書を分析した論考である。

（10）例えばエジプトについては Sengers 2003、サウディ・アラビアについては Doumato 2000 を参照のこと。

（11）ムスリム社会における呪術の可否は、長きにわたって議論の対象である（Sengers 2003: 43-51）。だが大塚が指摘するように、昨今のイスラームの「近代化」の動きのなかで、社会は脱呪術化の方向にあると言えるだろう（大塚 2000: 221-281）。Al-Sha'rawi 1994 や Sheikho 2014 など呪術を批判するための書籍もムスリムによって著されている。前者は呪術と悪魔（シャイターン）とのつながりを非難し、後者は呪術を信じることは多神信仰であるとして、一神教であるイスラームに反すると指摘している。本章で論じるように、チャム人知識人たちもこれらの呪術批判と同様のことを述べている。

（12）前述したプム・トゥリアのダクワ信奉者であるAR一家の者たちも、クルーについて一様に否定している。ダクワに属すマドラサ教師MND（39m/20130708）も強い口調のアラビア語で「アッラー以外を信じてはならない Lā yūminu bi-ghayri Allāhi」と述べた後、「それはシルク（アラビア語で「多神崇拝」）であるが、信仰心が強くない人はそこを訪れる」と断言していた。

（13）コンポン・チャム州スヴァイ・クレアン村ハケムのユースフ・プンジャミンは「イスラームでは呪術は認められない。実際にクルーがこの地域にもいるが、その人たちを良いか悪いかは自分には判断できない」、同村長ノ・ミンは「イスラームに反していると思う。ただし恋愛の問題などのために占い師は必要だとも思う」と述べ、完全に否定はしていない。同じ村のなかで特定の人たちを否定的にとらえることはしないという意識があるように見うけられた。これは都会のプノンペンで「復古主義的イスラーム」を学んだ者と地方のコンポン・チャムで留学経験がなく「マレー世界イスラーム」の影響下にある者という違いに起因するのかもしれない。

(14) これまでも何度も言及してきたように、キンマの葉は檳榔の実と組み合わされて、東南アジアで広く嚙みタバコとして用いられてきた。カンボジアでは、クメール人クルーもこれらを病気の治療で用いている(Bertrand 2005: 320-321)。

(15) すでに本文でもふれたベトナムのチャム人クルーのインタビューからも、共通する聞き取り結果が得られている。筆者がカンボジアに近いメコン川沿いのチャウ・ドックでSというクルー(47f/20130714)に「イルム・アル=ファラク」について尋ねると、次のような回答が得られ、ベトナムのチャム人呪術師にもこの『書』の伝統の記憶がまだあることが確認された。「それは未来について知るための知識で、父親は知っていたが、自分は父親が亡くなってしまったため、これを教えてもらうことはできなかった。この学問はシルクなので、その後、自分はあえて学ぼうともしていない」。また同じくチャウ・ドックの名家の出のAHUも筆者がクルーについて尋ねると、次のような返答であった。「それはイスラームに反し、シルクなのでこの周辺にはいない。祖父母の頃にはいた。自分の祖父はベトナム全体のムフティで、当時いた呪術師たちをやめさせた。その後、この周辺にはいない」(二〇一三年七月一四日)。

(16) 最も過酷な内容であった聞き取りは、コンポン・チャム州のクルーであるAR(60m/20130707)に呪術を教えてくれた祖父の最期についてであった。「呪術の知識はクルーだった祖父に教わった。どうやってクルアーンの文言を使うかといった内容だった。祖父はクメール・ルージュに殺されたが、呪術師としての力が強く、他の人たちのようには簡単に殺されなかった。そのためいろいろな殺し方を試された後、竹を口から刺して串刺しにして殺された。当時三八〇人もの人が殺されたが、それはクメール・ルージュに対して反乱を起こしたためだった」。

あとがき

本書を執筆しているなかで、カンボジアで出会った多くの人々の顔が脳裏をよぎり、彼ら・彼女らへの感謝の念はより深いものとなった。筆者が在外研究期間にカンボジアのチャム人を研究対象とすることを決めた時、研究分野の新規開拓への期待と、果たしてどれだけの成果をあげることができるのかとの不安が錯綜していたことを思い出す。

研究分野の新規開拓という意味では、とても充実した日々を過ごすことができた。それは、研究拠点とさせていただいたDC-Cam（Sleuk Rith Institute）のヨー・チャン Youk Chhang 所長や常に細やかにサポートしてくれたティリー Tily、研究発表の機会をくださった王立プノンペン大学日本語学科のレスミー Leaksmy 教授、ディーン Din を中心に王立プノンペン大学の学生さんなど聞き取り調査を手伝ってくれたアシスタントの若者たち、そして何よりもインタビューに応じてくれたチャム人の方々のおかげである。

では研究成果はどうかと言えば、自分なりにやってはみたというところであり、読者諸氏のご批判をいただければ幸いである。ここでは、筆者がイーサー Ysa に「埋められた宗教文献」の研究結果を伝えた際、DC-Cam が筆者を受け入れて良かったとコメントしてくれ、さらに研究内容がカンボジアの新聞で紹介されたことで、この国のチャム人の過酷な歴史の解明にささやかながら貢献できたのではないかとほっとしたことを記しておきたい。

そして本書の刊行はやはり簡単なことではなかった。日本人にとってカンボジアのマイノリティのムスリムは極めて縁遠い存在だということは明らかな事実である。だが平凡社の水野良美氏のご理解のおかげで、この小さな書物が日の目を見ることができるようになった。あつく御礼申し上げたい。

最後に夫と三人の子どもたちにもお礼を言わせていただきたい。家族でカンボジアに滞在したからこそ、この研究に従事できた。子どもたちは母親が仕事で魔法使いに会いに行っていると思っていたようで、今ではこれも楽しい思い出である。

＊本研究はＪＳＰＳ科研費・基盤（Ｃ）26370069の助成を、本刊行物は同・研究成果公開促進費（学術図書）16HP5028の助成を受けている。

＊本書を構成する章の初出原稿は次の通りである。

第一―四章　書き下ろし

第五章　"Hidden Islamic Literature in Cambodia: The Cham in the Pol Pot Period," *Searching for the Truth* (Special English Edition, Third Quarter, 2013): 20-22, "Hidden Islamic Literature in a Cambodian Village: The Cham in the Khmer Rouge Period," *International & Regional Studies*（『国際学研究』）45 (2014): 1-20.

第六章　「チャム人の失われた呪術書をめぐって〈前編〉――カンボジアのマイノリティ・ムスリムの現在」『国際学研究』48（2015）: 77-90、「チャム人の失われた呪術書をめぐって〈後編〉――カンボジアのマイノリティ・ムスリムの現在」『国際学研究』49（2016）: 71-84。

終章　書き下ろし

関連年表

二世紀	チャムパが中国史料に「林邑」として登場
四世紀後半	ミーソン建築開始
五世紀	ヒンドゥー教を受容
八、九世紀	チャムパ最盛期
九八〇年	ベトナムがチャムパの都アマラーヴァティーに侵攻
一〇〇〇年	チャムパの都がヴィジャヤに移る
一一世紀前半	アラビア語の書かれた墓がつくられる
一二世紀後半から一三世紀初頭	チャムパとカンボジアの交戦続く
一三世紀半ば	元軍がチャムパ襲来
一三世紀後半	マルコ・ポーロがチャムパ訪問
一三世紀末	スマトラ島にイスラーム王国成立
一四世紀	イブン・バットゥータがチャムパ訪問
一四、一五世紀	イスラームがチャムパ宮廷周辺で広まる
一四世紀末／一五世紀初め	チャムパよりジャワ島にイスラームが伝来したとの伝説
一五世紀前半	イスラーム王国であるマラッカ王国が成立
	明の永楽帝の命令で鄭和がチャムパ訪問
一五世紀	東南アジア海域にイスラームが広まる
一四二八年	黎朝によってベトナム全土統一、ベトナムの大規模南進開始

一四七一年	チャムパのヴィジャヤとその北部がベトナムに奪われる
	チャム人の周辺国への離散（第一波）
一七世紀	チャム人のイスラーム改宗が進む
一六〇六年	徳川家康がチャムパ王に沈香を求める手紙を出す
一六四二年	カンボジア王がチャム人の影響でイスラームに改宗
一六九二年	チャム人の周辺国への離散（第二波）
一七九五―九六年	チャム人の周辺国への離散（第三波）
一八一三年	カンボジア最古のモスク建立
一八三〇―三五年	チャム人の周辺国への離散（第四波）
一八三五年	ベトナム明命帝によりチャムパ滅亡
一九四一年	シアヌーク国王即位（―五五年）
一九七五―七九年	カンボジアのクメール・ルージュ政権によるチャム人迫害
一九七九年	ベトナム軍による占領と内戦
一九八九年	第一回パリ和平会議により内戦終結
	ベトナム軍完全撤退
一九九二年	国連カンボジア暫定統治機構（ＵＮＴＡＣ）活動開始
一九九三年	カンボジア王国政府発足
	シアヌークが国王に再即位（―二〇〇四年）
	フン・センが第二首相に就任
一九九八年	フン・センが首相就任
二〇一二年	シアヌーク前国王死去
二〇一三年	総選挙によりフン・センが首相に再任

山根聡 2011『4億人の少数派——南アジアのイスラーム』山川出版社。
やまもとくみこ 2004『中国人ムスリムの末裔たち——雲南からミャンマーへ』小学館。
吉本康子 2006「チャム族・バニの村落における布の生産と利用について——ビントゥアン省バクビン県B集落の事例」『ベトナムの社会と文化』5/6: 166-184。
——— 2010「イスラーム性とエスニック要素をめぐる交渉過程についての一考察——ベトナムにおける『チャム系ムスリム』の事例を中心に」『関西大学文化交渉学教育研究拠点（ICIS）次世代国際学術フォーラムシリーズ 第2輯 文化交渉による変容の諸相』: 223-247。
——— 2014「チャムの伝統文書にみるイスラーム的宗教知識——ベトナム中南部のチャムが継承する写本及び目録の分析を通した予備的考察」『アジア文化研究所研究年報』48: 110-103。
リード、アンソニー（平野秀秋・田中優子訳）2002『大航海時代の東南アジア II 拡張と危機』法政大学出版局。
ロウ、リサ（浜邦彦訳）2008「グローバル近代におけるアジア系とアフリカ系のディアスポラ」武者小路公秀監修、浜邦彦・早尾貴紀編『ディアスポラと社会変容——アジア系・アフリカ系移住者と多文化共生の課題』国際書院：49-58。
我妻洋 1994「アイデンティティ」『文化人類学事典』弘文堂：2-3。

の歴史」『コミュニケーション科学』22: 81-112。
木村自 2016『雲南ムスリム・ディアスポラの民族誌』風響社。
黒田景子 2012「パタニの二つの顔――『仏教国』タイの辺境とイスラーム教育の中心」床呂郁哉・西井凉子・福島康博編『東南アジアのイスラーム』東京外国語大学出版会：145-170。
コーエン、ロビン（駒井洋訳）2012『新版 グローバル・ディアスポラ』明石書店。
小林寧子 2008『インドネシア――展開するイスラーム』名古屋大学出版会。
斎藤紋子 2010『ミャンマー土着ムスリム――仏教徒社会に生きるマイノリティの歴史と現在』風響社。
佐藤孝一 2001「マルチ・エスニック国家マレーシアの選択――ダクワ運動の盛衰」『イスラームに何がおきているか（増補版）』平凡社：197-212。
重枝豊・桃木至朗編 1994『チャンパ王国の遺跡と文化』財団法人トヨタ財団。
新江利彦 2007『ベトナムの少数民族定住政策史』風響社。
菅瀬晶子 2008『イスラエルのアラブ人キリスト教徒――その社会とアイデンティティ』渓水社。
菅原由美 2012「キターブにみる東南アジア島嶼部のイスラーム受容」床呂郁哉・西井凉子・福島康博編『東南アジアのイスラーム』東京外国語大学出版会：75-88。
高橋孝代 2006『境界性の人類学――重層する沖永良部島民のアイデンティティ』弘文堂。
田坂興道 1952「占城回教史序説――東南アジア回教史序説の一部として」『東洋学』4: 52-60。
多和田裕司 1995「『歴史』の中のマレー・イスラーム」『長崎大学教養部紀要（人文科学篇）』35/2: 165-178。
――― 2005『マレー・イスラームの人類学』ナカニシヤ出版。
チャン、ヴェトキーン編（本多守訳）2000『ヴェトナム少数民族の神話――チャム族の口承文芸』明石書店。
富沢寿勇 1990「マレー・ムスリムとチャム族」『マージナル』6: 36-51。
中谷猛 2003「ナショナル・アイデンティティとは何か――問題整理への視角 概念・装置・言説」中谷猛・川上勉・高橋秀寿編『ナショナル・アイデンティティ論の現在――現代社会を読み解くために』晃洋書房。
中村理恵 1999「ベトナム中南部のチャム族――チャムとバニ」『ベトナムの社会と文化』1: 179-197。
――― 2001「チャムパかアンコールか――チャムのエスニシティーと彼らの歴史認識」『ベトナムの社会と文化』3: 211-223。
西井凉子 2001『死をめぐる実践宗教――南タイのムスリム・仏教徒関係へのパースペクティヴ』世界思想社。
早瀬晋三 2003『海域イスラーム社会の歴史――ミンダナオ・エスノヒストリー』岩波書店。
樋口英夫 1995『風景のない国・チャムパ――遺された末裔を追って』平河出版社。
弘末雅士 2004『東南アジアの港市世界――地域社会の形成と世界秩序』岩波書店。
フォン、チャン・キィ（新江利彦訳）1994「チャンパの彫刻芸術」重枝豊・桃木至朗編『チャンパ王国の遺跡と文化』財団法人トヨタ財団：103-108。
フォン、チャン・キィ・重枝豊 1997『チャンパ遺跡――海に向かって立つ』連合出版。
フレーザー、T.（岩淵聡文訳）2012『タイ南部のマレー人――東南アジア漁村民族誌』風響社。
ホール、スチュアート（小笠原博毅訳）2014「文化的アイデンティティとディアスポラ」『現代思想』42/5: 90-103。
ポーロ、マルコ（愛宕松男訳）2000『完訳 東方見聞録２』平凡社。
松原睦 2012『香の文化史――日本における沈香需要の歴史』雄山閣。
松本ますみ 2010『イスラームへの回帰――中国のムスリマたち』山川出版社。
桃木至朗 2001「東南アジアの海と陸――チャンパとチャム族のネットワーク」尾本恵市・村井吉敬・浜下武志・家島彦一編『島とひとのダイナミズム』岩波書店：61-84。
――― 2010『歴史世界としての東南アジア』山川出版社。
桃木至朗（文）・樋口英夫（文・写真）1994「チャム族――ベトナム中部にチャンパ王国をうちたてた民族の軌跡と肖像」『季刊民族学』18/1: 20-37。
桃木至朗・樋口英夫・重枝豊 1999『チャンパ――歴史・末裔・建築』めこん。

———. 2008. "Research on Cham History in Malaysia," in *Asian Research Trends: New Series* 3: 25-44.
Yoshimoto, Yasuko. 2012. "A Study of the Hồi Giáo Religion in Vietnam: With a Reference to Islamic Religious Practices of Cham Bani," *Southeast Asian Studies* 1/3: 487-505.
Ysa, Osman (trans. by Rich Arant). 2002. *Oukoubah: Genocide Justice for the Cham Muslims under Democratic Kampuchea*, Phnom Penh: Documentation Center of Cambodia.
———. 2006. *The Cham Rebellion: Survivors' Stories from the Villages*, Phnom Penh: Documentation Center of Cambodia.
———. 2010. *Navigating the Rift: Muslim-Buddhist Intermarriage in Cambodia*, Phnom Penh: np.

日本語

石澤良昭 2005『アンコール・王たちの物語——碑文・発掘成果から読み解く』NHK出版。
イブン・バットゥータ（前嶋信次訳）2004『三大陸周遊記 抄』中央公論新社。
岩永悦子 2005「東南アジア織物文化におけるカンボジア——チャム-マレー人の技術を中心に（クメールの伝統織物）」『季刊民族学』29/2: 94-97。
遠藤正之 2002「十五〜十六世紀におけるチャム人の移住と活動に関する一考察——カンボジアの事例を中心として」『史苑』63/1: 42-74。
——— 2013「19世紀カンボジアにおけるマレー人観の変容」弘末雅士編『越境者の世界史——奴隷・移住者・混血者』春風社。
大川玲子 1997「イスティアーザの祈禱句に見られるクルアーンの受容に関して」『オリエント』40/1: 90-105。
——— 2004『聖典「クルアーン」の思想——イスラームの世界観』講談社現代新書。
——— 2009『イスラームにおける運命と啓示——クルアーン解釈書に見られる「天の書」概念をめぐって』晃洋書房。
——— 2013『イスラーム化する世界——グローバリゼーション時代の宗教』平凡社新書。
——— 2015「チャム人の失われた呪術書をめぐって——カンボジアのマイノリティ・ムスリムの現在〈前編〉」『国際学研究』48: 77-90。
——— 2016「チャム人の失われた呪術書をめぐって——カンボジアのマイノリティ・ムスリムの現在〈後編〉」『国際学研究』49: 71-84。
大塚和夫 2000『近代・イスラームの人類学』東京大学出版会。
——— 2004『イスラーム主義とは何か』岩波新書。
大橋久利編 1998『カンボジア——社会と文化のダイナミクス』古今書院。
大橋久利、トロン・メアリー 1999『ヴェトナムの中のカンボジア民族——メコンデルタに生きるクメール・クロム』古今書院。
小河久志 2012「ダッワの伸展とその諸相——タイ南部におけるムスリム社会とタブリーグ」床呂郁哉・西井涼子・福島康博編『東南アジアのイスラーム』東京外国語大学出版会：313-333。
——— 2016『「正しい」イスラームをめぐるダイナミズム——タイ南部ムスリム村落の宗教民族誌』大阪大学出版会。
小川博編 1998『中国人の南方見聞録——瀛涯勝覧』吉川弘文館。
小倉貞男 1997『物語 ヴェトナムの歴史——一億人のダイナミズム』中公新書。
金子拓 2014『織田信長〈天下人〉の実像』講談社現代新書。
川島緑 2012『マイノリティと国民国家——フィリピンのムスリム』山川出版社。
北川香子 2008「カンボジア『王朝年代記』の中のチャーム・チュヴィエ」『南方文化』35: 1-16。
——— 2009a「プーム・キエン・ロミエト（カエト・トボーン・クモム）のハキーム任命騒動——プノム・ペン国立公文書館所蔵文書 No. 20811の分析出典」『東南アジア 歴史と文化』38: 187-208。
——— 2009b『アンコール・ワットが眠る間に——カンボジア 歴史の記憶を訪ねて』連合出版。
木村正人・松本光太郎 2005「イスラーム地域としての中国とタイ（2）——タイにおけるムスリム

Books.
Scupin, Raymond. 1980a. "Islamic Reformism in Thailand," *Journal of the Siam Society* 68/2: 1-10.
———. 1980b. "The Politics of Islamic Reformism in Thailand," *Asian Survey* 20/12: 1223-1235.
———. 1989. "Cham Muslims of Thailand: A Haven of Security in Mainland Southeast Asia," *Journal Institute of Muslim Minority Affairs* 10/2: 486-491.
———. 1995. "Historical, Ethnographic, and Contemporary Political Analyses of the Muslims of Kampuchea and Vietnam," *Sojourn* 10/2: 301-328.
———. 1998. "Muslim Accommodation in Thai Society," *Journal of Islamic Studies* 9/2: 229-258.
Sengers, Gerda. 2003. *Women and Demons: Cultic Healing in Islamic Egypt*, Leiden: Brill.
Setudeh-Nejad, S. 2002. "The Cham Muslims of Southeast Asia: A Historical Note," *Journal of Muslim Minority Affairs* 22/2: 451-455.
Al-Sha'rawi, Shaykh Muhammad M. 1994. *Magic and Envy in the Light of Qur'an and Sunna*, London: Dar al-Taqwa (Kindle版).
Sheikho, Muhammad Amin (trans. by Paul Baynes). 2014. *Unveiling the Secrets of Magic and Magicians*, Munich: BookRix (Kindle版).
So, Farina. 2009. "Cham Muslim Community: Inevitable Trends of Change," *Searching for the Truth* (Special English Edition, First Quarter): 46-47.
———. 2011. *The Hijab of Cambodia: Memories of Cham Muslim Women after the Khmer Rouge*, Phnom Penh: Documentation Center of Cambodia.
Sokheng, Vong. 2013. "Muslims 'Licky to Live in Cambodia', PM says," May 6, 2013 (http://www.phnompenhpost.com/national/muslims-%E2%80%98lucky-live-cambodia%E2%80%99-pm-says、2016年5月23日アクセス).
Suárez, Thomas. 1999. *Early Mapping of Southeast Asia*, Singapore: Periplus Editions.
Taouti, Seddik. 1982. "The forgotten Muslims of Kampuchea and Vietnam," *Journal Institute of Muslim Minority Affairs* 4/1-2: 3-13.
Taylor, Philip. 2007. *Cham Muslims of the Mekong Delta: Place and Mobility in the Cosmopolitan Periphery*, Copenhagen: NIAS Press.
———. 2014. *The Khmer Lands of Vietnam: Environment, Cosmology and Sovereignty*, Singapore: NUS Press.
Thurgood, Graham. 1999. *From Ancient Cham to Modern Dialects: Two Thousand Years of Language Contact and Change*, Oceanic Linguistics Special Publication, no. 28, Honolulu: University of Hawai'i Press.
———, Thurgood, Ela and Fengxiang, Li. 2014. *A Grammatical Sketch of Hainan Cham: History, Contact, and Phonology*, Boston/Berlin: Walter de Gruyter.
Towpek, Hadenan, and Borhan, Joni Tamkin. 2012. "Aspects of Economic Consumption in Malay Classical Literature According to Sheikh Daud al-Fatani," *Labuan e-Journal of Muamalat and Society* 6: 30-37.
Trần, Kỳ Phu'o'ng and Lockhart, M. eds. 2011. *The Cham of Vietnam: History, Society and Art*, Singapore: NUS Press.
Trankell, Ing-Britt. 2003. "Songs of Our Spirits: Possession and Historical Imagination among the Cham in Cambodia," *Asian Ethnicity* 4/1: 31-46.
Vickery, Michael. 2000. *Cambodia 1975-1982*, Chiang Mai: Silkworm Books.
Wagner, Bhavia C. 2008. *Soul Survivors: Stories of Women and Children in Cambodia*, Eugene, OR: Wild Iris Press.
Wolters, Oliver William. 1999. *History, Culture, and Region in Southeast Asian Perspectives* (Revised Etition), Ithaca, N. Y.: Southeast Asia Program Publications.
Wong Tze-Ken, Danny. 2004. "Vietnam-Champa Relations and the Malay-Islam Regional Network in the 17th-19th Centuries," *Kyoto Review of South East Asia* 5 (http://kyotoreview.cseas.kyoto-u.ac.jp/issue/issue4/article_353.html、2013年9月14日アクセス).

Journal of the Malaysian Branch of the Royal Asiatic Society 58/1: 1–28.
Marrison, G. E. 1949. "The Chams of Malacca," *Journal of the Malaysian Branch of the Royal Asiatic Society* 22/1: 90–98.
———. 1985. "The Chams and their Literature," *Journal of the Malaysian Branch of the Royal Asiatic Society* 58/2: 45–70.
Masis, Julie. 2012. "Hearts, Minds and Tongues in Cambodia," *Southeast Asia*, April 18, 2012 (http://www.atimes.com/atimes/Southeast_Asia/ND18Ae01.html、2016年6月15日アクセス).
Maspero, Georges (trans. by Walter E. J. Tips). 2002. *The Champa Kingdom: The History of an Extinct Vietnamese Culture*, Bangkok: White Lotus Press.
Maunati, Yekti and Sari, Betti Rosita. 2014. "Construction of Cham Identity in Cambodia," *SUVANNABHUMI* 6/1: 107-135.
Milner, Anthony. 2008. *The Malays*, Oxford: Wiley-Blackwell.
Mohamad Zain, Musa. 2004. "Islam as Understood and Practiced by the Muslims in Indochina," *Islāmiyyāt* 25/1: 45–60.
Mohamad Zain, Bin Musa. 2008. "Dynamics of Faith: Imam Musa in the Revival of Islamic Teaching in Cambodia," in Farouk and Yamamoto, eds. 2008: 45-60.
Momoki, Shiro. 2011. " 'Mandala Champa' seen from Chinese Sources," in Phu'o'ng and Lockhart, eds. 2011: 120–137.
Montlake, Simon. 2007. "Hanging by a Thread," *Geographical* 79/10 (http://www.geographical.co.uk/Magazine/Weavers_Oct07.html、2013年10月21日アクセス).
Nakamura, Rie. 2000. "The Coming of Islam to Champa," *Journal of the Malaysian Branch of the Royal Asiatic Society* 73/1: 55–66.
Nasir, Kamaludeen Mohamed, Pereira, Alexius A., and Turner, Bryan S. 2009. *Muslims in Singapore: Piety, Politics and Policies*, Oxford: Routledge.
Nawawi al-Bantawi. 1954. *Madarij al-Su'ud ila Ikhtisa al-Burud*, Cairo: Mustafa al-Babi al-Halabi.
———. 2008. *Fath al-Majid fi Sharh al-Durr al-Farid fi 'Ilm al-Tawhid*, Jalarta: Dar al-Kutub al-Islamiyah.
Nishio, Kanji. 2008. "The Chams and the Malay World," in Farouk and Yamamoto, eds. 2008: 86–93.
Okawa, Reiko Kuromiya. 2013a. "Islamic Literature was Buried in the Pol Pot Regime," *Reaksmei Kampuchea*, 2013. 10. 23 [カンボジア語].
Okawa, Reiko. 2013b. "Hidden Islamic Literature in Cambodia: The Cham in the Pol Pot Period," *Searching for the Truth* (Special English Edition, Third Quarter): 20–22.
———. 2014. "Hidden Islamic Literature in a Cambodian Village: The Cham in the Khmer Rouge Period," *International & Regional Studies* (『国際学研究』) 45: 1–20.
Osborne, Milton. 2004. "The 'Khmer Islam' Community in Cambodia and its Foreign Patrons," Lowy Institute (http://www.lowyinstitute.org/files/pubfiles/Osborne,_The_Khmer_Islam_community_v4.pdf、2013年8月4日アクセス).
Ovesen, Jan and Trankell, Ing-Britt. 2010. *Cambodians and their Doctors: A Medical Anthropology of Colonial and Post-Colonial Cambodia*, Copenhagen: NIAS Press.
Parmentier, Henri; Mus, Paul and Aymonier, Étienne (trans. by Walter E. J. Tips). 2001. *Cham Sculpture, Religious Ceremonies and Superstitions of Champa*, Bangkok: White Lotus Press.
Phan, Thanh. 2011. "*Kut* (Cemeteries) of the Cham in Ninh Thuan Province," in Phu'o'ng and Lockhart, eds. 2011: 337–347.
Reid, Anthony, ed. 2006. *Verandah of Violence: The Background to the Ache Problem*, Singapore: Singapore University Press.
Rooney, Dawn F. 1993. *Betel Chewing Tradition in South-East Asia*, Kuala Lumpur: Oxford University Press.
Schweyer, Anne-Valérie. 2011. *Ancient Vietnam: History, Art and Archaeology*, Bangkok: River

Yamamoto, eds. 2008: 60–85.
Farouk, Omar and Hiroyuki Yamamoto, eds. 2008. *Islam at the Margins: The Muslims of Indochina* (CIAS Discussion Paper, no. 3), Center for Integrated Area Studies, Kyoto University (http://www.cias.kyoto-u.ac.jp/files/pdf/publish/ciasdp03.pdf、2013年7月15日アクセス).
Federspiel, Howard M. 2007. *Sutlans, Shamans, and Saints: Islam and Muslims in Southeast Asia*, Honolulu: University of Hawai'i Press.
Fleisch, H. *EI* 2. "Ibn Hishām," *The Encyclopaedia of Islam* 2 (Leiden: Brill), 3: 801.
Gilquin, Michel. 2005. *The Muslims of Thailand*, Chiang Mai: Silkworm Books.
Harfenist, Ethan. 2015. "Witnesses tell of Cham revolts," September 9, 2015 (http://www.phnompenhpost.com/national/witnesses-tell-cham-revolts、2015年9月18日アクセス).
Harris, Ian. 2012. *Buddhism in a Dark Age: Cambodian Monks under Pol Pot*, Honolulu: University of Hawai'i Press.
Hashim bin Haji, Musa. 2009. "Early Jawi Materials and the Creation of a Network of Malay Islamic Centers," *Journal of Sophia Asian Studies* 27: 9–19.
Hashim, Rosnani, ed. 2010. *Reclaiming the Conservation: Islamic Intellectual Tradition in Malay Archipelago*, Selangor, Malaysia: The Other Press, 2010.
Hefner, Robert W. 2007. "The Sword against the Crescent: Religion and a Violence in Muslim Southeast Asia," in Linell Are Cady and Sheldon W. Simon, eds., *Religion and Conflict in South and Southeast Asia: Disrupting Violence* (London: Routledge): 33–50.
———, ed. 2009. *Making Modern Muslim: The Politics of Islamic Education in Southeast Asia*, Honolulu: University of Hawai'i Press.
Hickey, Gerald Cannon. 1982. *Free in the Forest*, New Haven and London: Yale University Press.
Houben, Vincent J. H. 2003. "Southeast Asia and Islam," *Annals of the American Academy of Political and Social Science* 588/1: 149–170.
Hubert, Jean-François (trans. by Anna Allanet). 2005. *The Art of Champa*, London: Parkstone Press International.
Hurgronje, C. Snouck (trans. by J. H. Monahan). 2007. *Mekka in the latter part of the 19th Century: Daily Life, Customs and Learning, the Moslims of the East-Indian Archipelago*, Leiden: Brill.
Jaspan, M. A. 1970. "Recent Developments among the Cham of Indo-China: The Revival of Champa," *Asian Affair* 1/2: 170–176.
Juynboll, Th. W. *EI* 2. "Badjūrī," *The Encyclopaedia of Islam* 2 (Leiden: Brill), 1: 867.
Kersten, Carool. 2006. "Cambodia's Muslim King: Khmer and Dutch Sources on the Conversion of Reameathipadei I, 1642–1658," *Journal of Southeast Asian Studies* 37/1: 1–22.
Kiernan, Ben. 1988. "Orphans of Genocide: The Cham Muslims of Kampuchea under Pol Pot," *Bulletin of Concerned Asian Scholars* 20: 2–33.
———. 2008. *The Pol Pot Regime: Race, Power, and Genocide in Cambodia under the Khmer Rouge, 1975–79* (Third Edition), New Haven and London: Yale University Press.
———. 2010. "Cham," *The Encyclopaedia of Islam 3* (Leiden: Brill), 2010–1: 173–180.
Lafont, Pierre Bernard. 1994. "Research on Champa and its Evolution," in *Proceeding of the Seminar on Champa at the University of Copenhagen on May 23, 1987* (Rancho Cordova: Southeast Asia Community Resource Center): 1-20.
Ma, Jianzhao. 2003. "Historical Origin & Social Transformation of the Hui Nationality of Hainan Province: A Historical & Anthropological Study of Two Hui Nationality Villages of Yanglan Town, Sanya City,"『国立民族学博物館研究報告』28/2: 297–322 [本文中国語].
Madmarn, Hasan. 2009. "The Strategy of Islamic Education in Southern Thailand: The Kitab Jawi and Islamic Heritage," *Journal of Sophia Asian Studies* 27: 37–49.
Manguin, Pierrre-Yves (trans. by Robert Nicholl). 1985. "The Introduction of Islam into Champa,"

of the Gülen Movement, Conference Proceedings October 25–27, London: Leeds Metropolitan University Press.

Bruinessen, Martin van. 1990. "Kitab Kuning: Books in Arabic Script Used in the Pesantren Milieu; Comments on a New Collection in the KITLV Library," *Bijdragen tot de Taal-, Land- en Volkenkunde* 146–2/3: 226–269.

———. 1994. "Pesantren and Kitab Kuning: Continuity and Change in a Tradition of Religious Learning," in Wolfgang Marschall, ed., *Texts from the Islands: Oral and Written Traditions of Indonesia and the Malay World* (Berne: The University of Berne Institute of Ethnology): 121–146.

Chhang, Youk. n.d. "The Resistance to the Khmer Rouge Genocide: Arms and Emotion" (http://www.d.dccam.org/Archives/Photographs/DC-Cam_Exhibition_the_Resistance_to_the_Khmer_Rouge_Genocide_Arms&Emotion.pdf、2015年9月18日アクセス).

Coedès, G (ed. by Walter F. Vella, trans. by Sue Brown Cowing). 1968. *The Indianized States of Southeast Asia*, Honolulu: University of Hawai'i Press.

Collins, William. 1996. "The Chams of Cambodia," in Center for Advanced Study, ed., *Interdisciplinary Research on Ethnic Groups in Cambodia: Final Draft Reports* (Phnom Penh: Center for Advanced Study): 15–108.

———. 2000. "Medical Practitioners and Traditional Healers: A Study of Health Seeking Behavior in Kampong Chhnang, Cambodia (A Qualitative Study in Medical Anthropology Prepared for The Health Economics Task Force, Ministry of Health, The Provincial Health Department, Kampong Chhnang and The WHO Health Sector Reform Project Team Phnom Penh, Kingdom of Cambodia)" (http://www.cascambodia.org/kgchhnang.htm、2013年7月15日アクセス).

———. 2009. "The Muslims of Cambodia," in Center for Advanced Study, ed., *Ethnic Groups in Cambodia* (Phnom Penh: Center for Advanced Study): 2–113.

Cuddy, Alice. 2014. "Cambodian Jihadists among Us: ISIS Video," June 23, 2014 (http://www.phnompenhpost.com/national/cambodian-jihadists-among-us-isis-video、2015年9月18日アクセス).

De Féo, Agnès. 2007. "Transnational Islamic Movement in Cambodia," Dynamics of Contemporary Islam and Economic Development in Asia, From the Caucasus to China International Conference Organized by the Centre de Sciences Humaines (CSH) and India International Centre (IIC), New Delhi, April 16–17 (http://www.chamstudies.com/Conf%C3%A9rences/Transnational%20movement%20Cambodia.pdf、2013年7月2日アクセス).

Dharma, Po. n.d. "History of Champa," Council of Indigenous Peoples in Today's Vietnam (http://www.cip-tvn.org/wp-content/uploads/2013/05/History-of-Champa_Final.pdf、2015年9月10日アクセス).

The Directorate of Islamic Association of the Khmer Republic and the Association of Islamic Youth, eds. 1974. *The Martyrdom of Khmers Muslims*, Phnom Penh: Central Islamic Association of the Khmer Republic.

Doumato, Eleanor Abdella. 2000. *Getting God's Ear: Women, Islam, and Healing in Saudi Arabia and the Gulf*, New York: Columbia University Press (2nd Revised).

Eng, Kok-Thay. 2013. "*From the Khmer Rouge to Hambali: Cham Identities in a Global Age*," PhD Thesis, Rutgers, the State University of New Jersey.

Farouk, Omar Bajunid. 2002a. "The Place of *Jawi* in Contemporary Cambodia," *The Journal of Sophia Asian Studies* 20: 123–148.

———. 2002b. "The Muslim Minority in Contemporary Politics: The Case of Cambodia and Myanmar,"『広島国際研究』8: 1–13.

Farouk, Omar. 2008. "The Re-organization of Islam in Cambodia and Laos," in Farouk and

参考文献・資料

英語など

Abdul Hamid, Mohamed Effendy Bin. 2006. "Understanding the Cham Identity in Mainland Southeast Asia: Contending View," *Sojourn: Journal of Social Issues in Southeast Asia* 21/2: 230–253.

American Institutes for Research. 2008. "Assessing Marginalization of Cham Muslim Communities in Cambodia," Report for EQUIP1, USAID (http://www.citawebdesign.com/Kapes/Site/images/book/pdf/Cham%20Study.pdf、2013年3月10日アクセス).

Azra, Azyumardi. 2004. *The Origins of Islamic Reformisms in Southeast Asia: Networks of Malay-Indonesian and Middle Eastern 'Ulamā' in the Seventeenth and Eighteenth Centuries*, University of Hawai'i Press.

Becker, Elizabeth. 1998. *When the War was Over: Cambodia and the Khmer Rouge Revolution*, New York: Public Affairs.

Becker, Stuart Alan. 2011. "Koran Scholar and Translator Teaches Respect and Tolerance," *Phnom Penh Post*, November 4, 2011.

Bertrand, Didier. 2005. "The Therapeutic Role of Khmer Mediums (kru borameï) in Contemporary Cambodia," *Mental Health, Religion and Culture* 8/4: 309–327.

———. 2006. "A Medium Possession Practice and its Relationship with Cambodian Buddhism: The Grū Pāramī," in John Marston and Elizabeth Guthrie, eds., *History, Buddhism, and New Religious Movements in Cambodia* (Chiang Mai: Silkworm Books): 150–169.

Bin Ngah, Mohd. Nor. 1983. *Kitab Jawi: Islamic Thought of the Malay Muslim Scholars*, Singapore: Institute of Southeast Asian Studies.

Blengsli, Bjørn Atle. 2009. "Muslim Metamorphosis: Islamic Education and Politics in Contemporary Cambodia," in Robert W. Hefner, ed., *Making Modern Muslim: The Politics of Islamic Education in Southeast Asia* (Honolulu: University of Hawai'i Press): 172–204.

Blust, Robert. 2005. "Borneo and Iron: Dempwolff's *besi Revisited," *Bulletin of the Indo-Pacific Prehistory Association* 25: 31–40.

Bowen, John R. 1993. "Return to Sender: A Muslim Discourse of Sorcery in a Relatively Egalitarian Society, the Gayo of Northern Sumatra," in C. W. Watson and R. F. Ellen, eds., *Understanding Witchcraft and Sorcery in Southeast Asia* (Honolulu: University of Hawai'i Press): 179–190.

Bradley, Francis R. 2013. "Sheikh Da'ud al-Patani's *Munyat al-Musalli* and the Place of Prayer in 19th-Century Patani Communities," *Indonesia & the Malay World* 41: 198–214.

Bray, Adam. 2014. "The Cham: Descendants of Ancient Rulers of South China Sea Watch Maritime Dispute from Sidelines: The ancestors of Vietnam's Cham people built one of the great empires of Southeast Asia," *National Geographic* (http://news.nationalgeographic.com/news/2014/06/140616-south-china-sea-vietnam-china-cambodia-champa/、2015年10月1日アクセス).

Bruckmayr, Philipp. 2006. "The Cham Muslims of Cambodia: From Forgotten Minority to Focal Point of Islamic Internationalism," *American Journal of Islamic Social Sciences* 23 (3): 1–23.

———. 2007a. "Cambodia's Phum Trea as Mirror Image of Religious Change," *ISIM Review* 20/Autumn 2007: 48–49.

———. 2007b. "Phnom Penh's Fethullah Gülen School as an Alternative to Prevalent Forms of Education for Cambodia's Muslim Minority," in *Muslim World in Transition: Contributions*

マ行

ヤ行

ラ行

ワ行

サ行

タ行

ナ行

ハ行

索引

＊アラビア語の定冠詞「アル＝／アッ＝」を含めて立項している。

ア行

カ行

【著者略歴】
大川玲子（おおかわ れいこ）
1971年、大阪生まれ。文学博士。東京大学文学部イスラーム学科、同大学大学院を経て、カイロ留学、ロンドン大学大学院東洋アフリカ研究学院（SOAS）修士課程修了の後、東京大学より博士号取得。現在、明治学院大学国際学部准教授。著書に、『聖典「クルアーン」の思想——イスラームの世界観』（講談社現代新書）、『図説 コーランの世界——写本の歴史と美のすべて』（河出書房新社）、『イスラームにおける運命と啓示——クルアーン解釈書に見られる「天の書」概念をめぐって』（晃洋書房）、『イスラーム化する世界——グローバリゼーション時代の宗教』（平凡社新書）、訳書に、M. クック『コーラン』（岩波書店）など。

チャムパ王国とイスラーム
カンボジアにおける離散民のアイデンティティ

2017年2月8日　初版第1刷発行

著者　大川玲子
発行者　西田裕一
発行所　株式会社平凡社
〒101-0051　東京都千代田区神田神保町3-29
電話　03-3230-6581（編集）
03-3230-6573（営業）
振替　00180-0-29639
平凡社ホームページ　http://www.heibonsha.co.jp/
装幀者　細野綾子
DTP　平凡社制作
印刷・製本　図書印刷株式会社

ISBN978-4-582-70354-2
NDC 分類番号162.23　A5判(21.6cm)　総ページ248